구속사를
열어가는
성경공부
시리즈

그리스도의 몸,
영광스러운 교회

에베소서

박승호 지음

한국장로교출판사

이는 곧 물로 씻어 말씀으로 깨끗하게 하사 거룩하게 하시고 자기 앞에 영광스러운 교회로 세우사 티나 주름 잡힌 것이나 이런 것들이 없이 거룩하고 흠이 없게 하려 하심이라(엡 5 : 26–27)

창조, 타락, 구속

한 처음 창조주가 만드신 생명은
사람이 곧 하나님의 형상이었다.

우리의 형상을 따라 우리의 모양대로 우리가 사람을 만들고……(창 1 : 26)

그러나 곧 이어 일어난 배신은 그 씨의 종(種)을 변질시켜
아비가 바뀌고, 씨가 바뀌어(요 8 : 44)
마귀의 자식, 뱀의 종자가 되어버렸다(마 3 : 7, 12 : 34).
우리는 이를 타락이라 말한다.

하나님의 아들, 예수 그리스도가 이 땅에 오셔서
우리가 받아야 할 죄의 심판을 대신 받으시고
대속(代贖)의 제물이 되셔서(막 10 : 45)
창조 복원 작업을 시작하셨다.
우리는 이를 구속(救贖)이라 부른다.

그 뒤를 따라 부름받은 주님의 제자들이 이 씨를 전달하고,
창조주의 질서, 스피릿을 따라
생명의 성령의 법(롬 8 : 1–2) 질서를 확산시켜
세상을 하나님의 나라로 바꾸어 간다.

우리는 이를 구속사, 하나님 나라 운동이라 말한다.

성육신(成肉身, Incarnation)

하나님의 생명(엡 4 : 18)은 우리의 원형, 창조의 DNA이다.
타락이 오고, 우리 안에 하나님의 형상이 일그러졌을 때
주님은 그 육신 안에 하나님의 형상을 담고 오셔서
우리 안에 그 형상들을 심으셨다.

……그리스도는 하나님의 형상이니라(고후 4 : 4)

이는 하나님의 영광의 광채시요 그 본체의 형상이시라(히 1 : 3)

우린 그 형상을 생명으로 받아 본을 뜨고, 마음판에 깊이깊이 새겨 넣어야 한다.

하나님이 미리 아신 자들을 또한 그 아들의 형상을 본받게 하기 위하여 미리 정하셨으니 이는 그로 많은 형제 중에서 맏아들이 되게 하려 하심이니라(롬 8 : 29)

너희는 우리로 말미암아 나타난 그리스도의 편지니 이는 먹으로 쓴 것이 아니요 오직 살아 계신 하나님의 영으로 쓴 것이며 또 돌판에 쓴 것이 아니요 오직 육의 마음판에 쓴 것이라(고후 3 : 3)

내 씨, 내 형상이 아닌(창 5 : 3) 근본 씨, 하늘 아버지의 아들의 씨여야 한다.
때가 찼을 때 그분은 '살아 계신 하나님의 아들'로 오셨다(마 16 : 16).
동일한 생명, 동일한 씨를 주셨기에 형제라 불러 주시고
같은 상속권, 같은 분깃으로 우리를 초청해 주셨다.

[11]거룩하게 하시는 이와 거룩하게 함을 입은 자들이 다 한 근원에서 난지라 그러므로 형제라 부르시기를 부끄러워하지 아니하시고 [12]이르시되 내가 주의 이름을 내 형제들에게 선포하고 내가 주를 교회 중에서 찬송하리라 하셨으며(히 2 : 11－12)

자녀이면 또한 상속자 곧 하나님의 상속자요 그리스도와 함께 한 상속자니 우리가 그와 함께 영광을 받기 위하여 고난도 함께 받아야 할 것이니라(롬 8 : 17)

이 아들의 생명을 이어가기 위하여
우리는 생명의 질서를 따라 낳고, 번성하고, 충만해야 한다.

세상을 살리는 행위, 사랑이 땅에 남아 있는 희망이다.

모든 질서가 무너지고, 가치 세계들이 황폐해져 가도
십자가를 지신 우리 주님을 닮은 유일한 모습
그것은 오직 살리기 위하여 생명을 주는 엄마의 사랑이다.
어미의 가슴으로 영혼들을 사랑해 보라.

아, 사랑의 위대함이여
오직 창조주, 생명의 하나님을 닮은 사랑이여, 사랑이여.
오른편 뺨을 치면 왼편도 돌려대며
속옷을 요구할 때 겉옷을 내어놓으며
억지로 오 리를 요청할 때 십 리를 동행할 수 있는 자 누구인가?

하나님은 사랑이시라(요일 4 : 8).

무너진 세상, 타락한 세상을 살리는 길은 무엇인가?
하나님처럼 사랑하는 일이다.
사랑하면 그때 우리는 펄펄 끓는 창조주의 가슴을 갖게 된다.

15그리스도 안에서 일만 스승이 있으되 아버지는 많지 아니하니 그리스도 예수 안에서 내가 복
음으로써 너희를 낳았음이라 16그러므로 내가 너희에게 권하노니 너희는 나를 본받는 자가 되
라(고전 4 : 15–16)

연합

한 처음 생명은 삼위일체의 생명에서 나왔다.
그 하나님처럼 우리도 연합된 생명, 한 몸인 생명이어야 한다.
한 몸, 한 성령, 한 부르심의 소망, 한 주, 한 믿음, 한 세례, 한 하나님(엡 4 : 4–5)
그리할 때 우린 하늘과 땅의 통일, 한 몸의 비밀을 보게 된다.

……곧 만유의 아버지시라 만유 위에 계시고 만유를 통일하시고 만유 가운데 계시도다(엡 4 : 6)

21아버지여, 아버지께서 내 안에, 내가 아버지 안에 있는 것같이 그들도 다 하나가 되어 우리 안에
있게 하사 세상으로 아버지께서 나를 보내신 것을 믿게 하옵소서 22내게 주신 영광을 내가 그들에
게 주었사오니 이는 우리가 하나가 된 것같이 그들도 하나가 되게 하려 함이니이다(요 17 : 21–
22)

세례

나를 부인하고, 삼위 하나님의 이름으로 세례를 받을 때
우리는 그리스도와 한 몸으로 연합된다.

너희가 세례로 그리스도와 함께 장사되고 또 죽은 자들 가운데서 그를 일으키신 하나님의 역사를 믿음으로 말미암아 그 안에서 함께 일으키심을 받았느니라(골 2 : 12)

6또 함께 일으키사 그리스도 예수 안에서 함께 하늘에 앉히시니 7이는 그리스도 예수 안에서 우리에게 자비하심으로써 그 은혜의 지극히 풍성함을 오는 여러 세대에 나타내려 하심이라(엡 2 : 6-7)

하나님 나라 실현의 현장

우리가 하나님의 일을 동역하고(고전 3 : 9)
예수님처럼 사는 비결은 사랑하는 일이다(엡 5 : 1-2).
내가 아닌 그리스도를
내가 아닌 우리로 엮어질, 그리스도의 몸을 세워 가라(엡 2 : 21-22).

부부간의 사랑(엡 5 : 21-33)
부모와 자녀 간의 사랑(엡 6 : 1-4)
노사(勞使) 간의 사랑(엡 6 : 5-9)
목자와 양 간의 사랑(엡 6 : 18-20)

하나님께서 보내신 당신의 삶의 자리에서

당신이 만나는 사람들을 세워 주기 위해
자신을 십자가로 부서뜨리고 몸 만들기를 시도해 보라.

창조주의 가슴, 하나님의 영이
무너진 나, 타락한 심성 안에서도
부활로, 승천으로, 존귀한 이름으로 하늘 높이 훨훨 날아오르게 할 것이다.

영적 싸움

더불어서 하나님의 성령으로 충만해져(엡 5 : 18)
우린 반역의 질서와 싸워야 한다.
그는 하나님을 대적하는 마귀이다(엡 6 : 10-17).
우리의 몸을 분열시키는 어둠의 세상 주관자들이다.
그리스도와 연합(엡 2 : 5-6)하고, 이방인과 연합한 한 새사람(3 : 6, 2 : 15)은
악과 싸우고, 불의와 싸워야 한다(엡 5 : 3-5).

한 새사람

이 일은 혼자 하는 일이 아닌
그리스도와 나의 연합(엡 2 : 5-6), 나와 유대인의 연합(엡 2 : 11-12), 나와 이방인의 연합(엡 3 : 6)으로 가능한 일이다.

모든 직분자들의 몸 만들기 수고는 결국 우리 주님의 구속사역을 이어가는 구속사요, 만물의 충만함까지로 이어지는 하나님 나라 건설이다(엡 4 : 3-16).

한 시민, 한 가족, 한 터, 한 건물, 한 성전, 한 아버지의 거처(엡 2 : 11－22)가 한 몸, 한 성령, 한 부르심의 소망, 한 주, 한 믿음, 한 세례, 한 만유의 아버지로(엡 4 : 3－6) 확장되어 마침내 우리 주님이 그 몸, 그 교회를 통하여 세상을, 만물을 통일시키신다(엡 1 : 10, 2 : 7, 4 : 7－16).

수평 선교, 수직 선교

십자가는 좌우, 상하로 뻗어 나간다.
이 은총은 수평으로 나에게서 이웃으로, 교회로, 온 누리로 흘러가야 한다.
또한 수직으로 흘러 가정을 통해 다음 세대를 지나 3, 4대를, 천 대를 흘러 내려가야 한다.

이어지는 왕의 계보, 구속사

해산의 수고로 나를 낳아 주시고 양육해 주신 나의 어머니, 나의 아버지는 누구인가?
나는 그들에게서 어떤 스피릿을 이어받았는가?
아브라함이 이삭을 낳고, 이삭은 야곱을 낳고, 야곱은 유다를 낳고……

나는 누구를 낳았는가?
나의 영적 계보는 어떻게 만들어지고 있는가?
나의 아들, 나의 독자
100세가 되어서라도 낳아야 할 나의 상속자 이삭은 누구인가?

나는 누구의 조상, 누구의 아비인가?
나를 통하여 말씀이, 언약이, 구속사가 흘러가고 있는가?

이 계보를 잇기 위하여 나는 어떤 노력을 드리고 있는가?

이 왕의 족보가 끊어지지 않기 위하여
아브라함의 비겁한 성품도, 유다와 다말의 변칙도, 다윗과 밧세바의 일탈도
구속사를 위하여 하나님께서는 약으로 가져다가 긴요하게 쓰셨다.
씨는 이어지고, 역사는 흘러가야 했기 때문이다.

부족한 부분은 채우고, 지저분한 부분은 씻어서라도
치료하고, 살리고, 몸을 이루어 내야 했다.
핵심이 구속사, 하나님 나라이기 때문이다.

나의 구속사, 킹덤 빌더들의 수고

그러나 결국 땅을 구속할 한 아들이 와야 역사는 바뀐다.
땅과 하늘을 이을 메시야가 오셔야 세상은 정결하게 된다.
그분을 이 땅에 오시도록 하기 위하여(Sonship)
그분을 왕으로 모시고, 그분의 나라를 이 땅에 세워 가기 위하여(Kingship)
나는 구속사를 위해 어떤 수고를 하였는가?

내가 세워 가는 하나님 나라
나를 통해 이어지는 구속사는
어느 세월, 어느 골짜기로 진행되고 있는가?

나의 구원, 나의 복음은
천국 가고, 복 받고, 행복하게 사는 기복의 수준인가?

열매인 몸, 구속사, 하나님 나라로 성숙해 가고 있는가?

주님, 우리가 하나님의 말씀을 맡은 자가 되게 하옵소서.
주님, 우리가 우리의 자녀들을 말씀을 맡은 자로 세워 가게 하옵소서.

그런즉 유대인의 나음이 무엇이며 할례의 유익이 무엇이냐 범사에 많으니 우선은 그들이 하나님의 말씀을 맡았음이니라(롬 3 : 1−2)

그리하여 창세기의 언약 4세대가 우리에게 이루어지게 하시고
그 은혜를 천대에 이르도록 애쓰는 아브라함의 후손이 되게 하옵소서.

나의 에베소서 써 가기

우리 주님의 성육신, 십자가, 부활, 승천, 만물의 복종
교회의 머리가 되시며, 다시 오심이 나를 통해 이 땅, 이 역사 속으로 스며들어
만물의 충만함으로 이어져야 한다.
나는 이러한 구속사의 완성을 위하여, 그 몸을 세우기 위하여 어떤 기여를 하고 있는가?
나는 누구와, 어떤 모습으로 몸 만들기를 시도하고 있는가?(엡 1장)

내가 죽고, 그리스도와 연합함으로 그분의 충만하심이 내게로 흘러 들어와
함께 죽고, 함께 일으키심을 받아, 함께 하늘에 앉히심을 받고
그리스도가 나의 생명, 나의 기업이 되고, 내가 우리 주님과 동일시된다(엡 2장).

그 생명의 충만함이 내게서 이방인에게로 흘러가 우린 서로 동일시되어
함께 상속자가 되고, 함께 지체가 되고, 함께 약속에 참여하는 자가 된다(엡 3장).

왔다 가신 우리 주님의 크신 은총을 힘입어
피폐해진 만물들까지도 교회, 그리스도의 몸과 통일되고
이윽고는 머리 되신 그리스도가 한 몸, 한 나라로 세상을 통일시키신다(엡 4장).

하나님의 전신 갑주로 무장한 우리를 통하여
마귀의 간계를 무너뜨리고, 통치자들과 권세들을 소멸시키시어
주님 뿌린 수고의 씨앗들이 이 땅에 속히 꽃으로 피어나게 하소서.
튼실하게 열매로 맺혀지기를 기도한다.
남편과 아내, 자녀와 부모, 직장 상사와 동료, 목자와 양들이
함께 애써 그리스도의 몸으로 세워지며
우리 주님의 거룩하고 흠이 없는 정결한 신부,
영광스러운 교회로 완성되게 하소서(엡 5-6장).

차례

우리 주님이 원하시는 교회

1. 가정의 본질은 무엇이라고 생각하는가?

2. 교회의 본질은 무엇이라고 생각하는가?

에베소서는 교회의 위대한 비밀을 보여 주는 책이다. 바울의 다른 서신서들은 개 교회 내의 문제들을 해결하기 위해 보낸 목회적 편지문들이다. 그러나 에베소서는 여타의 교회들처럼 에베소 교회에 어떤 문제가 있어서 기록한 편지가 아니다. 하나님 나라가 세워져 가고, 구속사의 비밀이 교회를 통하여 어떻게 풀어져 가는지를 보여 주기 위해 기록한 보화와도 같은 책이다.

원래 이 편지는 소아시아 지역의 교회들에게 보낸 회람용 서신이었다. 그래서 비개인적인 문체가 주를 이룬다. 중요한 사본들에는 에베소서 1 : 1에서 수신자를 언급하는 "에베소에 있는"이라는 표현이 빠져 있다.[1)]

1. 교회란 무엇인가?

1) 이스라엘의 3대 절기(신 16 : 1-17)를 통한 교훈

(1) 교회생활의 모델

·광야에서 훈련 중일 때의 교회생활 : 성막 중심의 교회생활

·가나안에서의 교회생활 : 삶의 현장 중심의 교회생활(연중 3회 예루살렘에 간다), 매일의 실생활에서 법도와 규례를 지키고 있는 처소에서 매주 안식일을 지킨다.

·현대사회에서의 교회생활 : 모이는 교회(공급받음)와 흩어지는 교회(나눔, 섬김)

(2) 풍성한 그리스도인의 삶

……내가 온 것은 양으로 생명을 얻게 하고 더 풍성히 얻게 하려는 것이라(요 10 : 10)

① 유월절 : 새 출발

·어린양의 피의 대속

구원 : 죄, 심판으로부터 자유함을 얻고 속죄양이 하나님의 공의로운 심판을 대신 받는다.

·사탄, 세상, 심판 아래 있지 않고 예수 그리스도 안에 있다.

붙어 있음, 연합, 교통, 공급, 보호

·자녀 됨의 축복

양육, 장자권, 상속권

·우리에게 주시는 공급(민 9 : 10-14)

불에 구운 양고기 : 심판받으신 그리스도

무교병 : 죄 없으신 그리스도, 양식이신 그리스도

쓴 나물 : 옛 생활, 죄에 대한 회개와 애통, 비탄의 마음을 말한다.

·아침까지 남겨두지 말 것

은혜 받는 일, 공급받는 일은 미루지 말고 감동이 아직 신선할 때 바로 취하여야 한다.

·유월절 절기를 지키지 않는 자에 대한 저주

피의 복음, 은혜의 복음을 거절한 자 : 교통, 공급이 차단된다.

② 오순절 : 열매를 가져오라 – 성숙(말씀, 성령)

건강한 생명은 말씀 충만, 성령 충만으로 성장한다.

정상적인 성장은 그리스도와 연합하여 영혼을 얻어 양육하는 일로 결실되어야 한다.

새 소제를 드림(레 23 : 15–22)

·요제로 드린 두 개의 떡 : 유대인과 이방인의 만남, 구약과 신약의 만남을 의미한다.

·고운 가루에 누룩을 넣어서 구운 떡을 드린다.

·가난한 자와 거류민을 위한 배려 : 영향력, 나눔, 섬김, 증인의 영, 능력의 영

너희 땅의 곡물을 벨 때에 밭모퉁이까지 다 베지 말며 떨어진 것을 줍지 말고 그것을 가난한 자와 거류민을 위하여 남겨두라 나는 너희의 하나님 여호와이니라(레 23 : 22)

③ 초막절 : 함께 즐거워할 사람들

……너와 네 자녀와 노비와 네 성중에 거주하는 레위인과 객과 고아와 과부와 함께 즐거워하되(신 16 : 14)

종려나무 가지, 무성한 가지,[2] 초막에서 7일 동안 즐거워한다(레 23 : 34–43).

·노동을 금하라 : 은혜(레 23 : 35, 신 16 : 14)

·성회로 모여 예배하라(레 23 : 36).

·가정으로 모이라. 대대로 알게 하라(레 23 : 42–43).

·하나님 여호와 앞에서 이레 동안 즐거워하라(레 23 : 40).

[42]너희는 이레 동안 초막에 거주하되 이스라엘에서 난 자는 다 초막에 거주할지니 [43]이는 내가
이스라엘 자손을 애굽 땅에서 인도하여 내던 때에 초막에 거주하게 한 줄을 너희 대대로 알게
함이니라 나는 너희의 하나님 여호와이니라(레 23 : 42-43)

[13]너희 타작마당과 포도주 틀의 소출을 거두어들인 후에 이레 동안 초막절을 지킬 것이요 [14]절기
를 지킬 때에는 너와 네 자녀와 노비와 네 성중에 거주하는 레위인과 객과 고아와 과부가 함께
즐거워하되 [15]네 하나님 여호와께서 택하신 곳에서 너는 이레 동안 네 하나님 여호와 앞에서 절
기를 지키고 네 하나님 여호와께서 네 모든 소출과 네 손으로 행한 모든 일에 복 주실 것이니 너
는 온전히 즐거워할지니라(신 16 : 13-15)

④ 절기가 있는 그리스도인의 풍성한 삶

·유월절 : 나를 위해 대신 심판받으신 그리스도

·무교절 : 나의 양식이신 그리스도

·초실절 : 음부의 권세를 뚫고 부활하신 그리스도-나를 거듭나게 한다.

·오순절 : 성령으로 다시 오시고 우리의 능력이신 그리스도-증거, 재생산, 그리스도의 몸을 위한 능력

·나팔절 : 나를 통해 흘러가고, 전달되는 그리스도

·속죄일 : 나의 증거를 통하여 사람들이 회개하고 돌아옴-재생산

·장막절 : 함께 그리스도를 떡과 음료로 먹고 마시는 교회생활-그리스도의 몸으로서의 교회

(3) 교회 생활의 본질(스피릿) : 전달교육, 훈련, 몸 안에서의 공급, 교통

① 쉐마 스피릿 : 최선을 다하여 하나님을 예배하는 마음과 훈련

[4]이스라엘아 들으라 우리 하나님 여호와는 오직 유일한 여호와이시니 [5]너는 마음을 다하고 뜻
을 다하고 힘을 다하여 네 하나님 여호와를 사랑하라 [6]오늘 내가 네게 명하는 이 말씀을 너는 마
음에 새기고 [7]네 자녀에게 부지런히 가르치며 집에 앉았을 때에든지 길을 갈 때에든지 누워 있
을 때에든지 일어날 때에든지 이 말씀을 강론할 것이며 [8]너는 또 그것을 네 손목에 매어 기호

를 삼으며 네 미간에 붙여 표로 삼고 [9]또 네 집 문설주와 바깥문에 기록할지니라(신 6 : 4–9)

② 다음 세대에 전달 : 자녀들에게 율법과 여호와 경외하기를 가르쳐 지키게 한다.

[10]모세가 그들에게 명령하여 이르기를 매 칠 년 끝 해 곧 면제년의 초막절에 [11]온 이스라엘이 네
하나님 여호와 앞 그가 택하신 곳에 모일 때에 이 율법을 낭독하여 온 이스라엘에게 듣게 할지
니 [12]곧 백성의 남녀와 어린이와 네 성읍 안에 거류하는 타국인을 모으고 그들에게 듣고 배우고
네 하나님 여호와를 경외하며 이 율법의 모든 말씀을 지켜 행하게 하고 [13]또 너희가 요단을 건너
가서 차지할 땅에 거주할 동안에 이 말씀을 알지 못하는 그들의 자녀에게 듣고 네 하나님 여호
와 경외하기를 배우게 할지니라(신 31 : 10–13)

③ 몸으로 완성 : 생명의 전달을 통해 여호와의 총회에 들어온다.

생명을 전달하지 못하는 자나, 영적 아버지, 목자가 없는 자는 여호와의 총회[3)]에 들어오지 못한다.

[1]고환이 상한 자나 음경이 잘린 자는 여호와의 총회에 들어오지 못하리라 [2]사생자는 여호와의 총
회에 들어오지 못하리니 십 대에 이르기까지도 여호와의 총회에 들어오지 못하리라(신 23 : 1–2)

몸, 영적 가족과 함께 살아야 한다.
생명의 흐름, 전달이 있는가? 재생산이 있는가?
거룩한 스피릿은 흘러가야 한다.
개인으로가 아닌 가족으로, 셀로, 교회로 함께 가는 신앙생활이 건강하다.

④ 성숙된 자의 예배생활
영과 진리의 예배(요 4 : 21–24)
몸, 마음으로 드리는 영적 예배(롬 12 : 1–2)
매일 때를 따라 돕는 은혜를 얻기 위해 은혜의 보좌 앞에 나아가는 예배(히 4 : 16)

2) 바울의 '몸 신학'을 통한 교훈

(1) 그리스도는 그리스도인들과 자신을 동일시하신다.

[3]사울이 길을 가다가 다메섹에 가까이 이르더니 홀연히 하늘로부터 빛이 그를 둘러 비추는지
라 [4]땅에 엎드러져 들으매 소리가 있어 이르시되 사울아 사울아 네가 어찌하여 나를 박해하느
냐 하시거늘 [5]대답하되 주여 누구시니이까 이르시되 나는 네가 박해하는 예수라(행 9 : 3-5)

교회는 머리 되신 그리스도와 생명 관계로 연합되어 있다.

(2) 주님의 말씀을 지체가 대언한다.

아나니아가 주님의 말씀을 대언한다(행 9 : 10-17).
주님이 바울에게 직접 말씀하셨다(행 26 : 15-18).

(3) 주님을 믿은 자를 형제로 인정한다.

바울이 주님을 믿음으로 하나님의 자녀가 되었을 때 형제로 인정하였다.

아나니아가 떠나 그 집에 들어가서 그에게 안수하여 이르되 형제 사울아 주 곧 네가 오는 길에서 나타나셨던 예수께서 나를 보내어 너로 다시 보게 하시고 성령으로 충만하게 하신다 하니(행 9 : 17)

(4) 머리의 부요함이 마디와 힘줄을 통하여 몸에 공급되어 성장해 간다.

그는 몸인 교회의 머리시라 그가 근본이시오 죽은 자들 가운데서 먼저 나신이시니 이는 친히 만물의 으뜸이 되려 하심이요(골 1 : 18)

[6]그러므로 너희가 그리스도 예수를 주로 받았으니 그 안에서 행하되 [7]그 안에 뿌리를 박으며 세

움을 받아 교훈을 받은 대로 믿음에 굳게 서서 감사함을 넘치게 하라(골 2 : 6-7)

머리를 붙들지 아니하는지라 온 몸이 머리로 말미암아 마디와 힘줄로 공급함을 받고 연합하여 하나님께서 자라게 하시므로 자라느니라(골 2 : 19)

머리를 붙드는 몸의 질서

·몸인 교회의 머리는 그리스도이다.
·죽은 자들 가운데서 먼저 나신 이유는 만물의 으뜸이 되려 하심이다.
·우리가 그리스도 예수를 주로 받았음(행 2 : 36)은 그 안에서 행함을 말한다.
·마디와 힘줄이 공급의 역할을 잘 감당해야 한다.
·뿌리를 박고 세움을 받는다. : 교훈을 받고 믿음에 굳게 서서 감사가 넘친다.
·몸 안에서 연합하여야 한다.
·하나님께서 자라게 하심으로 성장해 간다.

몸은 하나인데 많은 지체가 있고 몸의 지체가 많으나 한 몸임과 같이 그리스도도 그러하니라 (고전 12 : 12)

그리스도-한 몸-많은 지체

(5) 사도행전의 질서

바울은 예루살렘 교회의 전통과 권위를 존중했다. 하나님께서는 교회에 관한 비밀을 다른 세대에 계시하지 않으시고 몸의 비밀을 경험한 바울에게 계시하셨다.

4그것을 읽으면 내가 그리스도의 비밀을 깨달은 것을 너희가 알 수 있으리라 5이제 그의 거룩한 사도들과 선지자들에게 성령으로 나타내신 것같이 다른 세대에서는 사람의 아들들에게 알리지 아니하셨으니(엡 3 : 4-5)

생명은 흘러간다. 내 자식이라면 나의 DNA, 나의 스피릿, 나의 부요함이 흘러가야 한다.

생명의 흐름이 단절된 시대는 부모를 거스르고 자녀를 사랑하지 않는다. 생명의 전수, 교통이 끊어졌기 때문이다.

그리스도는 성육신, 십자가, 부활, 승천을 통해서 이 땅에 주님 자신의 몸을 만드셨다.

제자 삼는 사역을 통해 그 스피릿을 전수하도록 하셨다.

제자들의 3년 동안의 훈련은 예수 그리스도의 스피릿을 이어받아 이 땅에 하나님 나라를 세워 가기 위함이셨다. 우리도 하나님의 동역자가 되어 이 땅에 하나님 나라, 교회, 그리스도의 몸을 세워 가야 한다.

9우리는 하나님의 동역자들이요 너희는 하나님의 밭이요 하나님의 집이니라 10내게 주신 하나님
의 은혜를 따라 내가 지혜로운 건축자와 같이 터를 닦아 두매 다른 이가 그 위에 세우나 그러나
각각 어떻게 그 위에 세울까를 조심할지니라(고전 3 : 9-10)

(6) 창세기에 나타난 생명 4세대 : 전달(Delivery, Flowing)

또 이르시되 나는 네 조상의 하나님이니 아브라함의 하나님, 이삭의 하나님, 야곱의 하나님이니라 모세가 하나님 뵈옵기를 두려워하여 얼굴을 가리매(출 3 : 6)

나는 아브라함의 하나님이요 이삭의 하나님이요 야곱의 하나님이로라 하신 것을 읽어 보지 못하였느냐 하나님은 죽은 자의 하나님이 아니요 살아 있는 자의 하나님이시니라 하시니(마 22 : 32)

또 네가 많은 증인 앞에서 내게 들은 바를 충성된 사람들에게 부탁하라 그들이 또 다른 사람들을 가르칠 수 있으리라(딤후 2 : 2)

복음 4세대 : 바울 ▷ 디모데 ▷ 충성된 사람들 ▷ 또 다른 사람들

(7) 사사시대의 비극 : 다음 세대를 위한 준비를 못했다. 교육, 훈련 부재

8여호와의 종 눈의 아들 여호수아가 백십 세에 죽으매 9무리가 그의 기업의 경내 에브라임 산지
가아스 산 북쪽 딤낫 헤레스에 장사하였고 10그 세대의 사람도 다 그 조상들에게로 돌아갔고 그
후에 일어난 다른 세대는 여호와를 알지 못하며 여호와께서 이스라엘을 위하여 행하신 일도 알
지 못하였더라 11이스라엘 자손이 여호와의 목전에 악을 행하여 바알들을 섬기며 12애굽 땅에서
그들을 인도하여 내신 그들의 조상들의 하나님 여호와를 버리고 다른 신들 곧 그들의 주위에 있
는 백성의 신들을 따라 그들에게 절하여 여호와를 진노하시게 하였으되 13곧 그들이 여호와를

버리고 바알과 아스다롯을 섬겼으므로 [14]여호와께서 이스라엘에게 진노하사 노략하는 자의 손에 넘겨 주사 그들이 노략을 당하게 하시며 또 주위에 있는 모든 대적의 손에 팔아넘기시매 그들이 다시는 대적을 당하지 못하였으며 [15]그들이 어디로 가든지 여호와의 손이 그들에게 재앙을 내리시니 곧 여호와께서 말씀하신 것과 같고 여호와께서 그들에게 맹세하신 것과 같아서 그들의 괴로움이 심하였더라(삿 2 : 8－15)

3) 예수님의 교회론

예수님은 베드로에게 계시하셔서 복음의 핵심을 고백하게 하셨다(마 16 : 15－19).

[15]이르시되 너희는 나를 누구라 하느냐 [16]시몬 베드로가 대답하여 이르되 주는 그리스도시요 살아 계신 하나님의 아들이시니이다 [17]예수께서 대답하여 이르시되 바요나 시몬아 네가 복이 있도다 이를 네게 알게 한 이는 혈육이 아니요 하늘에 계신 내 아버지시니라 [18]또 내가 네게 이르노니 너는 베드로라 내가 이 반석 위에 내 교회를 세우리니 음부의 권세가 이기지 못하리라 [19]내가 천국 열쇠를 네게 주리니 네가 땅에서 무엇이든지 매면 하늘에서도 매일 것이요 네가 땅에서 무엇이든지 풀면 하늘에서도 풀리리라 하시고(마 16 : 15－18)

·살아 계신 하나님의 아들
·그리스도
·내가 이 반석 위에 내 교회를 세우겠다.
·음부의 권세가 이기지 못하리라 : 아담과 그 이후 인류를 지배해 온 세력
·내가 천국 열쇠를 네게 주리니 네가 땅에서 무엇이든지 매면 하늘에서도 매일 것이요 네가 땅에서 무엇이든지 풀면 하늘에서도 풀리리라 하시고 : 천국을 여는 열쇠를 사람에게 주셨다.

예수 그리스도를 하나님의 생명을 가지고 오신 분, 그리스도로 통치권을 주러 오신 분으로 믿고 고백하는가? 씨(Sonship)와 통치권(Kingship)을 고백하는 신앙고백 위에 교회가 세워진다. 교회만이 음부의 권세를 대항할 수 있다. 교회는 천국 열쇠를 사용하여 사람들에게 생명을 나누어 주고, 그들 삶에 천국을 열어 주고, 이 땅에 하나님의 나라를 건설해야 한다.

4) 구속사의 전개

내가 너로 여자와 원수가 되게 하고 네 후손도 여자의 후손과 원수가 되게 하리니 여자의 후손은 네 머리를 상하게 할 것이요 너는 그의 발꿈치를 상하게 할 것이니라 하시고(창 3 : 15)

(1) 사람을 하나님의 형상과 통치권을 가진 하나님의 자녀로 창조하셨다.

[26]하나님이 이르시되 우리의 형상을 따라 우리의 모양대로 우리가 사람을 만들고 그들로 바다의
물고기와 하늘의 새와 가축과 온 땅과 땅에 기는 모든 것을 다스리게 하자 하시고 [27]하나님이 자
기 형상 곧 하나님의 형상대로 사람을 창조하시되 남자와 여자를 창조하시고 [28]하나님이 그들
에게 복을 주시며 하나님이 그들에게 이르시되 생육하고 번성하여 땅에 충만하라, 땅을 정복하
라, 바다의 물고기와 하늘의 새와 땅에 움직이는 모든 생물을 다스리라 하시니라(창 1 : 26-28)

(2) 그러나 아담의 타락으로 생명은 오염되고 다스림의 권세를 빼앗겼다.

너희는 너희 아비 마귀에게서 났으니 너희 아비의 욕심대로 너희도 행하고자 하느니라 그는 처음부터 살인한 자요 진리가 그 속에 없으므로 진리에 서지 못하고 거짓을 말할 때마다 제 것으로 말하나니 이는 그가 거짓말쟁이요 거짓의 아비가 되었음이라(요 8 : 44)

이르되 이 모든 권위와 그 영광을 내가 네게 주리라 이것은 내게 넘겨 준 것이므로 내가 원하는 자에게 주노라(눅 4 : 6)

(3) 마침내 약속대로 예수 그리스도를 통하여 구속사는 완성이 된다.

도둑이 오는 것은 도둑질하고 죽이고 멸망시키려는 것뿐이요 내가 온 것은 양으로 생명을 얻게 하고 더 풍성히 얻게 하려는 것이라(요 10 : 10)

또 내게 말씀하시되 이루었도다 나는 알파와 오메가요 처음과 마지막이라 내가 생명수 샘물을 목마른 자에게 값없이 주리니(계 21 : 6)

(4) 아담처럼 무너지지 않고 싸워 이김으로 하나님과의 부자 관계가 온전하게 회복되어 참 아들, 상속자로 세워진다(Sonship).

이기는 자는 이것들을 상속으로 받으리라 나는 그의 하나님이 되고 그는 내 아들이 되리라(계 21 : 7)

(5) 마침내 그들이 우리 주님과 함께 세세토록 왕 노릇 할 것이다(Kingship).

다시 밤이 없겠고 등불과 햇빛이 쓸데없으니 이는 주 하나님이 그들에게 비치심이라 그들이 세세토록 왕 노릇 하리로다(계 22 : 5)

일곱째 천사가 나팔을 불매 하늘에 큰 음성들이 나서 이르되 세상 나라가 우리 주와 그의 그리스도의 나라가 되어 그가 세세토록 왕 노릇 하시리로다 하니(계 11 : 15)

(6) 새 예루살렘 성이 신부 단장을 하고 신랑과 혼인잔치를 준비한다.

[1]또 내가 새 하늘과 새 땅을 보니 처음 하늘과 처음 땅이 없어졌고 바다도 다시 있지 않더라 [2]또 내가 보매 거룩한 성 새 예루살렘이 하나님께로부터 하늘에서 내려오니 그 준비한 것이 신부가 남편을 위하여 단장한 것 같더라(계 21 : 1–2)

일곱 대접을 가지고 마지막 일곱 재앙을 담은 일곱 천사 중 하나가 나아와서 내게 말하여 이르되 이리 오라 내가 신부 곧 어린 양의 아내를 네게 보이리라 하고(계 21 : 9)

우리가 즐거워하고 크게 기뻐하며 그에게 영광을 돌리세 어린 양의 혼인 기약이 이르렀고 그의 아내가 자신을 준비하였으므로(계 19 : 7)

내가 하나님의 열심으로 너희를 위하여 열심을 내노니 내가 너희를 정결한 처녀로 한 남편인 그리스도께 드리려고 중매함이로다(고후 11 : 2)

2. 기호로 정리해 본 에베소서

1장 : ⇂↓ (하나님의 구원 경륜 : 하나님의 충만하심이 하늘에서 만물까지)

2장 : ↑ (내가 그리스도와 함께 : 세례를 통하여 함께 십자가, 함께 부활, 함께 승천)

3장 : ↔ (나와 이방인이 함께 : 함께 상속자, 함께 지체, 함께 약속에 참여함)

4장 : ⇩ (교회가 그리스도의 몸, 한 몸이 되어 만물을 충만하게 함)

5장 : ♀ (정결한 신부로 단장한 교회)

6장 : ✡ (무장한 군인으로서의 교회)

3. 에베소서의 저작 배경[4)]

1) 에베소 교회는 바울이 제2차 전도여행 중에 세웠다.

2) 바울은 고린도에서 18개월을 보낸 후(행 18 : 11) 아굴라, 브리스길라와 함께 에베소를 방문했다(행 18 : 18–19).

3) 바울은 에베소에서 잠시 머무르고 떠나며 다시 돌아오겠다고 약속했다(행 18 : 19–21).

19에베소에 와서 그들을 거기 머물게 하고 자기는 회당에 들어가서 유대인들과 변론하니 20여러
사람이 더 오래 있기를 청하되 허락하지 아니하고 21작별하여 이르되 만일 하나님의 뜻이면 너
희에게 돌아오리라 하고 배를 타고 에베소를 떠나(행 18 : 19–21)

4) 하나님께서는 에베소에 남아 있던 브리스길라와 아굴라를 통해 말씀 전파자인 아볼로에게 하나님의 말씀을 상세하게 가르치게 하셨다(행 18 : 24–26).

5) 바울은 3차 전도여행 중에 다시 에베소에 돌아와 3년간 머물렀다(행 19 : 8–10, 20 : 31).

3차 여행 중 바울의 두란노 사역

·바울이 전한 복음의 주제 : 석 달 동안 담대히 하나님 나라를 강론(행 19 : 8)
·바울의 선교전략 : 제자들을 따로 세움(행 19 : 8–9)
·선교의 열매 : 아시아 선교, 축귀, 치병, 회개, 말씀의 흥왕(행 19 : 10–19)
·바울이 에베소에 머물면서 사역했던 기간 : 2년 3개월~3년(행 19 : 8, 10, 20 : 31)
·바울이 복음을 전한 자세 : 겸손, 눈물, 시험에 대한 인내, 유익한 것은 가리지 않고 가르침, 회개, 믿음을 증거, 밤낮 쉬지 않고 눈물로 각 사람을 훈계(행 20 : 18–21 : 31)

6) 바울은 자신이 에베소 교회를 떠나면 흉악한 이리가 교회에 들어와서 혼란하게 하고 사람들을 빼앗아 가는 분열의 상황이 발생할 것을 예상했다(행 20 : 29–30, 엡 4 : 3 참고).

7) 바울은 에베소서를 쓸 당시 그리스도 예수의 일로 이방인을 위하여 감옥에 갇혔으며 여러 환난을 당하였다(엡 3 : 1, 13).

8) 바울은 에베소에 체류하는 동안에 세 가지 주목할 만한 사건을 겪는다.

·요한의 제자들과의 사건(행 19 : 1–12)
·예언을 행한 스게와의 아들들의 사건(행 19 : 13–20)
·아데미 여신을 섬기는 자들과의 분쟁 사건(행 19 : 21–41)

9) 바울은 에베소에 머무는 동안 고린도전·후서를 기록한다(고전 16 : 8–9).

10) 바울은 많은 기적을 행한다(행 19 : 12).

11) 바울은 후에 예루살렘으로 가는 도중 밀레도에서 지체하는 동안 에베소 장로들의 방문을 받는다(행 20 : 16–38).

12) 이 서신은 바울이 골로새서 4 : 16에서 언급한 서신일는지도 모른다.

13) 에베소 교회는 한 명 이상의 성경 기자로부터 서신을 받은 신약성경의 유일한 교회이다. 사도 요한 또한 그들에게 서신을 보냈다(계 2 : 1-7).

14) 에베소 교회에는 다른 어떤 교회보다도 바울, 아볼로, 요한, 디모데와 같은 유명한 설교자들이 많았다.

15) 에베소서는 신약의 여호수아서이다.

16) 바울은 3차 전도여행을 마친 후 예루살렘에서 체포되어 2년간 가이사랴 감옥에 갇혀 있다가 로마로 이송된다. 바울은 로마 감옥에 갇힌 AD 60년 봄부터 62년까지 에베소서, 빌립보서, 골로새서, 빌레몬서를 썼는데 이를 '옥중서신'이라 한다(엡 3 : 1, 4 : 1, 6 : 19-20).

4. 바울의 선교여행과 서신서들의 배경

사도행전	13-15장	16장-18 : 20	18 : 21-21장	22-28장
전도여행	1차 여행	2차 여행	3차 여행	로마행, 감금
연대(AD)	48-49년	50-53년	53-57년	60-62년
서신	갈라디아서	데살로니가전서, 데살로니가후서	고린도전서, 고린도후서, 로마서	에베소서, 골로새서, 빌레몬서, 빌립보서, 디모데전서, 디도서
집필 장소	안디옥	고린도	에베소, 마게도냐, 고린도	로마
집필 연대(AD)	49년	51년	54, 55, 56-57년	

※ 연대는 학자들 간에 약간의 차이가 있다.

그 기쁘신 뜻대로 우리를 예정하사

예수 그리스도로 말미암아

자기의 아들들이 되게 하셨으니

엡 1 : 5

제1강

삼위일체 하나님의 구원 : 아들들

에베소서 1 : 1~14

1

삼위일체 하나님의 구원 : 아들들

에베소서 1 : 1~14

‘하늘에 속한 모든 신령한 복을 가진 아들들’

3찬송하리로다 하나님 곧 우리 주 예수 그리스도의 아버지께서 그리스도 안에서 하늘에 속한
모든 신령한 복을 우리에게 주시되 4곧 창세전에 그리스도 안에서 우리를 택하사 우리로 사랑
안에서 그 앞에 거룩하고 흠이 없게 하시려고 5그 기쁘신 뜻대로 우리를 예정하사 예수 그리스
도로 말미암아 자기의 아들들이 되게 하셨으니(엡 1 : 3-5)

하나님의 우주적 구원의 경륜

하나님께서는 사람을 지으실 때 "우리의 형상을 따라 우리의 모양대로 우리가 사람을 만들고 그들로 바다의 물고기와 하늘의 새와 땅의 움직이는 모든 생물을 다스리게 하자" 하셨다. 생육하고 번성하며 땅에 충만하고 정복하고 다스리는 것이 사람의 본분이며(창 1 : 26-28) 번식과 통치는 사람의 특권이자 의무이다. 그러나 아담과 하와는 이런 놀라운 창조의 계획과 섭리를 무시하고 잘못된 호기심에 이끌려 그만 사탄에게 그 모든 영광과 특권을 넘겨주고 말았다(눅 4 : 6). 이제 하나님께서는 이러한 창조의 계획과 경륜을 그 아들 예수 그리스도를 이 땅에 보내셔서 원상 복귀 하기를 원하셨다. 우리를 하늘에 속한 모든 신령한 복을 가진 아들들로 세우셔서 우리가 그 기업이 되고, 잃어버린 모든 영역을 되찾아 그 놀라운 하나님의 계획과 능력을 찬송하게 하셨다. 이것이 신약 시대에 우리에게 약속하신 구원이다. 아담은 땅과 바다, 모든 우주를 타락하게 했지만 그리스도 안에 있는 구원받은 하나님의 백성들, 곧 교회는 만물까지도 그리스도 안에서 통일시켜야 한다. 교회는 만물 안에서 만물을 충만하게 하시는 분의 충만함이다.

구원은 재창조이며 구속사의 비밀의 출발

에베소서 1장은 구원의 역사가 창세기의 창조의 역사처럼 삼위 하나님의 위대한 수고로 주신 선물임을 말하면서 구원의 역사가 결국 처음 창조와 동일하게 삼위 하나님의 역사임을 시사한다. 사도는 기도를 통하여, 구원받은 주의 백성들이 얼마나 엄청난 기대(부르심의 소망)와 영광스러운 기업을 약속받았는지 알기를 원한다. 우리의 믿음이 이 엄청난 약속을 이룰 수 있는 능력(위력)을 가지고 있다. 타락한 세상을 건져내기 위하여 하나님으로부터 출발한 신성의 충만하심이 그리스도, 교회, 만물에게까지 흘러가도록 하는 것이 하나님의 영원하신 경륜이요 구속사인 것을 선포한다. 그리스도인들과 교회가 이 구속사의 진행과정을 알아야 한다.

· 아들, 후사들에게 약속하신 '하늘에 속한 신령한 복'
· 우리가 얼마나 큰 구원의 은총을 받은 자들인가를 알게 함

하늘에 속한 신령한 복을 에베소 교인들에게 주시기 위해 삼위 하나님께서 하신 일(엡 1 : 1–14)

성부 하나님께서는 우리를 거룩하고 흠이 없는 아들로 예정하시고, 성자 예수님은 우리에게 이 복을 받을 수 있는 자격을 주시기 위해 희생 제물로 드려졌으며, 성령 하나님께서는 놀라운 능력으로 역사하셔서 우리를 인 치시고 그 소유권을 주장하신다.

사도 바울의 기도(엡 1 : 15–19)

바울은 에베소 교인들이 지혜와 계시의 영으로 이 놀라운 하나님의 구원의 복을 깨달아 부르심의 소망과 그 기업의 영광의 풍성함과 믿는 이들에게 베푸시는 능력이 얼마나 큰 가를 알기를 원했다.

주님 안에 역사하신 이 능력의 역할(엡 1 : 20–23)

음부의 권세로부터 우리 주님을 부활하게 하셨고 하늘 아버지의 보좌 우편에 앉히심으로 만물을 다스릴 수 있는 권세를 얻도록 하셨다. 믿는 우리에게도 동일하게 역사하는 이 능력은 먼저는 그리스도를 충만하게 하고, 그리스도 안에 있는 충만함이 교회를 채우고, 다시 교회를 통하여 만물까지도 충만하게 할 동일한 능력이다.

1. 인사(엡 1 : 1－2)

1) 바울의 부르심에 대한 확신

Q 편지 서두에서 밝힌 바울이 가진 확신은 무엇인가? 바울은 어떻게 사도가 되었는가?

A 바울은 하나님의 뜻에 의해 사도로 부름받았다고 강조하며 스스로를 그리스도께 속한 그리스도의 소유라고 밝힌다.

하나님의 뜻으로 말미암아 그리스도 예수의 사도 된 바울은……(엡 1 : 1a)

그로 말미암아 우리가 은혜와 사도의 직분을 받아 그의 이름을 위하여 모든 이방인 중에서 믿어 순종하게 하나니(롬 1 : 5)

사람들에게서 난 것도 아니요 사람으로 말미암은 것도 아니요 오직 예수 그리스도와 그를 죽은 자 가운데서 살리신 하나님 아버지로 말미암아 사도 된 바울은(갈 1 : 1)

하나님의 뜻으로 말미암아 그리스도 예수의 사도 된 바울과 형제 디모데는(골 1 : 1)

사도의 자신에 대한 고백(엡 1 : 1) : 발신자

- **"하나님의 뜻으로 말미암아"**

당시 유대인 출신 그리스도인들 사이에서 바울은 열두 사도와 같이 정식으로 예수님에 의하여 임명된 사도가 아니라는 비방이 있었지만 바울은 자기를 소개할 때마다 '하나님의 뜻'에 의하여 그리스도 예수의 사도가 되었다고 주장한다. 바울은 자기 의지나 갈망으로 주의 종이 된 것이 아니었다. 우리는 사역이 잘 안 풀릴 때, 마음이 상하여 사역을 그만두고 싶을 때, 누군가에 의하여 나의 사역이 비난을 받을 때 바울처럼 우리의 사역이 사람들에게서 받은 것이 아니라 하나님의 뜻에 의하여 받은 것이라고 선포할 수 있어야 한다(갈 1 : 1). 부르심과 사역에 대한 확신이 있어야 한다.

- **"그리스도 예수의"**

철저하게 주님의 종, 주님의 소유임을 의식하고 살아야 한다.

• **"사도 된 바울은"**

사도는 목적을 이루기 위해 보냄을 받은 사람이다. 그리스도의 몸을 세우는 사람, 교회를 통해 만물을 충만하게 할 사명을 가진 사람, 하나님의 거처를 건축(build-up)하는 사람이다.

하나님이 교회 중에 몇을 세우셨으니 첫째는 사도요 둘째는 선지자요 셋째는 교사요 그 다음은 능력을 행하는 자요 그 다음은 병 고치는 은사와 서로 돕는 것과 다스리는 것과 각종 방언을 말하는 것이라(고전 12 : 28)

우리는 하나님의 동역자들이요 너희는 하나님의 밭이요 하나님의 집이니라(고전 3 : 9)

• **사도의 역할**

하나님께서 그의 이름을 위하여 일하도록 은혜를 주셨다. 그것은 구체적으로 사람들이 복음을 믿고 순종하게 하는 일을 말한다.

그로 말미암아 우리가 은혜와 사도의 직분을 받아 그의 이름을 위하여 모든 이방인 중에서 믿어 순종하게 하나니(롬 1 : 5)

적용질문

1. "나는 하나님의 부르심을 받은 사람이다."라는 확신이 있는가?

2. 주님 안에서 내가 섬기고 있는 직분은 내가 하고 싶어 하는 일인가, 주님의 명을 받들어 하는 일인가?

3. 나의 인생을 끌고 가는 실제적인 주인은 누구인가, 혹은 무엇인가?(돈, 명예, 가족, 친구, 야망, 상처 등)

2) 수신자

Q 바울은 누구에게 편지를 쓰고 있는가?

A 에베소서의 수신자는 에베소의 성도들, 그리스도 예수 안에 있는 신실한 자들이다.

성도는 하나님께서 자신을 위해 세상과 구별시킨 자들이며 그리스도께 대한 신뢰와 충성을 겸비한 사람들이다.

에베소에 있는 성도들과 그리스도 예수 안에 있는 신실한 자들에게 편지하노니(엡 1 : 1b)

그리스도인에 대한 3가지 표현(엡 1 : 1) : 수신자

- **"성도들" : 구별된 자들**

거룩한 자들, 곧 하나님을 위하여 구별된 자들이란 뜻이다. '성도들'은 하나님께서 자신을 위해 세상과 분리시키신 그리스도인들을 지칭하는 명칭이다.

- **"신실한 자들" : 신뢰와 충성을 겸비한 성도들**

신실한 자들은 그리스도께 대한 신뢰와 충성을 겸비한 성도들을 비유하는 표현이다(고전 4 : 17, 벧전 5 : 12, 요삼 1 : 5).

- **"에베소에 있는 성도들과 그리스도 예수 안에 있는 신실한 자들" : 육신의 현주소와 영적 현주소**

그리스도인은 언제나 두 개의 주소를 갖고 있다. 에베소에 살고 있지만 동시에 예수님 안에 살고 있어야 한다. 겉 사람의 주소는 우리가 사역을 해야 할 이 땅이요, 속사람의 주소는 그리스도 예수 안에 붙어 있어 끊임없는 공급과 보호를 받음으로 그와의 신실한 교제, 교통을 나누는 관계를 표현한다.

적용질문

1. 나는 성도인가? 어떤 부분을 보고 성도라고 말할 수 있는가?

2. 나는 실리(實利)에 의해 움직이는 사람인가, 아니면 언약에 의하여 움직이는 사람인가?

3. 나는 두 개의 주소를 가지고 있는 사람으로 살아가고 있는가? 이 땅에만 보화를 쌓고 있지는 않는가?

3) 은혜와 평강

Q 은혜와 평강의 근원은 어디인가?

A 은혜와 평강은 예수 그리스도를 통해서 온다.

하나님 우리 아버지와 주 예수 그리스도로부터 은혜와 평강이 너희에게 있을지어다(엡 1 : 2)

'은혜'의 헬라어 '카리스'는 헬라인들에게는 일반적인 인사 용어이지만 그리스도인들에게는 예수 그리스도의 속죄 사역으로 값없이 누리게 된 구원의 은총이라는 특별한 의미를 지닌다. 또한 '평강'에 해당하는 헬라어 '에이레네'는 히브리어 '샬롬'의 번역으로 히브리인들이 개인의 물질적 축복과 번영을 기원해 주는 인사말이다(창 29 : 6, 삼상 25 : 6, 삼하 20 : 9, 왕하 4 : 26). 이런 인사말은 초대 교회 성도들에게 있어 일종의 축복과 기도였다. 특별히 '은혜'와 '평강'은 본서의 주요 주제이기도 하다.[5]

은혜와 평강의 사람(엡 1 : 2)

- **바울 서신의 중요한 특징**

편지의 서두에 공통적으로 '은혜와 평강'을 기원한다(롬 1 : 7, 고전 1 : 3, 고후 1 : 2, 갈 1 : 3, 빌 1 : 2, 골 1 : 2, 살전 1 : 1, 살후 1 : 2, 딤전 1 : 2, 딤후 1 : 2, 딛 1 : 4, 몬 1 : 3).

- **"하나님 우리 아버지와"**

하나님께서는 전능하신 분이시다. 이 전능하신 하나님을 나의 아버지, 우리의 아버지라고 고백한다. 멀리 있는 어려운 분이 아니라 내 곁에 오셔서 나의 보호자가 되어 주시는 사랑의 아버지라고 고백한다.

- **"주 예수 그리스도로부터 은혜와 평강이"**

'은혜'는 전능하신 하나님 아버지께서 예수 그리스도를 통해 우리를 자녀 삼으시고 하늘에 속한 모든 신령한 복을 전달해 주시기 위하여 우리를 일회적이 아니라 지속적으로 주님의 영향력하에 둔다는 말이요, '평강'은 예수님을 통한 은혜의 지배로 말미암아 나타나게 되는 결과, 곧 하늘이 주는 평화, 아버지의 위로하심이 있다는 말이다. 이것은 바울이 죄수의 몸으로 감옥에 갇혀 지내고 있을 때에도 불구하고 자신은 예수 그리스도의 사도라는 확신으로 편지를 쓰고 있고 더군다나 죄인으로 매여 있음에도 은혜와 평강을 축복하고 기도하는 모습에서 확인할 수 있다.

그렇다면 우리의 삶에 적용되는 은혜와 평강은 무엇인가? 그리스도인의 관점에서 볼 때 '평강'이란 하나님과의 평화이다. 또 어떤 관심도 받을 준비가 되어 있지 못한 우리에게 주신 하나님과의 평화가 우리 아버지와 우리의 주 되신 예수 그리스도로부터 왔다는 사실이 곧 은혜이다. 우리는 아담과 하와의 타락 이후 항상 하나님의 구속의 계획 아래 지속적으로 놓여 있었으며, 이 구속의 완성자이신 예수 그리스도께서 대신 죽으심으로(은혜) 우리가 의인의 옷을 입고 하나님의 보좌 앞에 담대히 나아갈 수 있는 자격을 얻었다(하나님과의 평화, 평강). 우리는 이 상태에 대해 깊이 생각할 필요가 있다. 우리는 이 놀라운 은혜의 사건에서 어떠한 능동적인 선택이나 자격도 가지고 있지 못하다. 우리가 예수님을 믿는 믿음을 선택해서 구원을 얻는 것이 은혜가 아니라 예수님을 대속물로 우리에게 보내 주신 사실이 은혜이다. 하나님께서는 예수님의 대속으로 인해 죄와 어두움 속에 있던 우리에게 자유를 주셨다. 어두움에서 자유를 얻고 빛을 보고서야 비로소 "예수님을 믿겠다."라고 말할 수 있다.[6]

적용질문

1. 하나님을 나의 아버지로 생각하고, 그렇게 부르고 있는가? 나의 아버지에 대한 관념은 공의롭고 무서운 분이신가, 자비롭고 나를 기다려 주시며 품어 주시는 분이신가?

2. 나를 찾아오신 하나님을 '은혜'라고 설명할 수 있다. 지난 세월 동안 나에게 역사하셨던 은혜의 하나님을 간증해 보자.

3. 찾아오신 은혜로 인해 하나님과 평화를 이룬 삶에 대한 나의 응답을 '평강'이라고 말할 수 있다. 내게는 어떤 변화와 성숙이 있었는가?

2. 성부 하나님의 선택 : 예정(엡 1 : 3-6)

1) 그리스도 안에서 우리를 선택하심(엡 1 : 3)

Q 바울이 하나님을 찬양하는 내용은 무엇인가?

A 하나님께서 그리스도 예수로 말미암아 주시는 하늘에 속한 모든 신령한 복 때문에 감사와 찬양이 넘치고 있다.

찬송하리로다 하나님 곧 우리 주 예수 그리스도의 아버지께서 그리스도 안에서 하늘에 속한 모든 신령한 복을 우리에게 주시되(엡 1 : 3)

- **"하늘에 속한 모든 신령한 복을 우리에게 주시되" : 예수 그리스도 안에 있는 모든 복**

9그 안에는 신성의 모든 충만이 육체로 거하시고 10너희도 그 안에서 충만하여졌으니 그는 모든
통치자와 권세의 머리시라 11또 그 안에서 너희가 손으로 하지 아니한 할례를 받았으니 곧 육의
몸을 벗는 것이요 그리스도의 할례니라 12너희가 세례로 그리스도와 함께 장사되고 또 죽은 자
들 가운데서 그를 일으키신 하나님의 역사를 믿음으로 말미암아 그 안에서 함께 일으키심을 받
았느니라(골 2 : 9-12)

성부 하나님께서는 하늘의 모든 신령한 복을 주기 위하여 우리를 아들로 선택하셨다. 하늘에 속한 모든 신령한 복은 예수 그리스도 안에 있다. 이는 우리의 구원을 위해 준비하신 모든 은총이다. 십자가와 부활과 승천 안에 이 모든 복이 포함되어 있다. 우리가 우리 자신의 옛 삶을 거절하고 세례받은 자로 살아갈 때, 이 모든 은총들은 우리의 분깃이 되고 기업이 된다.

- **"거룩하고 흠이 없게 하시려고" : 후사로 선택하신 목적은 성결과 무흠**

하늘에 속한 모든 신령한 복의 후사가 된 사람들은 이 은혜를 소유한 자답게 거룩하고 흠이 없는 삶을 살아야 하며 이 은혜의 영광을 찬송하는 자가 되어야 한다. 선택의 목적은 성결과 무흠이다. 하지만 인간의 타락 이전에 이미 하나님의 선택이 있었다. 하나님과의 관

계는 하나님에 의해 이루어지며 이 모든 것을 이루는 것이 하나님의 사랑이다(롬 5 : 8). 하나님의 선택으로 성결과 무흠에 이른 성도의 윤리는 늘 하나님을 의식하며 살아가는 것에서부터 시작된다.[7] 우리가 아들이라면 아버지의 DNA가 흘러간다. 사랑하고 좋아하면 닮아 간다. 하나님을 위하여 우리의 시간, 물질, 건강을 아낌없이 드리기 시작한다.

'거룩'이란 뜻의 헬라어 '하기오스'는 70인역에서 약 800여 회 나오며, 20개의 히브리어의 역어로 사용되었으며, 주로 '코데쉬' 또는 '카도쉬'가 하기오스로 번역되었다. 하기오스에 해당하는 이런 단어들은 '분리'나 '구별'이라는 개념이 강하다. 따라서 카도쉬는 본질적으로 거룩한 것 또는 신적 의식이나 제의 행위에 의해 거룩한 영역에 속하게 된 것을 가리킨다. 구약에서 거룩한 것들은 도덕적 순결보다는 범속한 것으로부터의 분리, 곧 하나님을 섬기기 위해 일방적으로 분리하거나 따로 떼어 놓은 것들을 의미한다. '이스라엘의 거룩한 자'라는 말은 모든 것, 특히 악한 것으로부터 절대적 분리성을 표현한다(사 17 : 7). '거룩한 백성'은 하나님께서 다른 민족들로부터 분리, 구별하여 자기의 소유물로 삼았다는 사실에 근거하고 있다(레 20 : 26, 신 7 : 6, 14 : 2, 26 : 19).

예배 의식에 속하는 것은 무엇이든지 거룩하다. 왜냐하면, 그것들은 예배를 위해 따로 떼어(분리, 구별) 하나님께 바쳐진, 거룩한 영역에 속한 것들이기 때문이다. 그러므로 '거룩한 것'이라는 개념은 윤리 이전의 개념이다. 그렇지만 그것은 또한 윤리적 가치를 지향하는 개념이기도 하다(출 31 : 13). 하기오스는 구약성경에서 '거룩한', '신성한', '성별된', '봉헌된', '순결한'이라는 제의적 의미가 더욱 강하다.[8]

적용질문

1. 나의 삶에 어떤 찬양이 있는가? 나는 늘 어떤 주제로 감사 묵상을 하고 있는가?

2. 내게도 감옥 같은 시간들이 있었을 것이다. 그때에도 나는 바울처럼 노래하고 감사할 수 있었는가?

3. 나는 하나님을 위하여 어떤 구별됨(하기오스)을 가지고 있는가? 그것은 무너질 수 없는 절대 영역인가?

2) 창세전에 그리스도 안에서 예정하심(엡 1 : 4-5)

Q 성도가 하나님의 아들이 될 수 있는 출발이 어디에 있는가?

A 하나님께서 우리를 당신의 자녀로 삼으신 일은 이미 '창세전'에, '영원 전'에 이루어졌다.

우리를 향하신 하나님의 구속은 급조되었거나 인간의 의지에 의해 좌우되는 것이 아니라 하나님의 주권에 의해 이루어졌다. 우리가 믿어서 구원을 받은 것이 아니라 은혜가 우리를 찾아왔기에 구원을 받을 수 있다.

4곧 창세전에 그리스도 안에서 우리를 택하사 우리로 사랑 안에서 그 앞에 거룩하고 흠이 없게 하시려고 5그 기쁘신 뜻대로 우리를 예정하사 예수 그리스도로 말미암아 자기의 아들들이 되게 하셨으니(엡 1 : 4-5)

- **창세전에 그리스도 안에서 예정하신 선택의 은총 : 선택의 주체는 하나님, 대상은 믿는 자들**

  선택은 어떤 이들을 믿도록 하시는 하나님의 주권적인 역사이며(롬 8 : 30, 엡 1 : 11, 살전 1 : 4, 살후 2 : 13, 딛 1 : 1), 그것은 창세전에 그리스도 안에서 우리를 택하시고 우리로 사랑 안에서 그 앞에 흠이 없게 하시려고 작정하신 일이다. 구원은 하나님의 행위이지, 인간의 행위가 아니다. 그것이 은혜의 행위이므로 하나님의 뜻에 따른다(엡 1 : 5, 9, 11).

율법 아래에 있는 자들을 속량하시고 우리로 아들의 명분을 얻게 하려 하심이라(갈 4 : 5)

그 자식들이 아직 나지도 아니하고 무슨 선이나 악을 행하지 아니한 때에 택하심을 따라 되는 하나님의 뜻이 행위로 말미암지 않고 오직 부르시는 이로 말미암아 서게 하려 하사(롬 9 : 11)

하나님이 우리를 구원하사 거룩하신 소명으로 부르심은 우리의 행위대로 하심이 아니요 오직 자기의 뜻과 영원 전부터 그리스도 예수 안에서 우리에게 주신 은혜대로 하심이라(딤후 1 : 9)

성경은 궁극적으로 하나님께서 인간의 구원을 위하여 하신 일에 대한 기록과 계시이며 이러한 일에 대한 선언이다. 성경의 핵심적인 주제는 하나님께서 행하신 일, 하나님께서 실제로 하신 일, 하나님께서 하시려는 일, 그리고 그 모든 것의 놀라운 결과들이다. 하나님께서는 하늘에 속해 있으며 그리스도 안에 있는 이러한 신령한 복들을 누릴 수 있도록 진노 아래 있던 우리를 건져 내어 구원하시기로 선택하셨다. 그리고 이 착한 일을 '시작하신 이'가 끝 날까지 이루실 것을 바울은 확신하고 있다. 우리의 모든 문제는 사망, 생명, 장래 일, 현재 일(롬 8 : 38-39)에서 비롯된다. 나의 안전감과 기쁨도 마찬가지이다. 그러나 이런 것이 우리 구원을 결정하는 것이 아님을 알고 확신하며 이 진리 앞에 겸손함으로 찬양할 수 있어야 한다.[9]

하나님께서는 우리가 잘나거나, 무엇인가 했기 때문에 택하신 것이 아니라 그리스도 안에서 우리를 은혜의 영광을 찬송하는 존재로 택하셨다(롬 5 : 2, 고전 1 : 26-29, 살후 2 : 13-14, 요 6 : 37 참고). 그리스도인은 구원도, 삶 전체도 한 마디로 은혜이다. 우리가 택함 받았다고 하는 것은 선택에 대한 놀라운 교리로서, 우리가 충분히 설명할 수는 없지만 온전히 즐거워할 수는 있는 교리이다. 은혜의 신비한 비밀에 대해 억지로 설명하려고 하지 말라. 하나님께서는 우리의 자격 요건을 보고 우리를 택하신 것이 아니라 은혜로 그리스도 안에서 우리를 택하셨다(고전 1 : 26-29, 살후 2 : 13-14, 요 6 : 37 참고).[10]

적용질문

1. 구원받기 이전부터 나를 선택하시고 이끌어 오신 하나님을 나는 인정할 수 있는가?
2. 아들로 선택하시고, 장자로, 상속자로 아름답게 키우고 싶어 하시는 것이 아버지의 마음이다. 하나님의 아들답게 성장하고 있다고 말할 수 있는가?
3. 하나님께 구별된 아들로 세우시려고 이끄셨던 광야의 훈련들을 나누어 보자.

3) 은혜의 영광을 찬송하게 하려 함(엡 1 : 6)

Q 하나님께서 우리를 선택하신 궁극적인 목적은 무엇인가?

A 하나님의 궁극적인 목적은 구속 그 자체가 아니라 구속을 통해 자신의 영광스런 이름이 찬양을 받는 것이다.

이는 그가 사랑하시는 자 안에서 우리에게 거저 주시는 바 그의 은혜의 영광을 찬송하게 하려는 것이라(엡 1 : 6)

은혜의 영광을 찬송하는 존재 : 단절된 하나님의 영광을 다시 찾고 예배하는 자

하나님께서는 우리를 은혜의 영광을 찬송하는 존재가 되도록 선택하셨다. 그러나 타락 후 에덴동산에서 쫓겨난 사람들은 하나님의 영광으로부터 단절된 존재가 되었다. 에덴동산은 칼을 든 천사들이 지키게 되었는데 이에 대한 모형은 성막 지성소의 휘장을 통해서도 볼 수 있다. 그러나 우리는 그리스도 안에서 다시 하나님의 영광을 바라보고 찬송할 수 있는 존재로 부름을 받았다. 지극히 영광스럽고 존귀한 목적을 위해 우리를 부르셨다. 내게 거저 주셨던 은혜의 영광은 찬양으로 올려 드려져야 한다. 복을 받는 방식은 하나님을 바라보는 것이다. 우리가 하나님을 예배하면 할수록 하나님의 복을 더더욱 누리게 된다. 이는 우리의 삶에서 가장 실제적인 일이다. 실제적인 사람은 축복을 향하여 돌진하는 사람이 아니라 축복의 원천을 생각하고 그 원천을 접하는 사람이다.[11)]

적용질문

1. 우리는 늘 하나님을 위해서 무엇을 해야만 한다고 생각한다. 하지만 하나님께서는 하나님 자신의 절대적인 주권으로 우리를 택하시고 사랑하신다. 내가 믿어 구원을 얻은 일이 먼저인가, 주님이 내게 믿음을 주시려고 은혜로 찾아오신 일이 먼저인가?

2. 나는 언제 구원받았는가? 그 구원 이전에는 하나님께서 나를 돌보지 않으셨는가? 나를 택하신 이유는 무엇이라고 생각하는가?

3. 내가 생각하는 복은 무엇인가? 나는 하늘에 속한 신령한 복들 중 얼마나 많은 복을 받았는가? 그리스도 안에서 내가 누린 복들을 정리하여 나누어 보자.

3. 성자 예수님의 구속(엡 1 : 7－12)

1) 그리스도를 통해 주신 구원의 은총(엡 1 : 7)

Q 예수 그리스도를 통한 구원의 출발 단계는 무엇인가?

A 구원의 출발 단계는 죄 사함, 속량(구속)이다.

구원의 수단 : “그의 은혜의 풍성함을 따라”, “그(예수 그리스도)의 피로”

우리는 그리스도 안에서 그의 은혜의 풍성함을 따라 그의 피로 말미암아……(엡 1 : 7a)

오직 흠 없고 점 없는 어린 양 같은 그리스도의 보배로운 피로 된 것이니라(벧전 1 : 19)

그리스도 예수 안에 있는 속량으로 말미암아 하나님의 은혜로 값없이 의롭다 하심을 얻은 자 되었느니라(롬 3 : 24)

8모든 성도 중에 지극히 작은 자보다 더 작은 나에게 이 은혜를 주신 것은 측량할 수 없는 그리
스도의 풍성함을 이방인에게 전하게 하시고 9영원부터 만물을 창조하신 하나님 속에 감추어졌
던 비밀의 경륜이 어떠한 것을 드러내게 하려 하심이라(엡 3 : 8－9)

그리스도의 희생적인 대속의 죽음은 하나님의 공의를 완전히 만족시켰다. 이것은 하나님의 은혜의 풍성하심으로 이루어졌다. 그리스도의 피 값은 모든 믿는 자들에 대한 하나님의 과분한 사랑의 풍성함을 나타내는 척도이다. 에베소서에서 바울은 하나님의 풍성하심을 16번이나 이야기했다.[12)]

은혜란 값없이 주어지는 것이지만, 값의 지불 여부보다 그 은혜로 주어지는 내용이 무엇인지가 더 중요하다. 흔히 구원은 은혜로 받는 것이지 사람의 노력으로 얻는 것이 아니라고 하여 하나님의 은혜의 가치를 경시하는 과오를 범한다. 거저 얻는다고 하여 구원 자체가 싸구려라고 생각하면 안 된다. 구원이 우리에게 은혜로 주어진 것은 이것이 엄청난 값으로도 살 수 없는 귀한 것이기 때문이다(벧전 1 : 18－19).[13)] 풍성한 은혜는 정적인 상태에 있지 않고 동적인 상태에 있다. 예수님의 은혜가 우리에게 넘쳤다(엡 1 : 8). 인간의 비참함이 더 이

상 발견되지 않도록 풍성하게 온 것이다. 우리의 비참함은 이중적이다. 우리는 깨지기 쉽고 속이 비어 있는 질그릇 같다(고후 4 : 7). 그 질그릇에 예수님의 구속의 은혜가 넘치도록 담긴다.[14] 넘치도록 공급되는 예수님의 구속의 은혜의 힘으로 우리의 삶은 점진적으로 변화를 경험한다. 십자가의 보혈은 그러한 능력을 가지고 있다. 이러한 속량의 은총을 주시기 위하여 주님이 이 땅에 오셨다.

구원의 출발 : "속량, 곧 죄 사함"

……그의 피로 말미암아 속량 곧 죄 사함을 받았느니라(엡 1 : 7b)

그 아들 안에서 우리가 속량 곧 죄 사함을 얻었도다(골 1 : 14)

이로 말미암아 그는 새 언약의 중보자시니 이는 첫 언약 때에 범한 죄에서 속량하려고 죽으사 부르심을 입은 자로 하여금 영원한 기업의 약속을 얻게 하려 하심이라(히 9 : 15)

속량은 내 몸이 영화롭게 되는 것을 최종적인 목표로 한다고 할지라도 첫 시작은 죄 사함부터이다. 죄 사함은 구원의 첫 계단이며 다음에 오는 모든 것을 위하여 문을 여는 열쇠이기도 하다. 구원과 관련된 첫 번째 문제는 우리의 죄에 대한 책임을 해결하는 것이다. 죄는 언제나 비참함과 심판을 불러온다. 사람은 죄를 극복할 힘이 없다. 죄의 권세를 이기게 해 주시는 분은 그리스도뿐이시다.[15] 구속은 죄로부터의 구속이며, 그리스도의 사역은 믿는 자들을 죄의 종의 상태에서 구출하는 것이다. 그러므로 죄의 용서는 믿는 자들을 죄의 멍에로부터 해방하는 즉각적인 결과를 가져온다.[16]

인간은 타락한 이후 사탄의 자식이 되었고(엡 2 : 1−3, 4 : 17−18) 스스로 구원할 수 없는 상태에 있다. 스스로가 억압된 것이 아니라 자신보다 세력이 큰 자에게 억압되어 있었기 때문에 그 힘을 이길 수 있는 그리스도의 도움을 받지 않으면 인간의 속량은 불가능하다. 그리스도 안에서만 인간의 구속이 실현된다.[17] '속량'(구속)이라고 하는 명사 '아폴뤼트로시스'는 '아폴뤼트로오'(속전을 받고 놓아주다)에서 유래했으며, '몸값', '속전'을 의미한다.[18] 종을 그 주인에게서 값을 주고 사는 행위를 말하며 하나님께서는 우리를 은, 금이 아닌 흠 없고 점 없는 어린 양 같은 그리스도의 보배로운 피로 사셨다(벧전 1 : 18−19). 엄청난 대가를 지불하셨기에 우리의 속량은 확실한 보장을 받는다. 예수님의 구속을 통하여 우리는 자녀로 입양되었다. 그 능력은 '한번에', '영원히', '온전하게' 죄 문제를 해결하는 능력이다.

속죄의 출발 : 우리의 변화 가능성이 아니라 '그리스도 안에서' 출발한다.
속죄의 풍성함 : '그의 은혜의 풍성함을 따라' 그 은혜의 크기만큼 도움을 입을 수 있다.
속죄의 효능 : 십자가의 보혈의 능력으로 '그의 피로 속량, 곧 죄 사함'을 받는다.

10이 뜻을 따라 예수 그리스도의 몸을 단번에 드리심으로 말미암아 우리가 거룩함을 얻었노라
14그가 거룩하게 된 자들을 한 번의 제사로 영원히 온전하게 하셨느니라(히 10 : 10, 14)

적용질문

1. 내가 경험한 피의 효력, 그 은혜의 풍성함은 얼마나 되는가?

2. 구원의 근거가 내가 잘해서인가, 우리 주님의 은혜인가? 그렇다면 지금 내가 힘쓰고 애써야 할 영적 질서는 무엇인가?

3. '한번에', '영원히', '온전하게' 그분의 도우심을 받는 비밀은 무엇인가?

2) 구속사의 계시의 목적 : 아들들에게 그 뜻의 비밀을 계시하심(엡 1 : 8-9)

Q 그 뜻의 비밀은 무엇인가?

A 그 뜻의 비밀은 에베소서 전체에 깔려 있는 큰 가르침으로, 그리스도의 몸에 관한 교회의 비밀이다.

바울의 임무는 비밀의 경륜이 어떠한 것인지를 드러내는 것이다. 이 비밀은 다른 것이 아니라 지체의 비밀, 곧 교회를 말하고 이것이 에베소 사람들에게 펼쳐진 지체, 몸의 비밀이다.[19]

그 뜻의 비밀을 계시함 : 믿는 자들이 구원의 비밀을 알도록

8이는 그가 모든 지혜와 총명을 우리에게 넘치게 하사 9그 뜻의 비밀을 우리에게 알리신 것이요……(엡 1 : 8－9a)

대답하여 이르시되 천국의 비밀을 아는 것이 너희에게는 허락되었으나 그들에게는 아니되었나니(마 13 : 11)

하나님께서는 믿는 자들에게 지혜, 곧 하나님의 계시의 본질을 알게 하는 객관적인 영감과 총명, 곧 그것에 대한 주관적인 이해를 주셔서 그 시대에 대한 하나님의 의도인 구속사를 파악하고 현재에 드러난 비밀을 깨달을 수 있게 하신다.[20] 구원은 죄 사함 정도가 아니라 하나님의 자녀로서, 영광의 완성된 차원을 이야기한다. 우리는 구속, 죄 사함을 개인의 행복이라는 차원에서 생각하지만 구원은 시작부터 완성까지 전부 하나님과의 관계로 풀어가야 한다. 구원은 '죄'와 '거룩'의 문제요 하나님과 화목하는 일이다.[21] 현대 그리스도인들의 문제는 구원을 단순히 죽은 이후의 천국, 이 땅에서의 축복이라는 관점에서만 이해하려고 한다는 점이다. 에베소서에서 말하는 구원은 그 비밀의 경륜이 완성되는 일이요, 하늘과 땅의 통일의 문제요, 만물이 원상태로 그리스도의 충만함을 경험하는 데까지 나아가는 일이다.

구속사의 완성을 위하여 부름을 받았음을 아는 일이 중요하다. 우리가 그 뜻을 깨닫고 아버지의 마음을 알면 아들을 이 땅에 보내셔야 했던 목적, 성령을 보내셔서 우리를 세워 주시는 이유, 이 시대의 교회, 그리스도의 몸의 의미가 무엇인 줄 알게 된다.

구원자의 마음 : "그의 기뻐하심을 따라"

……그의 기뻐하심을 따라 때가 찬 경륜을 위하여 예정하신 것이니(엡 1 : 9)

만물을 그의 발아래에 두셨다 하셨으니 만물을 아래에 둔다 말씀하실 때에 만물을 그의 아래에 두신 이가 그 중에 들지 아니한 것이 분명하도다(고전 15 : 27)

그의 십자가의 피로 화평을 이루사 만물 곧 땅에 있는 것들이나 하늘에 있는 것들이 그로 말미암아 자기와 화목하게 되기를 기뻐하심이라(골 1 : 20)

예수님의 오심과 구원 사건은 하나님의 계획과 경륜 속에 이루어진 일이다. 비밀은 하나님의 계시로 드러나며 이는 전에는 감추어졌던 진리이다. 이 비밀(드러난 진리)은 성취의 시기에 그리스도 안에서 자신의 주권 아래에 있는 하늘과 땅 위의 모든 것을 이루려 하시는 하나님의 선한 기쁘심이다. 때가 찬 경륜을 위한다는 것은 예정된 섭리를 시간 속에서 펼쳐 가는 것을 의미한다. 경륜이란 일종의 배열 혹은 행정이다.[22] 성자 예수님은 아버지의 창조 계획대로 오셔서 허물과 죄로 더럽혀지셨고(죽었다고 표현) 하나님의 아들들이 될 수 없는 우리를 깨끗하고 흠 없게 하셨다. 첫 창조된 자유 인격자 인간을 그리스도 안에서 구속하신 것을 새 창조라고 하며 그 내용은 거룩하고 흠이 없는 백성과 아들들이 되게 하시는 것이다.[23]

구원의 궁극적 완성 : "다 그리스도 안에서 통일되게 하려 하심이라"

하늘에 있는 것이나 땅에 있는 것이 다 그리스도 안에서 통일되게 하려 하심이라(엡 1 : 10)

법조문으로 된 계명의 율법을 폐하셨으니 이는 이 둘로 자기 안에서 한 새사람을 지어 화평하게 하시고(엡 2 : 15)

그에게서 온 몸이 각 마디를 통하여 도움을 받음으로 연결되고 결합되어 각 지체의 분량대로 역사하여 그 몸을 자라게 하며 사랑 안에서 스스로 세우느니라(엡 4 : 16)

하나님의 선택하심, 예정하심, 그분의 아들들이 되게 하심, 그리스도의 구속과 죄 사함 등의 이 모든 역사는 하나님의 영원한 뜻을 이루기 위한 것이다. 하나님의 선택에도 그분의 뜻이 있다. 그분의 구속의 역사에도 또한 뜻이 있다. 결국 그 뜻은 때가 찰 때 하늘에 있는 것이나 땅에 있는 것이 다 그리스도 안에서 통일되는 일이다. 즉, 그리스도의 머리 되심 아래 있게 되는 일이다.[24]

하나님의 계시의 모든 빛들은 그리스도 안으로 모인다. 모든 신앙이 그리스도를 중심으로 정렬된다. 유대인과 이방인들이 각각 그리스도와 하나 되고 또 서로 간에 연합하게 된다. 하늘과 땅이 그리스도를 통하여 왕래하며 화평하게 된다. 수많은 천군과 천사가 그리스도를 통하여 교회와 하나가 된다.[25] 그리스도 안에서 우리는 하나님의 영원하신 목적의 일부를 담당하고 있는데, 이 목적은 '그리스도 안에 있는 모든 것들'을 모으는 일이다. 결국 미래의 어느 날, 하나님께서는 새로운 창조를 통하여 '모든 것을 그리스도 안에' 있게 하실 것이다.[26]

적용질문

1. 구속사의 비밀은 교회이다. 나는 이 구속사의 비밀이 펼쳐지도록 하기 위하여 어떤 계획과 결단을 가지고 있는가?

2. 이 땅에 그리스도의 몸인 교회를 세워 가는 일을 위하여 지금 내가 하고 있는 일, 사역은 무엇인가?

3. 하늘과 땅의 통일을 위하여 나는 그의 머리 되심에 복종하고 있는가? 나의 셀, 나의 교회가 그분의 머리 되심의 질서를 따르고 있다고 생각하는가?

3) 우리가 그의 기업이 됨

Q 우리를 예정하셔서 양육하시는 목표가 무엇인가?

A 그리스도로 말미암아 성도에게 주어지는 또 하나의 은혜는 유업이다.

모든 일을 그의 뜻의 결정대로 일하시는 이의 계획을 따라 우리가 예정을 입어 그 안에서 기업이 되었으니(엡 1 : 11)

여호와의 분깃은 자기 백성이라 야곱은 그가 택하신 기업이로다(신 32 : 9)

유업은 그리스도 안에서 된 것이며(엡 1 : 7) 하나님의 뜻을 따르는 예정으로 이루어진 것이다.[27] 우리가 믿음으로 하나님께 돌아올 때 종이 아닌 양자로 받아들여져 아들들이 된다. 이 모든 것이 하나님의 은혜의 풍성함을 따라 그리스도 예수 안에서 우리에게 주어진다.[28]

구원의 의도 : 우리가 그 안에서 기업이 됨

너희는 하나님으로부터 나서 그리스도 예수 안에 있고 예수님은 하나님으로부터 나와서 우리에게 지혜와 의로움과 거룩함과 구원함이 되셨으니(고전 1 : 30)

하나님께서 죄를 알지도 못하신 이를 우리를 대신하여 죄로 삼으신 것은 우리로 하여금 그 안에서 하나님의 의가 되게 하려 하심이라(고후 5 : 21)

우리가 그 안에서 하나님의 기업이 되었다는 말씀은(엡 1 : 11) 우리가 하나님의 재산이요, 하나님의 자랑이 된다는 뜻이다. 하나님께서는 우리에게 그리스도 안에서 기업을 주셨을 뿐 아니라(벧전 1 : 3-4), 우리를 그리스도의 기업으로 삼으셨다. 교회는 주님의 몸이요 성전이며 신부이다. 그리고 우리는 어느 날 주님의 영광에 참예할 것이다. 우리는 참으로 놀라운 미래를 소유하고 있다.[29] 하나님께서는 우리를 그의 은혜의 영광을 찬송하기 위해 예정하셨는데(엡 1 : 6) 예수님의 구속 사건으로 말미암아 우리가 그의 영광의 찬송이 되었다. 출발 때는 그리스도가 우리의 의가 되시지만, 목표에 도달하면 우리가 하나님의 의가 된다. 하나님께서는 목적을 갖고 우주적인 경륜을 펼치신다. 하나님께서 원하시는 것은 삼위 하나님의 협의대로 그 뜻을 이루시는 것이다. 그 목적에 따라 우리가 예정을 입고 그 안에서 기업이 되고 하나님의 역사의 목표가 되어 교회가 하나님의 기업이 된다.[30] 하나님의 기업이 되는 사람들은 이방인이나 유대인의 구별이 없이 그리스도 예수의 십자가로 말미암아 하나님 앞에 영원한 소망과 기업을 얻게 된 모든 사람을 의미한다. 교회는 그리스도 안에서 재통일, 즉 거듭남으로 말미암아 차별 없이 하나님과 화목하는 자리이다. 그러므로 사도 바울이 알고 있는 성도라는 존재는 예수 그리스도 안에서 발견된 존재이다. 따라서 성도는 주의 계획 속에 있는 존재로, 주께서 그의 품에 안으신 존재로, 주님이 주체자로 잡고 있는 존재로 자신을 인식해야 한다.[31]

구원의 목표 : 우리가 그의 영광의 찬송이 됨

이는 우리가 그리스도 안에서 전부터 바라던 그의 영광의 찬송이 되게 하려 하심이라(엡 1 : 12)

성도가 우리 주님의 기업이 되는 목적은 하나님의 영광의 찬송이 되기 위함이며, 영광의 찬송이 되는 까닭은 우리가 '그리스도 안에서 전부터 바라던 자들'이기 때문이다(엡 1 : 12).[32] 구원에 있어서 우선적으로 언급되어야 하는 것은 하나님의 영광으로, 구원의 주요한 요소는 하나님의 영광을 깨닫는 것이다. 바울이 디모데에게 편지하면서 "이 교훈은 내게 맡기신바 복되신 하나님의 영광의 복음을 따름이니라"(딤전 1 : 11)라고 말한 것은 결코 놀라운 일이 아니다. 그러기에 구원은 무엇보다 하나님의 영광을 계시하는 것으로 우리가 부르심을 받은 것은 '그의 은혜의 영광을 찬미하게 하려는 것'이다. 그러나 죄는 이것을 거부한다. 우리는 죄에 대한 잘못된 개념을 가지고 있다. 우리는 어떤 행위들을 죄 있는 것으로 생각해 버리려는 경향이 있다. 우리가 죄를 지었다고 말할 때, 단지 어떤 나쁜 일을 하였다는 의미로만 말하는 경우가 많다. 물론 이 모든 것이 죄에 해당되지만 죄의 진면목은 우리가 하나님께 마땅히 돌려야 하는 영광을 돌리지 않는 것을 말한다. 사람은 본래 하나님을 영화롭게 하는 존재로 지음 받았기 때문이다. 죄의 가장 무서운 성격이 바로 하나님을 영화롭게 하지 못하도록 한다는 데 있다. 그러므로 우리의 구원을 어떤 특별한 죄목에서 건짐을 받은 것 정도로만 생각해서는 안 된다. 구원에 관해서는 언제나 하나님의 영광의 차원에서 생각해야 한다.[33]

적용질문

1. 오늘 밤 이 세상을 떠난다면 천국에 들어갈 확신이 있는가? 하나님께서 나를 천국에 들어오도록 받아 주신 이유를 무엇이라고 설명할 수 있는가?

2. 예수님을 통한 구속, 곧 죄 사함의 은총을 경험한 후 나의 삶은 어떻게 변했는가?

3. 에베소서 1 : 6에서는 우리가 하나님을 찬송해야 한다고 말한다. 그리고 12절에서는 우리가 하나님의 찬송이라고 말한다. 이 두 상황을 설명해 보자. 내게서 이 두 찬양이 다 올려지고 있다고 생각하는가?

4. 성령님의 인 치심과 보증(엡 1 : 13–14)

1) 인 치심의 시작과 우리의 자세 : 진리의 말씀, 곧 구원의 복음을 듣고 믿음

Q 성령의 인 치심이 있기 전에 반드시 있어야 할 신앙의 과정은 무엇인가?

A 진리의 말씀, 구원의 복음을 들음 → 그 안에서 믿어야 함 → 약속의 성령으로 인 치심

13그 안에서 너희도 진리의 말씀 곧 너희의 구원의 복음을 듣고 그 안에서 또한 믿어 약속의 성령으로 인 치심을 받았으니 14이는 우리 기업의 보증이 되사 그 얻으신 것을 속량하시고 그의 영광을 찬송하게 하려 하심이라(엡 1 : 13–14)

믿음은 들음에서 형성된다

[14]그런즉 그들이 믿지 아니하는 이를 어찌 부르리요 듣지도 못한 이를 어찌 믿으리요 전파하는 자가 없이 어찌 들으리요 [15]보내심을 받지 아니하였으면 어찌 전파하리요 기록된바 아름답도다 좋은 소식을 전하는 자들의 발이여 함과 같으니라(롬 10 : 14–15)

구원을 위해 율법의 행함은 요구되지 않는다. 구원은 오로지 그리스도의 십자가, 즉 하나님의 은혜와 긍휼에 근거한다. 십자가 복음이 바로 진리의 말씀이다. 이런 점에서 사도적 복음은 영적인 죽음으로부터, 하나님의 진노로부터, 악한 세력들의 속박으로부터, 죄와 육체로부터 구원받는 것에 직접적인 능력을 발휘한다.[34] 하나님께서 영원 전에 선택하시고 그리스도께서 시간 안에서 구속의 역사를 성취하셨지만, 이 모든 축복이 실제로 적용이 되는 것은 진리의 말씀, 곧 구원의 복음을 듣고 믿을 때이다(롬 10 : 14–17).[35] 만약 말씀을 듣지 않는다면 믿음이 생기지 않는다. 그래서 사탄은 우리가 말씀을 듣지 못하도록 방해한다. 귀를 닫게 만들고 깨닫지 못하도록 마음에 유혹을 불어넣어 말씀을 신뢰하지 못하게 한다.

보혜사 곧 아버지께서 내 이름으로 보내실 성령 그가 너희에게 모든 것을 가르치고 내가 너희에게 말한 모든 것을 생각나게 하리라(요 14 : 26)

복음을 깨닫고 그리스도를 믿는다는 것은 말씀을 듣는 것과는 또 다른 차원의 어려운 과제이다. 우리가 믿게 된 과정을 돌이켜 보아도 그렇게 단순한 것은 아니다. 믿음은 단번에 얻어지는 것이 아니라 조금씩 자라나는 것이다.[36]

적용질문

1. 나는 믿음의 성장을 위하여 진리의 말씀을 듣고 공부하는 일을 계획적으로, 체계적으로 훈련하고 있는가?

2. 나의 신앙은 자라고 있는가? 나의 신앙 성장의 상태를 무엇으로 측정, 검증할 수 있는가?

3. 사탄은 말씀을 듣지도, 공부하지도, 훈련하지도 못하도록 방해한다. 그러나 바울 사도는 이러한 진리의 소식을 전하는 자의 발걸음을 "아름답도다 좋은 소식을 전하는 자들의 발이여"라고 표현했다. 나는 사탄의 방해 공작에 머물러 버렸는가, 아니면 좋은 소식을 전하는 아름다운 사람으로 성장했는가?

2) 인 치심의 모습 : 약속의 성령으로 인 치시고 보증하심

Q 약속의 성령으로 인 치신다는 말씀은 무엇을 의미하는가?

A 구원의 복음을 듣고 믿을 때 약속의 성령께서는 하나님의 백성들에게 그 소유권을 나타내는 인을 쳐 주신다.[37] 어떠한 증거로든지 구원받은 사람임을, 성령의 동행하심을 확인할 수 있도록 해 주신다.

……그 안에서 또한 믿어 약속의 성령으로 인 치심을 받았으니(엡 1 : 13)

하나님께서는 구약시대부터 여러 번 성령을 보내시겠다고 약속하셨으며(사 32 : 15, 44 : 3, 겔 36 : 26, 욜 2 : 28, 슥 12 : 10), 그리스도께서 이를 거듭 확증하셨다(요 7 : 39, 14 : 16). 그러한 약속에 따라 성령께서는 예수님 승천 이후에 강림하셨다(행 2 : 1-4).[38]

성령의 보증과 인 치심 : 소유권, 보존, 보증

'인 치심'이란 그리스도인들이 기업을 상속받을 때까지 성령께서 그들을 보호하시고 보존하심을 뜻할 수도 있고(고후 1 : 22, 벧전 1 : 5, 계 7 : 2-3) 하나님께서 그들을 받아들이신 것이 사실임을 성령께서 '보증'하신다는 의미일 수도 있다. 그리스도인들은 '왕의 인'을 지니고 있다(요 3 : 33, 행 10 : 44, 47). 하나님께서는 모든 자녀에게 하나님의 영원한 나라에서 그들이 받을 몫을 보증하시기 위해(또는 그에 대한 '보증금'을 주시기 위해) 성령을 부어 주신다. 이를 통해 하나님께서는 그들에게 구속 안에서 하나님의 모든 강력한 역사를 적용하신다.[39] '인'은 표지에 소유권을 판별하는 도장을 찍는 것으로서 봉인된 용기 안에 있는 것을 입증하는 사람이 누구인가를 밝히는 것이었다. 성령께서는 특별히 종말의 때에 활동하시리라고 이해되었기 때문에 바울은 여기서 성령님을 '보증'(고대 사업 문서에서 첫 지불액을 나타내는데 사용되었던 용어)이라고 말한다. 성령님의 역사하심을 맛본 사람들은 하나님께서 자기 백성에게 약속하신 미래 세계의 생명을 맛보기 시작한 것이다.[40]

성령께서는 구원의 확신을 위하여 우리에게 표적, 특별한 기도의 응답, 영적 현상 등 많은 방법으로 보증해 주신다. 그러나 어떤 현상이나 표적보다도 말씀에 근거를 두고 구원받았는지를 확인하는 일이 가장 우선적인 검증의 방법임을 잊지 말아야 한다.

적용질문

1. 나는 성령 체험을 한 사람인가? 나의 성령 체험 이야기를 나누어 보자.

2. 이것이 지극히 주관적인 판단에 근거한 것이라 할지라도 성령께서 나와 동행, 동역하고 있음을 보여 주고 있는 어떤 보증이나 인 치심이 있는가?

3. 나는 성령님과 인격적인 교제를 나누기 위하여 어떤 계획과 실천을 가지고 있는가?

3) 인 치심의 약속 : 우리의 기업이 되시는 하나님, 그의 영광을 찬송하게 하기 위하여

Q 우리가 하나님을 찬양하는 이유는 무엇인가?

A 구원받은 이후에 내가 경험하는 삶의 여정들 모두가 주님의 인도하심, 섭리하에 있음을 깨닫게 하신다. 진리의 세계가 열릴 수록 하나님의 절대 주권을, 그의 주 되심을, 그의 영광을 찬양할 수밖에 없다.

이는 우리 기업의 보증이 되사 그 얻으신 것을 속량하시고 그의 영광을 찬송하게 하려 하심이라(엡 1 : 14)

우리의 기업의 보증이 되시는 성령님 : 장래 우리의 기업을 미리 맛봄

4한 번 빛을 받고 하늘의 은사를 맛보고 성령에 참여한 바 되고 5하나님의 선한 말씀과 내세의 능력을 맛보고도(히 6 : 4-5)

눈이 열릴 수록 나의 욕망이 아니라 하나님께서 우리의 기업이 되시고 상급이 되심을 인정할 수밖에 없다. 성막을 통해 우리는 하늘 보좌의 모습을 보았다. 하나님을 누리는 수준이 각 위치에 따라 다른데, 이것이 섬김의 차이이면서 또한 하나님을 누림의 차이, 내게 약속된 기업의 차이이다.

하나님께서는 우리의 기업이시다. 성령님은 인 치심으로 우리에게 이 기업을 보증하신다.

보증은 미리 맛본다는 의미가 있는데, 우리는 성령님을 통해 장래에 물려받을 우리의 기업을 미리 맛볼 수 있다.[41] '보증'('아라본' : 보증금, 선불금, 미리 맛봄)은 매매하는 일에 있어서 미리 지불되는 계약금으로 상업 용어이다. 이는 약속의 성령께서 성도의 마음속에서 보증을 해 주심으로 구속의 그날까지 확신을 가지고 살아갈 수 있음을 시사한다.[42] 사업상 보증금이라고 하면 구입한 소유물에 대해 우선 지불하는 돈을 뜻한다. 그리스도는 우리를 대신하여 우리의 미래를 사셨지만 우리는 아직 그 모든 축복 가운데로 들어가지 못하였다. 하나님께서는 우리가 온전한 구원을 체험하고 영광 중에서 하나님의 약속하신 축복들을 받을 수 있음을 확신하도록 보증금으로서 우리에게 성령님을 보내 주셨다.[43]

우리를 세워 가시는 훈련 과정 : 피의 구원, 세례의 언약, 광야 훈련을 통하여 우리를 정결하게 하시고, 하나님의 사람으로 확실하게 세우신다

| 출애굽기 : 광야 5단계 훈련[44] |

언약/광야 훈련		장	내용	영적 의미
피의 언약		12	어린 양의 피	피로 사서 우리를 속량-은혜 중심의 사람으로 변화
세례 언약		13-14	홍해-세례	하나님의 주권 인정, 자기 부인
광야 1	수르	15	쓴 물, 기대 무너짐	십자가, 원칙 중심의 삶으로 변화
광야 2	신	16	경제, 삶의 근간 무너짐	공급자, 신령한 만나 중심의 삶으로 변화
광야 3	르비딤	17a	생의 목마름	성령의 사람으로 변화
광야 4	아말렉	17b	대적자에게 공격을 받음	사람을 얻고 기도의 동역자를 얻음
광야 5	시내	18	리더십의 문제를 발견	목자와 함께 하나님 나라의 동역자로 세워짐

인 치심은 단순한 소유권을 주장하는 일뿐 아니라 관리와 경영까지도 포함한다. 성령님이 우리를 광야로 이끄심은 성화(聖化)를 위한 필연적 훈련 과정이다. 이렇게 훈련을 받아 하나님의 형상으로 변화되고, 통치의 대행자로 세워지게 될 때 주님은 우리를 구속사의 동역자로 사용하신다. 구속사에 함께 동참하는 일은 성령님의 보증과 인 치심, 나의 동역이 있어야 가능해진다.

적용질문

1. 나는 구원의 확신이 있는가? 나는 하나님의 아들로, 장자로, 상속자로 성장하고 있는가? 나는 그것을 어떻게 설명할 수 있는가?

2. 이스라엘 백성들이 출애굽 후 광야에서 구름기둥과 불기둥의 인도를 받았듯이 이 땅의 상속자로, 하나님의 대행자로 나를 세우시기 위하여 성령님은 인도하고 계신다. 더 훈련하기 위하여 이끌림받고 있는 광야는 무엇인가? 어떻게 응답해야 하는가?

3. 바울은 하나님께서 우리를 구속하신 이유가 하나님의 영광을 찬양하게 하시기 위함이라 한다. 그는 감옥에 갇힌 불편한 상태에서도 하나님을 찬양했다. 나는 어떻게 하나님의 영광을 높여 드리고 있는가?

교회는 그의 몸이니

만물 안에서 만물을

충만하게 하시는 이의

충만함이니라

엡 1 : 23

제2강

만물을 충만하게 하시는 하나님의 구원 경륜

에베소서 1 : 15~23

2

만물을 충만하게 하시는 하나님의 구원 경륜

에베소서 1 : 15~23

우리 주 예수 그리스도의 하나님, 영광의 아버지께서 지혜와 계시의 영을 너희에게 주사 하나님을 알게 하시고(엡 1 : 17)

바울은 교회가 그리스도 안에서 주님의 강력한 역사와 풍성한 선물에 대한 깊은 통찰을 얻기를 기도하고 있으며,[45] 에베소 교인들에게 그리스도를 통한 구원의 교리와 그리스도가 교회의 머리 되심을 증거한다. 성부, 성자, 성령, 삼위일체 되시는 하나님께서는 구원을 계획하시고, 구원을 행하시고, 구원을 적용하심으로써 죄인을 구원하시는 놀라운 사역을 감당하셨다. 그로 인해 구원받은 자들의 모임인 교회는 그리스도를 머리로 하는 유기체로서 하나님의 뜻대로 이루며 하나님의 영광을 나타낸다.[46]

1. 눈이 열려 보기를 원하는 사도의 기도(엡 1 : 15－19)

1) 목자가 교회의 상황을 듣고 감사하며 그들을 위해 기도 (엡 1 : 15－16)

Q 에베소 교인들을 위한 바울의 기도 내용은 무엇인가?

A 에베소 교인들의 믿음과 사랑에 감사하면서 그들의 신앙의 진보를 위해 기도하고 있다.

15이로 말미암아 주 예수 안에서 너희 믿음과 모든 성도를 향한 사랑을 나도 듣고 16내가 기도할
때에 기억하며 너희로 말미암아 감사하기를 그치지 아니하고(엡 1 : 15－16)

바울은 그가 섬겼던 모든 교회들을 염려하면서 언제나 부지런하면서도 지칠 줄 모르는 기도를 드렸다(롬 1 : 9, 빌 1 : 9, 골 1 : 3, 9, 살후 1 : 11). 여기에서 바울이 감사하고 기뻐함으로 기도하는 이유는 에베소 성도들에게 주 예수에 대한 믿음과 서로를 향한 사랑이 있었기 때문이다. 믿음은 주 예수 안에 있는 것으로 예수님에 대한 것이며, 사랑은 사람에 대한 것이다. 믿음은 주님과 연합하고 주님만 의지하는 것을 말한다. 세상의 권력, 건강, 개인의 능력을 따르지 않고 주님만 붙잡는 삶이 믿음의 결과로 나타난다. 믿음 안에서 내가 아니라 그리스도로 살 때, 비로소 사람을 진정으로 사랑할 수 있다(갈 2 : 20).[47]

에베소 교회를 향한 사도의 기도 : 믿음과 사랑에 대한 감사 기도

사도 바울은 기도할 때마다 에베소 교인들의 믿음과 사랑에 대해 감사하는 것을 잊지 않았다. 이 감사는 에베소 교인들의 믿음과 사랑이 그리스도 안에서 이루신 하나님의 사역으로 인해서 생겨난 것이다. 이처럼 우리가 기도할 때 문제점을 찾는 기도보다는 감사를 찾는 기도가 더욱 중요하다.[48] 죄인 된 우리가 예수 그리스도를 믿음으로 의롭다 함을 받고 성화되어 하나님의 나라 백성으로서 권리와 자유를 누리는 삶을 얻는 것은, 예수 그리스도께서 십자가 위에서 하나님의 진노와 저주를 우리 대신 받으셨을 뿐 아니라(갈 3 : 13), 그의 피로 우리의 죄를 씻어 주셨기 때문이다(히 9 : 14, 26). 부활하여 승천하신 그분은 하나님 보좌 우편에 앉으시어 우리의 영원한 대제사장이요 중보자로 항상 우리를 위하여 중보기도 하신다(히 7 : 25, 롬 8 : 26). 우리의 유일한 중보자(딤전 2 : 5)이시요 대제사장(히 4 : 14－15)이신 예수 그리

스도께서는 교회의 머리(엡 1 : 22)로서 그의 몸 된 교회의 지체(고전 12 : 27)인 우리를 왕 같은 제사장들로 삼으셨다(벧전 2 : 9).[49]

우리의 믿음은 주 예수 안에서의 믿음이며, 예수님을 믿은 결과는 사랑의 삶이다. 에베소 교인들에게 나타난 것이 바로 이런 믿음과 사랑이었다. 죄의 결과로 단절되었던 피조 세계의 영적 연합은 그리스도의 은혜로 말미암아 회복되었다. 삼위일체 하나님께서 사랑으로 하나이신 것처럼, 성도도 관계 안에서 삼위일체적 삶을 살아야 한다. 마음과 목숨과 뜻을 다해 하나님을 사랑해야 하고 이웃을 내 몸처럼 사랑해야 한다(마 22 : 37-40). 이것이 창조의 목적이요 구속의 목적이다. 사도 바울은 이러한 복음의 열매가 에베소 교회에서 나타난 것을 보고 감사하였다. 바울은 믿음이란 '주 예수 안에 있는 믿음'이라고 분명하게 못을 박았다. 믿음이라고 무조건 옳은 것이 아닌데, 믿음을 믿는 자의 열심이나, 믿는 자의 인격이나 성품으로 오해하는 경우가 많이 있다. 예수님을 믿는다는 것은 믿음의 행위가 아니라 믿음의 대상인 예수님이 강조되어야 한다. 나의 믿음의 상태에 대한 강조가 아니다.[50]

적용질문

1. 나의 믿음은 무엇을 믿는 믿음인가? 건강, 권력, 경제, 능력 등을 주실 것에 대하여 기대하는 믿음인가, 아니면 예수 그리스도, 우리 하나님 아버지를 신뢰하고 의지하는 믿음인가?

2. 하나님을 신뢰하는 건강한 믿음은 이웃들에 대한 사랑으로 이어진다. 내가 우리 주님을 늘 믿음으로 사모하듯, 이웃들을 향한 사랑의 마음, 손길들을 나눌 준비가 되어 있는가?

3. 기도와 더불어 감사의 마음을 잃지 않고 사는 삶이 건강한 삶이다. 나는 매일 감사 일지를 기록하며 사는가?

2) 지혜와 계시의 영, 마음의 눈이 밝아져 하나님을 바로 알기를 구함(엡 1 : 17-18a)

Q 우리는 어떻게 하나님을 부르고 있는가? 어떻게 그 하나님을 알 수 있는가?

A 우리 주 예수 그리스도의 하나님, 영광의 아버지라고 부른다.
우리에게 지혜와 계시의 영이 열리고, 마음의 눈이 밝아지면 이 하나님을 알 수 있다.

17우리 주 예수 그리스도의 하나님, 영광의 아버지께서 지혜와 계시의 영을 너희에게 주사 하나님을 알게 하시고 18너희 마음의 눈을 밝히사……(엡 1 : 17-18a)

우리의 기도의 대상은 하나님 아버지 : 주 예수 그리스도를 의지하여 기도

우리의 기도의 대상은 주 예수 그리스도가 아닌 하나님 아버지라는 사실을 기억해야 한다. 우리는 그 아들을 보내신 하나님 아버지께 주 예수 그리스도의 이름으로 또는 주 예수 그리스도를 의지하여 기도로 아뢴다. 성경은 아버지 하나님께 기도를 드리라고 가르친다. 하나님께서는 주 예수 그리스도의 아버지 하나님이시다. 구약에서는 아브라함의 하나님, 이삭의 하나님, 야곱의 하나님께 기도했다. 언약을 지키시는 하나님을 의미한다. 그러나 사도 바울은 우리 주 예수 그리스도의 아버지께 기도한다. 하나님께서는 우리 주 예수 그리스도 안에서 사람과 한 언약을 맺으셨다. 새 언약이다. 은혜 언약이다. 우리가 하나님께 나아가는 유일한 길은 예수 그리스도뿐이다.[51)]

"영광의 아버지" : 영광은 하나님의 궁극적 특성이며 영광의 아버지는 우리와 단절된 관계였다

바울 사도는 예수 그리스도의 아버지 하나님을 '영광의 아버지'라고 부르고 있다. '영광'은 하나님의 궁극적인 특성이고 본질이며 말로 표현할 수 없는 절대적 완전하심이다. 그분께 우리는 기도로 나아갈 수 있다.[52)] '영광의 아버지'는 우리와는 제한되고 단절된 관계에 계셨다. 하나님께로 나아가는 길이 예수님의 은혜로 말미암아 열렸고 우리는 그 영광스러운 하나님께로 담대하게 나아갈 수 있는 존재가 되었다. 우리 주님이 승천하셔서 영광과 존귀로 관을 쓰셨을 때 우리도 동일하게 영광과 존귀로 들어갈 법적 보장을 얻었다(히 2 : 9-10).

9오직 우리가 천사들보다 잠시 동안 못하게 하심을 입은 자 곧 죽음의 고난 받으심으로 말미암아 영광과 존귀로 관을 쓰신 예수를 보니 이를 행하심은 하나님의 은혜로 말미암아 모든 사람을 위하여 죽음을 맛보려 하심이라 10그러므로 만물이 그를 위하고 또한 그로 말미암은 이가 많은 아들들을 이끌어 영광에 들어가게 하시는 일에 그들의 구원의 창시자를 고난을 통하여 온전하게 하심이 합당하도다(히 2 : 9-10)

“지혜와 계시의 영” : 하나님을 아는 지식을 더하게 한다

17절은 “하나님을 아는 너희의 지식에 지혜와 계시의 영을 주사”라고 개역함이 옳다. 사람이 하나님을 알게 되는 것은 어떤 명제에 대한 실증적 증명으로 가능한 것이 아니고 성령의 은혜로만 가능하다. 이레네우스(Irenaeus)는 말하기를 “우리에게 신앙을 주는 성령의 은혜는 마치 이슬과 비가 내려 곡식을 적셔서 결실하게 하는 것처럼 고요히 임한다.”라고 하였고, 어거스틴(Augustine)도 말하기를 “우리가 주님을 믿게 우리 심령에 영적 은혜가 임해야 된다.”라고 하였다. 바빙크(Bavinck)는 “누가 기독자에게 묻기를 ‘너는 왜 믿느냐?’라고 하면 대답하기를 ‘하나님께서 말씀하셨기 때문이다.’라고 할 것이다. 또 묻기를, ‘어떻게 성경을 하나님의 말씀이라고 믿게 되는가?’ 하면 그는 다시 대답하기를 ‘하나님께서 마음속에 그렇게 믿도록 역사하여 주시기 때문이다.’라고 할 것이다.”[53]라고 하였다.

적용질문

1. 나는 영광의 하나님을 어떻게 간증할 수 있는가?

2. 하나님을 알기 위하여 우리가 기도해야 할 기도의 제목은 무엇인가?

3. 일반적인 접근이 아닌 지혜와 계시의 영을 통하여 경험한 하나님 아버지에 대한 깨달음이 있다면 나누어 보자.

3) 예수 그리스도 안에서 우리에게 주신 3가지 약속 (엡 1 : 18b－19)

Q 우리의 눈이 열렸을 때 우리는 하나님의 약속들을 볼 수 있다. 그리스도 안에 있는 풍성한 약속 3가지는 무엇인가?

A 부르심의 소망(과거), 기업의 영광의 풍성함(미래), 믿는 자에게 역사하시는 능력의 크심(현재)이다.

18……그의 부르심의 소망이 무엇이며 성도 안에서 그 기업의 영광의 풍성함이 무엇이며 19그의

힘의 위력으로 역사하심을 따라 믿는 우리에게 베푸신 능력의 지극히 크심이 어떠한 것을 너희로 알게 하시기를 구하노라(엡 1 : 18b–19)

부르심의 소망에 대하여 앎(과거)

우리는 하나님의 동역자들이요 너희는 하나님의 밭이요 하나님의 집이니라(고전 3 : 9)

17자녀이면 또한 상속자 곧 하나님의 상속자요 그리스도와 함께 한 상속자니 우리가 그와 함께 영광을 받기 위하여 고난도 함께 받아야 할 것이니라 18생각하건대 현재의 고난은 장차 우리에게 나타날 영광과 비교할 수 없느니라(롬 8 : 17–18)

하나님이 그들로 하여금 이 비밀의 영광이 이방인 가운데 얼마나 풍성한지를 알게 하려 하심이라 이 비밀은 너희 안에 계신 그리스도시니 곧 영광의 소망이니라(골 1 : 27)

우리를 부르신 하나님의 소망은 예수 그리스도 안에서 풍성하고 다양하다. 하나님께서는 '예수 그리스도의 것으로' 그리고 '예수 그리스도로 더불어' 교제하라고 우리를 부르셨다. 우리를 부르신 이는 스스로 거룩하시며, 우리에게 "내가 거룩하니 너희도 거룩하라"(레 11 : 45)라고 말씀하신다. 우리는 '성도'로 부름받았다. 하나님의 거룩한 백성의 특성 중 하나가 하나님의 법의 심판에서 해방되었다는 것이다.

그리스도 안에 한 몸으로 사랑 가운데 서로 용납하고 부름에 합당한 삶을 살아야 한다(골 3 : 15, 엡 4 : 1–2). 그리스도인의 부르심은 다른 말로 새로운 삶으로의 부르심이다.[54] 그리스도는 그리스도의 몸으로 우리를 세워 만물을 충만하게 하시고 교회를 통하여 하늘과 땅을 통일시키기를 원하신다. 부르심은 선택과 예정(엡 1 : 4, 5, 11)을 전제로 한다. 하나님의 부르심은 우리가 하나님의 은혜로 그리스도를 영접하고 성령의 인 치심을 받음으로 이루어지며, 그 부르심을 통해서 그리스도인은 하나님께서 미래에 온전하게 하실 것을 소망하게 된다(Bruce). 소망은 그리스도인의 구원이 완성되고 그리스도 안에서 만물이 통일될 것에 대한 바람을 의미한다(Lincoln).[55] 최고의 소망, 최고의 기대는 우리가 영혼을 섬기는 하나님 나라의 동역자가 되어(고전 3 : 9) 그리스도의 신부(엡 5장), 군사(엡 6장)로서의 삶을 사는 것이요, 그와 함께 고난도 받고 그와 함께 영광도 받는 것이다(롬 8 : 17–18). 곧, 그리스도가 우리의 영광의 소망이시다(골 1 : 27).

성도 안에서 그 기업의 영광의 풍성함이 무엇인지를 앎(미래) : 하나님의 기업은 예수 그리스도

회심은 끝이 아니라 시작에 불과하다. 회심과 중생은 마치 아이의 탄생처럼 생명의 시작이라고 볼 수 있다. 바울은 그들 앞에 놓인 엄청난 가능성들을 알고 있었기 때문에 기도하는 것이다. 은혜 안에서 영적 생명의 정상에까지 자라 그 생명을 누리는 영광스러운 소망을 에베소의 그리스도인들이 포착하기를 간절히 바라고 있다.[56]

하나님의 기업은 사실 그리스도이다. 그리스도 외에 다른 기업은 없다. 그리스도를 성도들 안에 확장시키는 것이 기업이다. 그런데 그것이 영광의 풍성이라고 말씀하신다. 골로새서 1장에서는 "너희 안에 계신 그리스도가 영광의 소망"이라고 했다. 거기에도 '영광의 풍성'이 나오는데 이 말은 그리스도를 떠나서는 하나님의 기업이 없고 영광의 풍성이 없다는 말이다. 그러므로 성도들 안에서 확대되시는 그리스도, 풍성하게 되시는 그리스도가 바로 하나님의 기업이다.[57] 이 풍성한 영광에 초대된 사람으로 마태복음 1장에 등장하는 다섯 여인, 곧 다말, 룻, 기생 라합, 밧세바, 마리아를 꼽을 수 있다.

우리에게 베푸신 능력의 지극히 크심에 대하여 앎(현재)

• "죽은 자들 가운데서 다시 살리시고" : 부활시킨 능력이 하나님께 있다.

하나님께서 예수 그리스도를 부활시키신 것은 예수님이 그리스도이심을 세상에 선포하신 것이며 자기 백성들을 구원하시겠다는 확고한 증거이고 또한 예수 그리스도를 만물의 주로 삼으시겠다는 선언이기도 하다(행 3 : 15, 4 : 10, 10 : 40, 17 : 31, 롬 1 : 4). 그러나 본 절에서의 강조점은 예수님이 그리스도이심을 선포한 것에 있는 것이 아니라, 그리스도를 부활시키신 하나님의 능력에 있다(Lincoln).

• "하늘에서 자기의 오른편에 앉히사" : 그리스도의 왕권, 만물의 주인으로서의 권한과 능력

본문은 왕위 즉위식을 묘사한 시편 110 : 1에서 유래한 내용이다. 바울은 시편 110편을 기독론적으로 해석하여 그리스도의 왕권을 나타내고 있다. "오른편에 앉히사"는 공간적인 개념이 아니고 통치권의 개념으로, 하나님께서 그리스도를 만물의 주인으로 삼으시고 그러한 위치를 감당할 수 있는 권한과 능력을 주셨음을 시사한다(Cole, Lincoln).[58]

• **“그의 힘의 위력(능력)으로 역사하심을 따라 믿는 우리에게 베푸신 능력의 지극히 크심이 어떠한 것을 알게 하시기를 구하노라”(현재)**

위에 설명된 ‘하늘에서 자기의 오른편에 앉히신’ 능력은 십자가, 부활, 승천의 결과를 가져왔으며, 만유를 충만하게 할 것이다. 바울은 신자들을 향한 하나님의 힘, 역사하심, 능력의 지극히 크심을 표현하기 위해 ‘능력’에 대한 어휘들을 많이 사용한다. 마술과 주술을 통해 초자연적인 힘을 제어하는 능력은 고대 에베소에서 큰 관심거리였다. 하지만 그리스도 예수 안에 살아 계신 하나님의 능력은 모든 경쟁하는 권세들을 능가한다(행 19 : 20).[59] 바울은 에베소 성도들이 하나님을 아는 영적 통찰력을 갖도록 기도한 다음, 그들이 하나님을 알게 해달라고 한 것은 그들의 마음이 밝아졌기 때문에 가능한 일이다. 성령은 진리의 영(요 14 : 17)이시기에 가르쳐 주시고(요 14 : 26) 진리 가운데로 인도하신다(요 16 : 8-13). 그러므로 지혜와 계시의 정신(영)을 받아야 하나님을 알 수 있다.[60]

지혜와 계시는 성경에서 거의 동일한 의미로 사용되었지만 엄격히 구분한다면, 계시는 하나님께서 우리에게 알려 주시는 지식을 말하고, 지혜는 그 계시를 우리 편에서 받아들이는 능력을 가리킨다고 할 수 있다. 아무리 하나님께서 심오한 계시를 보여 주실지라도 우리가 그 계시를 깨닫고 수용하는 지혜가 모자라면 아무것도 아닐 수 있다. 오늘날 우리를 위한 하나님의 계시와 지혜는 예수 그리스도 안에 있다(갈 1 : 11-12, 고전 2 : 6-7, 고전 2 : 12-13).[61] 이 영광의 풍성함을 보려면 우리의 마음의 눈이 밝아져야 한다. 마음의 눈이 밝아지지 않은 사람은 형제자매에게서 그리스도가 아닌 돈이나 건강, 그리고 그들의 외형적인 것들만 볼 수밖에 없다. 하지만 영적으로 마음의 눈이 뜨인 사람들에게는 그 영광의 풍성함이 무엇인가가 보인다.[62]

적용질문

1. 영광의 아버지께서 믿는 우리에게 주신 3가지 약속들은 무엇인가?

2. 예수님의 족보에 올랐던 다섯 여자가 하나님의 영광의 기업에 동참하게 된 이유가 무엇이라고 생각하는가?

3. 믿고 있는 내게 지금도 역사하는 그리스도의 능력은 내 삶에 어떤 변화를 주고 있는가?

2. 구원의 완성(그리스도) : 땅을 구속하기 위한 교회의 역할(엡 1 : 20－22a)

1) 그 능력이 먼저 그리스도를 죽음에서 부활, 승천하게 한다 (엡 1 : 20)

Q 하나님의 크신 능력이 그리스도 안에서 어떻게 나타났는가?

A 예수 그리스도의 부활은 죽음의 권세를 이기고 가장 큰 절망을 단번에 정복한 하나님의 지극히 크신 능력의 사건이었다.[63]

그의 능력이 그리스도 안에서 역사하사 죽은 자들 가운데서 다시 살리시고 하늘에서 자기의 오른편에 앉히사(엡 1 : 20)

인류 역사 수천 년 동안 죽음은 이 세상에서 가장 큰 권세처럼 보였고, 인생의 절망들 가운데서 가장 강력한 절망처럼 보였다. 그러나 하나님께서는 그리스도를 죽은 자들 가운데서 다시 살리셨다. 그리스도의 부활은 하나님의 지극히 크신 능력의 표현이었다.

그리스도를 부활하게 하신 능력 : 객관적이고 적극적인 증거

| 사도행전에서 교회에 나타난 성령의 능력들 |

장	성령의 능력
3장	앉은뱅이를 일으킴
4장	핍박을 이김
5장	아나니아와 삽비라의 미혹을 이김
6장	분열하게 하는 원인들을 극복함
7－8장	유대인의 간계를 이김
9장	핍박자 사울을 하나님의 종으로 돌아서게 함
10장	이방인에게 복음의 문이 열리게 함
11장	안디옥 교회를 부흥하게 하고 사울을 목회자로 세움
12장	감옥의 문을 열어 베드로를 출옥시키고 하나님의 영광을 가로챈 헤롯을 죽임

하나님의 능력은 그리스도 안에서 역사하는 능력이며 생명의 능력이요 부활의 능력이다.[64] 하나님의 능력이 객관적으로 나타난 것이 바로 부활 사건이다. 이 부활 사건은 우리에게 영적으로 일어나는 일들을 유추하는 근거가 될 수 있으며 우리와 그리스도의 신비적인 연합의 교리를 설명할 수 있게 해 준다. 그리스도께서 살아나실 때에 우리도 그와 함께 살리심을 받았으며 그리스도께서 승천하심으로써 우리가 그와 함께 연합이 되어 하늘 보좌에 함께 앉아 있는 것으로 인정해 주신다.[65] 이것을 신학적으로 '동일시'라고 표현한다. 그의 능력이 그리스도로 음부의 권세를 뚫고 일어나 하늘 보좌에 앉게 했다. 하나님께서는 동일한 능력을 오늘 교회에게, 우리에게 주시면서 음부(하데스)의 권세가 우리를 잡지 못할 것을 약속하셨다(마 16 : 18).

하나님께서는 그리스도를 최고의 명예와 집행권을 갖는 자리로 높이심으로 메시야적 약속을 성취하셨다(시 110 : 1). 하나님의 형상으로 지어진 아담은 땅과 그 피조물에 대한 지배권을 부여받았으며, 타락하여 불순종했을 때도 그 지배권을 완전히 잃어버리지는 않았다. 하나님께서 사람으로 하여금 누리게 하신 온전한 지배권을 이제 인간의 몸을 입고 오신 그리스도 예수께서 발휘하고 계신다. 예수님은 이미 사망을 굴복시키셨으며, 원수 된 사망은 맨 나중에 멸망하게 될 것이다(히 2 : 14-15, 고전 15 : 25-27).[66]

적용질문

1. 죽은 자 가운데서 부활하게 하신 능력은 우리 속에서 거듭나게 하는 역사로 이어진다. 나의 삶의 거듭남을 간증해 보자. 무엇이 달라졌고 어떤 변화가 있는가?

[3]우리 주 예수 그리스도의 아버지 하나님을 찬송하리로다 그의 많으신 긍휼대로 예수 그리스도를 죽은 자 가운데서 부활하게 하심으로 말미암아 우리를 거듭나게 하사 산 소망이 있게 하시며 [4]썩지 않고 더럽지 않고 쇠하지 아니하는 유업을 잇게 하시나니 곧 너희를 위하여 하늘에 간직하신 것이라(벧전 1 : 3-4)

2. 내게 여전히 역사하는 음부의 권세는 무엇인가? 나는 그 권세를 깨뜨리기 위하여 어떤 전략과 훈련을 가지고 있는가?

3. 이 생명의 부요함은 흘러가야 한다. 이 부활의 능력으로 살리고 거듭나도록 돕고 있는 지체가 있는가?

2) 모든 통치와 권세, 모든 이름 위에 뛰어나게 하심(엡 1 : 21)

Q 그리스도를 모든 통치와 권세와 능력과 주권, 그리고 모든 이름 위에 뛰어나게 하셨다는 말씀은 무엇을 의미하는가?

A 그리스도가 부활하시어 하나님 보좌 우편에 앉아 모든 통치와 권세, 모든 이름 위에 뛰어난 이름을 얻으셨다는 것은, 우리도 거듭남의 혜택을 입고 다시 존귀한 위치에 세워지는 법적 자격을 획득했음을 말한다.

모든 통치와 권세와 능력과 주권과 이 세상뿐 아니라 오는 세상에 일컫는 모든 이름 위에 뛰어나게 하시고(엡 1 : 21)

그리스도를 승천하게 하신 능력 : 그리스도에게 모든 권세와 능력과 주권을 주시고 모든 이름 위에 뛰어나게 하셨으며 교회의 머리로 삼으셨다

하나님께서는 교회에게 그리스도 안에 있는 부활의 능력을 허락하셨다. 이 능력은 통치와 권세와 능력과 주관하는 자 위에 뛰어난 능력이다. 모든 천사들과 마귀들과 악령의 능력도 하나님께서 교회에게 주신 능력을 이길 수 없다.[67] 그리스도께서 하나님의 우편에 앉으심은 주님이 모든 권세(골 1 : 16), 땅에 있는 자들과 하늘에 있는 자들(빌 2 : 8－11), 현재(나타난 세대)나 미래(다가올 세대, 고전 15 : 23－28) 위에 높임을 받았음을 내포한다. 통치와 권세와 능력과 주관자라는 말은 우선적으로 천사적인 존재들을 말한다(롬 8 : 38, 엡 3 : 10, 6 : 12, 골 1 : 16, 2 : 15, 딛 3 : 1).[68] 사도 바울은 하나님의 전능하신 능력이 우리 안에서 행사되고 있기에 모든 장애와 저항을 이길 수 있다고 말한다. 그리스도인을 만드는 것은 하나님의 능력이 강력히 행사된 결과이다. 하나님의 영원하고 무한하신 능력이 우리 안에서 활력 있게 역사할 때 나의 '나' 됨은 바르게 인식될 수 있다. 이 능력은 지금도 우리 안에 활력 있게 진행되고 있으며 앞으로도 진행되어 나갈 것이다.[69]

빌립보서 2 : 9~11은 말하기를 "이러므로 하나님이 그를 지극히 높여 모든 이름 위에 뛰어난 이름을 주사 하늘에 있는 자들과 땅에 있는 자들과 땅 아래 있는 자들로 모든 무릎을 예수의 이름에 꿇게 하시고 모든 입으로 예수 그리스도를 주라 시인하여 하나님 아버지께 영광을 돌리게 하셨느니라"라고 하였다. 물론 이 우주적인 선포가 온전하게 이 땅 가운데 이루어진 것은 아니지만, 예수 그리스도께서 하나님 오른편에 앉으심으로 그의 권세와 영광의 어떠

하심이 증거되고 있다. 무지한 세상이 그를 인정하지 않고 그에게 합당한 영광을 돌리지 않는 것뿐이지, 그는 아버지와 함께 동등한 권세를 가지시고 동등한 영광을 누리시며 지금도 주의 백성을 통해 영광과 찬송을 받으신다.[70]

하나님의 능력이 그리스도 안에서 역사하신다는 신앙고백을 통하여 이러한 지식을 전개한다. 하나님께서는 그리스도를 부활시키셔서 자기의 오른 편에 올리심으로써, 즉 그리스도를 하나님의 통치의 전권자로 임명하심으로써(시 110 : 1, 롬 8 : 34) 모든 세력들을 굴복시키셨다. 그런데 예수 그리스도께서는 이 세상의 세력들뿐만 아니라 오고 있는 세상의 세력들까지도 굴복시키셨다(롬 8 : 38－39, 고전 15 : 24－28, 빌 2 : 9－11). 이렇게 광범위한 권능을 가지신 그리스도가 교회의 머리가 되셨다(엡 4 : 15, 골 1 : 18). 그의 몸으로서 교회는 그리스도의 통치의 권능과 생명의 권능으로 가득 채워져 있으며, 따라서 교회는 그의 충만이다(23절). 그리스도의 몸이라는 교회의 정체성은 로마서 12 : 3~8, 고린도전서 12 : 12~27과 연결되고 있기는 하지만, 에베소서에서는 전적으로 머리이신 그리스도와의 관계 속에 있는 교회에 초점이 맞추어져 있다(4 : 15－16, 5 : 23, 28－30).[71]

적용질문

1. 우리 주님의 존귀하게 되심이 우리의 법적 위치를 보장해 준다. 주님의 승천이 내게 주는 특권은 무엇인가? 나의 존귀하게 됨을 설명해 보라.

2. 그리스도와 연합함으로 함께 하늘에 앉힌 바 된 우리의 신분 격상은 통치권, 생명을 다스릴 수 있는 권세로 이어진다. 나는 주변에, 영혼들에게 어떤 영향력을 끼치고 있는가?

[5]허물로 죽은 우리를 그리스도와 함께 살리셨고(너희는 은혜로 구원을 받은 것이라) [6]또 함께 일으키사 그리스도 예수 안에서 함께 하늘에 앉히시니(엡 2 : 5－6)

3. 하나님께서는 우리를 그리스도와 동일시하셔서 구속사와 하나님 나라에 기여하게 하신다. 나의 구속사 공헌기를 나누어 보자.

3) 만물을 그 발아래 복종하게 하심(엡 1 : 22a)

Q 만물을 그 발아래 복종하게 했으나 세상은 아직 하나님의 질서 아래 돌아오지 않고 있다. 만물은 무엇을 기다리고 있는가?

A 이제 교회가, 머리 되신 그리스도의 충만하심을 받아 이 땅에 영향력을 미치며, 만물까지도 주께로 돌아오도록 할 것을 기다리고 있다.

또 만물을 그의 발아래에 복종하게 하시고 그를 만물 위에 교회의 머리로 삼으셨느니라(엡 1 : 22)

주의 손으로 만드신 것을 다스리게 하시고 만물을 그의 발아래 두셨으니(시 8 : 6)

5하나님이 우리가 말하는바 장차 올 세상을 천사들에게 복종하게 하심이 아니니라 6그러나 누
구인가가 어디에서 증언하여 이르되 사람이 무엇이기에 주께서 그를 생각하시며 인자가 무엇
이기에 주께서 그를 돌보시나이까 7그를 잠시 동안 천사보다 못하게 하시며 영광과 존귀로 관
을 씌우시며 8만물을 그 발아래에 복종하게 하셨느니라 하였으니 만물로 그에게 복종하게 하셨
은즉 복종하지 않은 것이 하나도 없어야 하겠으나 지금 우리가 만물이 아직 그에게 복종하고 있
는 것을 보지 못하고(히 2 : 5–8)

여호와께서 내 주에게 말씀하시기를 내가 네 원수들로 네 발판이 되게 하기까지 너는 내 오른쪽에 앉아 있으라 하셨도다(시 110 : 1)

평강의 하나님께서 속히 사탄을 너희 발아래에서 상하게 하시리라……(롬 16 : 20)

만물을 그의 발아래에 두셨다 하셨으니 만물을 아래에 둔다 말씀하실 때에 만물을 그의 아래에 두신 이가 그 중에 들지 아니한 것이 분명하도다(고전 15 : 27)

아담은 범죄함으로 만물을 다스리는 지위를 잃었으나 그리스도는 만물의 으뜸이 되셨다. 그리고 이 뜻은 미래에 완전하게 실현될 것이다.[72] 만물은 그의 발아래 있고 결국 그에게 복종하게 될 것이다. 만물 중에는 인류의 원수인 사탄도 포함된다. 사탄도 마침내 그리스도의 발아래, 또 그리스도 안에서 성도들의 발아래 굴복될 것이다. 그때가 바로 주 예수께서 재림

하시는 때이다.[73] 그리스도가 이미 죄와 죽음과 세상과 사탄에 대하여 승리를 거두셨기 때문에 우리는 승리를 위하여 싸우지 않는다. 오히려 승리로부터 싸움을 시작한다. 우리 주님은 다스리는 자로 서 계신다. 따라서 우리도 이 땅의 역사를 책임지는 통치자로 서야 한다. 예수 그리스도는 단순히 우리의 지옥행을 해결하기 위해 이 땅에 오신 분이 아니다. 우리의 구원관은 내세적, 기복적으로 끝나 버리면 안 된다. 우리 주님은 '우주적인 그리스도'이시다. 하나님의 능력은 그리스도의 부활과 현재적이고도 우주적인 통치를 통해 나타난다. 예수님의 통치 권한은 힘, 강력, 역사하심, 능력과 같이 표현되는데, 이것은 만유의 주이신 그리스도의 모습의 반영이라고 할 수 있다.[74]

적용질문

1. 우리의 삶과 세상 가운데서 예수 그리스도의 이름의 능력이 나타나고 있는가? 우리 주님은 합당한 영광을 받고 계신가?
2. 아직 하나님을 알지 못하는 사람들에게 예수님 안에 있는 그분의 능력을 전하기 위해 우리가 할 수 있는 일은 무엇인가?
3. 하나님의 충만한 능력이 우리 교회 가운데 나타나도록 하기 위해서 우리가 할 수 있는 일은 무엇인가?

3. 만물을 통일시키시는 교회의 머리 되신 예수님(엡 1 : 22b－23)

1) 만물 위에 교회의 머리로 삼으심(엡 1 : 22b)

Q 하나님 안에서 교회의 법적 위치는 어떠한가?

A 하나님의 크신 능력으로 죽음 가운데서 부활, 승천하신 우리 주님은 이제 교회의 머리가 되셨다. 그러므로 교회는 머리 되신 그리스도로부터 충만함을 받아 만물 위에 있어야 한다.

또 만물을 그의 발아래에 복종하게 하시고 그를 만물 위에 교회의 머리로 삼으셨느니라(엡 1 : 22)

교회의 머리 되신 그리스도 : 교회는 만물을 발아래에 두고 그리스도를 대적하는 모든 세력에게 대항할 권세와 능력을 소유한다

하나님의 충만한 능력을 받은 교회는 그리스도를 머리로 삼아 만물을 발아래에 둘 수 있다. 그리스도가 교회의 머리가 되셨다는 것은 그분이 교회에 생명을 부여하시는 분이시며 교회의 주인이 되심을 시사한다(Bruce, Foulkes). 교회는 그리스도를 적대하는 모든 세력에 대해 대항할 권세와 능력을 소유하고 있다. 왜냐하면 교회는 그리스도를 주인으로 모시고 있으며, 그리스도께서 교회를 인도하시고 보호하시기 때문이다(Wood). 모든 만물에 대한 그리스도의 주권과 교회에 대한 주권 사이에는 차이가 있다. 그리스도를 머리로 모시는 것을 성경에서는 주로 고백한다고 말하고 있다. 그리스도를 머리와 주로 받아들이려면 나 자신이 주인의 자리를 내어놓고 자기 부인을 해야 한다. 이것이 내가 죽는 것이며 바로 십자가의 도이다.[75] 오늘 그 능력은 믿는 이들에게 주어진 능력이며 하나님께서는 그 능력이 교회 안에서 역사할 수 있도록 그리스도인을 몸인 교회와 결합시키셨다. 몸 된 교회의 모든 지체들은 머리이신 그리스도로부터 오는 능력을 충분히 공급받는다.[76]

적용질문

1. 그리스도는 교회의 머리 되신다. 나는 그리스도의 머리 되심을 인정하고 그 권위와 명령에 복종하고 있는가?

2. 만물은 교회의 발아래 있어야 한다. 돈, 정치, 권력, 명예, 정욕, 세상적인 가치관, 숫자, 평판 등, 이 모든 것에서 교회가 자유하다고 생각하는가?

3. 그리스도의 주 되심, 만물 위에 우뚝 서심을 통하여 우리는 어떤 혜택을 입는가?

2) 교회는 그의 몸(엡 1 : 23a)

Q 그리스도를 머리로 하는 성도의 정체성은 무엇인가?

A 교회는 그리스도의 생명을 수여받은 유기체이며(Bruce, Wood) 성도는 몸 된 교회의 지체로서 머리 되신 그리스도의 명령에 복종해야 한다.

교회는 그의 몸이니……(엡 1 : 23)

충만함의 법적 진행 : 하나님의 능력 ⇨ 예수 그리스도 ⇨ 교회

① 하나님의 능력이 그리스도로 음부의 권세를 뚫고 일어나게 하시고 하늘에서 자기의 오른편에 앉히셨다. : 영광의 보좌
② 모든 이름 위에 뛰어난 이름을 얻으셨다(이 세상, 오는 세상, 영적 세계). : 통치권자
③ 하나님의 능력은 동일하게 지금 우리에게 역사하고 있는 지극히 크신 능력임

예수를 죽은 자 가운데서 살리신 이의 영이 너희 안에 거하시면 그리스도 예수를 죽은 자 가운데서 살리신 이가 너희 안에 거하시는 그의 영으로 말미암아 너희 죽을 몸도 살리시리라(롬 8 : 11)

④ 동일한 능력을 오늘 교회에게, 우리에게 주시면서 음부(하데스)의 권세가 우리를 잡지 못할 것을 약속하셨다(마 16 : 18).

몸과 머리의 유기적 관계 : 생명을 함께 나눔, 그리스도의 몸인 교회는 그분의 충만함을 받아 그리스도의 장성한 분량에까지 이른다

교회는 역동적이고 비가시적이며 유기적인 연합을 이루고 있다. 그것은 교회의 독특한 특성이기도 하다. 만일 만물이 그분의 발아래 놓여 있다면 그분의 몸으로서의 교회는 그 중간의 위치에 있다. 그분의 몸인 교회는 그리스도의 충만이다. 높이 올리어진 머리로서의 그리스도는 자신의 몸인 교회 없이는 완전할 수가 없다.[77]

하나님의 능력의 지극히 크심이 우리 안에 어떻게 작용되는지, 하나님의 강력이 어떻게 우리 안에서 역사하는가에 대한 진리를 인식하기 위해서는 우리와 주 예수 그리스도의 관계를 인식해야 한다. 어떤 면에서 몸은 여러 부분의 집합이며 친밀하고 유기적이고 생명적이며 살아 있는 연결이다(고전 12 : 13). 이는 생명을 함께 나누는 유기적인 것이라는 점에서 신비적인 연합이며 불가분의 영적인 연합이다.[78] 그리스도인은 이 세상에서 독립적으로 활동하는 것이 아니라, 교회의 머리이신 그리스도의 몸의 지체로 모든 생명이 그리스도께로부터 나오고 그 안에서 활동한다.[79] 예수 그리스도께서 교회의 머리가 되신다는 개념에는 "나는 매우 작고 중요하지 않은 지체이지만, 그리스도의 몸의 지체이다. 나는 현재 그분 안에 거하고 있다. 그러므로 고난과 좌절에 직면한다 할지라도 머리이신 그리스도의 생명이 내 안에 있고, 나는

그분과 연결되어 있으므로 결국 승리할 것이다."라는 고백이 함축되어 있다. 우리는 비록 연약하지만 우리 안에 있는 무한한 하나님의 능력이 능력에서 능력으로, 영광에서 영광으로 나아가게 할 것이며, 마침내 그리스도의 장성한 분량이 충만한 데까지 도달하게 할 것이다.[80]

적용질문

1. 내가 그리스도의 승리와 부요함을 지속적으로 공급받을 수 있는 비결은 무엇인가?

2. 교회가 그리스도의 몸이라는 말씀은 머리의 부요함이 늘 몸과 연결되어 교통해야 한다는 이야기이다. 교회가 머리의 부요함을 온 지체에게까지 흘러갈 수 있도록 하는 방법은 무엇인가?

3. 몸의 부요함은 머리와의 관계에 의해 결정된다. 지체의 부요함은 몸과의 관계이다. 나는 지체로서 머리와 몸의 풍성함을 내 것으로 누리기 위하여 어떤 원칙을 가지고 살아가는가?

3) 교회를 통하여 만물을 충만하게 하심(엡 1 : 23b)

Q 그리스도를 머리로 하는 교회가 만물에게 충만함을 전달해 줘야 한다. 생명의 유통 구조를 정리해 보자.

A 하나님의 충만하심 → 그리스도의 충만 → 교회의 충만(이방인과 함께) → 만물의 충만

……만물 안에서 만물을 충만하게 하시는 이의 충만함이니라(엡 1 : 23b)

9그 안에는 신성의 모든 충만이 육체로 거하시고 10너희도 그 안에서 충만하여졌으니 그는 모든
통치자와 권세의 머리시라 11또 그 안에서 너희가 손으로 하지 아니한 할례를 받았으니 곧 육의
몸을 벗는 것이요 그리스도의 할례니라 12너희가 세례로 그리스도와 함께 장사되고 또 죽은 자
들 가운데서 그를 일으키신 하나님의 역사를 믿음으로 말미암아 그 안에서 함께 일으키심을 받
았느니라 13또 범죄와 육체의 무할례로 죽었던 너희를 하나님이 그와 함께 살리시고 우리의 모
든 죄를 사하시고 14우리를 거스르고 불리하게 하는 법조문으로 쓴 증서를 지우시고 제하여 버
리사 십자가에 못 박으시고 15통치자들과 권세들을 무력화하여 드러내어 구경거리로 삼으시고

십자가로 그들을 이기셨느니라(골 2 : 9-15)

하나님의 충만한 능력이 교회를 통해서 나타나고 머리가 갖고 있는 지혜의 능력은 몸의 손과 발을 통해서 나타난다. 하나님께서는 구체적으로 그리스도인들의 모임인 교회를 통해서 일하시며 예수님의 능력은 예수님을 믿는 사람들을 통해서 나타난다. 그렇기 때문에 "교회는 그의 몸이니 만물 안에서 만물을 충만하게 하시는 이의 충만함이니라"(엡 1 : 23)라는 말씀처럼 교회는 만물을 충만하게 하는 일에 쓰임받아야 하고 만물을 충만하게 하는 자의 충만으로 살아야 한다. 우리 주님은 교회의 목자에게 이 충만함을 주신다. 더불어서 우리 한 사람 한 사람을 세우시고 변화시키는 것도 이 충만함의 능력이다. 우리는 믿는 우리에게 베푸신 지극히 크신 능력을 알 수 있도록, 그리고 이 능력이 믿는 우리 교회에 나타날 수 있도록 기도해야 한다.

만물을 그 발아래 복종하게 하고, 만물 위에 교회를 두고, 그리스도를 교회의 머리로 삼고, 교회를 통해 만물을 충만하게 하는 그 능력은 본래 그리스도 안에 역사하던 능력이었다. 그리고 이 능력을 바로 우리에게 베풀어 주셨다. 그런데 비극은 우리가 이 능력을 모르고 무기력하게 살아가고 있다는 사실이다. 이 능력을 활용해야 한다. 초대 교회 사람들은 우리와 다르지 않았다. 열두 제자가 그런 사람들이었는데 결국 전 세계를 뒤집어 놓았고 "천하를 어지럽히는 무리들"이라는 별명이 붙었다. 우리가 이 놀라운 영적 부요를 사용하지 못하므로 삶의 변화가 일어나지 않는지 스스로 살펴보아야 한다.[81] 교회는 삼위일체 하나님의 영원한 코이노니아 안에서 연합을 이루고 재창조의 세계인 새 하늘과 새 땅을 바라보면서 이 땅 위에 예수님이 선포하시고 실현하시기 시작하신 '하나님의 나라'를 실현해 나가야 한다.

만물을 충만하게 하는 교회

① 만물을 그리스도의 발아래 복종하게 하신다.
② 만물 위에 교회를 두심 : 교회는 만물 위에 있다.
③ 그를 교회의 머리로 삼으심 : 머리가 몸을 보호하고 몸을 통제하고 공급함, 교회 안에 충만한 것은 그리스도이어야 한다.
④ 교회를 통하여 만물을 충만하게 하심 : 교회의 충만함이 만물에게로 흘러가 마침내 온 피조 세계가 그리스도로 충만하게 된다.

교회는 그리스도의 부활의 능력이며 존귀하게 되신 그리스도의 모습이다. 어떤 시련이나 음부의 권세도 두려워하지 말아야 한다. 하나님 우편의 다스림의 권좌가 교회의 자리이다. 그리스도를 승귀(昇貴)하게 한 능력이 동일하게 역사하고 있기 때문이다. 교회는 통치와 권세와 능력들 위에 있으므로 이 시대와 역사를 다스리고 정복해야 한다. 우리 주님이 이미 그 위치를 점거하셨기 때문이다. 오늘 교회가 그리스도의 비밀이며(엡 3 : 4) 하나님께서는 교회를 통하여 구속사의 마지막 완성을 이루신다.

만물을 충만하게 하시려는 하나님의 구원 역사

9올라가셨다 하였은즉 땅 아래 낮은 곳으로 내리셨던 것이 아니면 무엇이냐 10내리셨던 그가 곧
모든 하늘 위에 오르신 자니 이는 만물을 충만하게 하려 하심이라(엡 4 : 9-10)

17자녀이면 또한 상속자 곧 하나님의 상속자요 그리스도와 함께 한 상속자니 우리가 그와 함께
영광을 받기 위하여 고난도 함께 받아야 할 것이니라 18생각하건대 현재의 고난은 장차 우리에
게 나타날 영광과 비교할 수 없도다 19피조물이 고대하는 바는 하나님의 아들들이 나타나는 것
이니 20피조물이 허무한 데 굴복하는 것은 자기 뜻이 아니요 오직 굴복하게 하시는 이로 말미암
음이라 21그 바라는 것은 피조물도 썩어짐의 종노릇한 데서 해방되어 하나님의 자녀들의 영광
의 자유에 이르는 것이니라 22피조물이 다 이제까지 함께 탄식하며 함께 고통을 겪고 있는 것을
우리가 아느니라 23그뿐 아니라 또한 우리 곧 성령의 처음 익은 열매를 받은 우리까지도 속으로
탄식하여 양자 될 것 곧 우리 몸의 속량을 기다리느니라 24우리가 소망으로 구원을 얻었으매 보
이는 소망이 소망이 아니니 보는 것을 누가 바라리요 25만일 우리가 보지 못하는 것을 바라면 참
음으로 기다릴지니라(롬 8 : 17-25)

5하나님께서 우리가 말하는바 장차 올 세상을 천사들에게 복종하게 하심이 아니니라 6그러나 누
구인가가 어디서 증언하여 이르되 사람이 무엇이기에 주께서 그를 생각하시며 인자가 무엇이기
에 주께서 그를 돌보시나이까 7그를 잠시 동안 천사보다 못하게 하시며 영광과 존귀로 관을 씌
우시며 8만물을 그 발아래에 복종하게 하셨느니라 하였으니 만물로 그에게 복종하게 하셨은즉
복종하지 않은 것이 하나도 없어야 하겠으나 지금 우리가 만물이 아직 그에게 복종하고 있는 것
을 보지 못하고 9오직 우리가 천사들보다 잠시 동안 못하게 하심을 입은 자 곧 죽음의 고난 받으
심으로 말미암아 영광과 존귀로 관을 쓰신 예수를 보니 이를 행하심은 하나님의 은혜로 말미암
아 모든 사람을 위하여 죽음을 맛보려 하심이라 10그러므로 만물이 그를 위하고 또한 그로 말미
암은 이가 많은 아들들을 이끌어 영광에 들어가게 하시는 일에 그들의 구원의 창시자를 고난을

통하여 온전하게 하심이 합당하도다(히 2 : 5－10)

25그가 모든 원수를 그 발아래에 둘 때까지 반드시 왕 노릇 하시리니 26맨 나중에 멸망 받을 원수
는 사망이니라 27만물을 그의 발아래에 두셨다 하셨으니 만물을 아래에 둔다 말씀하실 때에 만
물을 그의 아래에 두신 이가 그 중에 들지 아니한 것이 분명하도다 28만물을 그에게 복종하게 하
실 때에는 아들 자신도 그 때에 만물을 자기에게 복종하게 하신 이에게 복종하게 되리니 이는
하나님께서 만유의 주로서 만유 안에 계시려 하심이라(고전 15 : 25－28)

적용질문

1. 나의 신앙은 예수님이 교회의 머리 되심을 인정하는 신앙의 모습인가? 그렇다면 그리스도께서 교회의 머리 되시며 내 삶의 주권자 되심을 입증하는 삶의 구체적인 간증을 나누어 보자.

2. 교회는 그리스도의 몸이며 오직 그리스도로 충만해야 하는 곳이다.[82] 우리 교회와 나는 그리스도로 충만한가?

3. 만물을 충만하게 하는 일을 위하여 쓰임받는 교회, 지체가 되려면 어떻게 해야 하는가?

에베소서 1장의 정리

삼위일체 하나님의 우주적인 구원의 경륜 : 구속사

교회는 그의 몸이니 만물 안에서 만물을 충만하게 하시는 이의 충만함이니라(엡 1 : 23)

삼위 하나님의 구원 계획(엡 1 : 1－14) : 하늘에 속한 모든 신령한 복을 가진 아들들

창세전에 그리스도 안에서 예정 → 거룩한 아들 → 피의 속량 → 우리가 그의 기업이 됨 → 성령의 인 치심 → 그의 영광을 찬미함

구원의 역사는 창조 시의 역사와 동일하게 삼위 하나님의 공동 작품이다. 성부께서 아들로 계획하셨고(엡 1 : 4－6), 성자께서 속량하기 위해 값을 치루셨고(엡 1 : 7－12), 성령께서 그것을 보증하셨다(엡 1 : 13－14). 즉, 삼위일체 하나님의 역사가 구원을 이루고 우리를 후사로서의 자격을 갖춘 거룩한 아들이 되게 하였으며 속량함을 받아 하나님의 기업이 되게 하셨다. 성령님은 우리의 보증이 되어 주셔서 우리는 결국 주의 놀라운 구원의 역사를 찬송하고

간증하는 수준에까지 도달하게 된다. 구원의 역사를 알게 되면 찬송으로 시작하여 찬송으로 끝이 난다. 에베소서가 말하는 구원은 이렇게 크고 거룩하고 영광스럽다.

1) 성부 하나님의 선택(엡 1 : 3－6), 예정

그리스도 안에서 택하심, 거룩하고 흠 없는 아들로 은혜의 영광을 찬송하게 하신다.

2) 성자 예수님의 구속(엡 1 : 7－12)

하늘과 땅이 그리스도 안에서 통일되게 하시고 우리가 그의 기업이 됨, 그의 영광의 찬송이 되게 하려 하신다.

3) 성령님의 인 치심과 보증(엡 1 : 13－14)

진리의 말씀, 곧 구원의 복음을 듣고 믿음, 약속의 성령으로 인 치시고 보증하심, 그의 영광을 찬송하게 하기 위함이다.

눈이 열리기를 원하는 바울의 3가지 기도(엡 1 : 15－19)

부르심의 소망, 그 기업의 영광의 풍성함, 믿는 우리에게 역사하고 있는 그의 힘의 위력

바울 사도는 이 비밀한 경륜을 에베소의 성도들이 깨닫기 원했다. 지혜와 계시, 마음의 눈이 열려서 이 비밀한 하나님의 경륜의 성취를 성도들이 보기를 원했다. 부르심의 소망, 그 기업의 영광의 풍성함, 믿는 우리에게 역사하고 있는 그의 힘의 위력이 얼마나 큰지 알기를 원했다. 이 힘은 결국 그리스도에게서 교회에게로 흘러가 만물까지도 구속하는 완성을 가져올 힘이다.

1) 목자가 교회의 상황을 듣고 감사하며 그들을 위해 기도함(엡 1 : 15－16)

2) 지혜와 계시의 정신, 마음의 눈이 밝아져 하나님을 바로 알기를 구함(엡 1 : 17－18a)

3) 부르심의 소망, 기업의 영광의 풍성함, 믿는 자에게 역사하시는 능력의 크심을 알게 하시기를 구함(엡 1 : 18b－19)

구원의 완성 : 땅을 구속하기 위한 교회의 역할(엡 1 : 20-23)

십자가, 부활, 승천, 교회가 충만해지고, 그 교회의 충만함이 이방인에게 흘러 결국 만물을 충만하게 한다.

참된 교회는 삼위 하나님의 구원을 경험한 하나님의 아들들로 구성된다. 교회는 십자가, 부활, 승천을 경험하신 그리스도를 따라 함께 하늘 보좌에 오르며 머리 되신 이 그리스도의 충만하심을 만물 가운데 전달하는 역할을 감당하게 된다. 교회는 예수님의 뜻을 받들어 타락한 이 역사, 피폐해진 만물을 다시 원상으로 돌이킬 그리스도의 몸으로서, 머리 되신 그리스도와의 교통, 몸 안에 있는 지체 간의 연합, 만물에게로 흘러가야 할 그리스도의 충만함을 유통시켜야 한다.

1) 그 능력이 먼저 그리스도를 죽음에서 부활, 승천하게 함(엡 1 : 20)

2) 모든 통치와 권세와 능력과 주권과 모든 이름 위에 뛰어나게 하심(엡 1 : 21)

3) 만물 위에 교회의 머리가 되셔서 교회를 통하여 만물을 충만하게 하심(엡 1 : 22-23)

구원의 프로세스 : 하나님 → 예수님 → 교회(이방인) → 만물

적용질문

1. 나의 구원, 생명 안에 삼위 하나님의 DNA가 숨겨져 있음을 아는가? 나는 나를 누구라고 생각하는가?

2. 예수 그리스도께서 먼저 십자가에서 죽으시고 부활, 승천하셔서 하늘과 땅의 통치권을 받아 교회를 충만하게 하시고, 그 교회가 만물에게 그리스도의 충만함을 전달함으로 구속사가 완성된다. 나는 이런 구속사의 완성을 위하여 동역하고 있는가?

허물로 죽은 우리를

그리스도와 함께 살리셨고

(너희는 은혜로 구원을 받은 것이라)

또 함께 일으키사

그리스도 예수 안에서

함께 하늘에 앉히시니

엡 2 : 5-6

제3장

내가 그리스도와 함께

에베소서 2장

3

내가 그리스도와 함께

에베소서 2장

구원받기 전의 상태와 하나님의 경륜적 구원 계획

에베소서 2장은 그리스도인들이 구원받기 전의 상태를 먼저 보여 준다. 우리는 사탄의 노예가 되어 허물과 죄로 죽어 마음과 육체까지도 충동을 따라 살았던 본질상 진노의 자식이었다. 이런 우리를 이미 하늘에 오르셔서 하늘과 땅의 통치권을 얻으신 그리스도와 '함께'의 수준으로 끄집어 올려 우리를 통해 구속사를 완성시킬 아버지의 경륜적 구원 계획을 가르쳐 준다.

· 그리스도와 동일시된 우리 : 그리스도와 연합을 통해 그리스도의 십자가, 부활, 승천의 은총을 입고 부르심을 받아 이 땅에서 한 새사람, 하나님의 권속(오이코스)이 되어 성전이 되고 아버지의 거하실 처소로 함께 지어져 간다.

초기 그리스도인들은 유대인들이 주를 이루었고, 그들이 볼 수 있었던 성경은 모두 유대인의 언어인 히브리어나 아람어로 되어 있다. 또 그들의 구세주가 유대인이었다는 사실을 생각해 볼 때 그 시대의 이방인들이 느꼈을 소외감, 이질감이 어떠했을까를 짐작할 수 있다. 사도 바울의 서신을 읽은 사람들은 대부분 이방의 그리스도인들이었다. 에베소서 2장에서 사도는 유대인과 이방인 사이의 차이점을 분명히 인정하면서도 그러나 그리스도 안에서 이제는 한 새사람이 되고, 한 몸이 되어 하나님을 모시고 사는 거룩한 성전으로 함께 세워져 감을 설명하고 있다.

· 예수 그리스도의 십자가, 부활, 승천 : 우리를 '그리스도와 함께'의 위치로 격상시키기 위한 하나님의 구속의 경륜이며 우리에 대한 법적 근거이다.

1. 허물과 죄로 죽었던 과거의 나 : 우리의 전날의 상태(엡 2 : 1-3)

1) 타락한 상태로 태어난 나(엡 2 : 1)

Q 과거 우리(나)의 상태가 어떠했는가?

A 허물과 죄로 죽은 모습으로, 이것은 영적으로 죽은 상태를 말한다.

그는 허물과 죄로 죽었던 너희를 살리셨도다(엡 2 : 1)

아담의 아들, 딸들로 태어난 타락한 인간들에게는 하나님을 향한 어떤 성향이나 민감성도 없으며 하나님을 기쁘시게 할 능력도 없다.[83]

"허물과 죄로 죽었던 너희를" : 하나님과의 단절, 배반의 영적 상태

슬프다 범죄한 나라요 허물 진 백성이요 행악의 종자요 행위가 부패한 자식이로다 그들이 여호와를 버리며 이스라엘의 거룩하신 이를 만홀히 여겨 멀리하고 물러갔도다(사 1 : 4)

죄의 삯은 사망이요 하나님의 은사는 그리스도 예수 우리 주 안에 있는 영생이니라(롬 6 : 23)

생명에 이르게 할 그 계명이 내게 대하여 도리어 사망에 이르게 하는 것이 되었도다(롬 7 : 10)

독사는 태어날 때부터 독을 가지고 태어난다. 독버섯은 어린 버섯에도 독이 있다. 사람은 근본이 죄로 오염되었기에 죄의 종자가 대를 이어 그대로 흘러간다. "허물과 죄로 죽었다."라는 표현은 육체적인 죽음이 아닌 영적인 죽음의 상태로 하나님과의 단절을 의미하거나 혹은 하나님을 배반하고 있는 상태를 말한다. 이를 회복하기 위해 인간이 최선을 다해 선행을 해도 하나님께서 요구하시는 의를 만족시킬 수 없다. 그러므로 우리의 영혼은 다시 하나님과 연결되는 것만이 곧 참되고 유일한 생명을 얻는 길이다.[84] '허물'은 문자적으로 '정로(正路)에서 떨어지다'라는 의미로 부주의하여 진리에서 떠나는 것이나 잘못된 경향성을 가리키며, '죄'는 문자적으로 '과녁에서 벗어나다'는 의미로 하나님께서 제시하신 생의 목표를 정확히 맞추지 못한 모든 행위를 가리킨다. 결국 이 둘은 동의어이다.[85] 하나님의 법은 '하라'(Do)와 '하지 말라'(Do not), 두 가지로 나눌 수 있는데, 하나님께서 하라고 명령하신 것을 하지 못한 것, 하지 말라고 말씀하신 것을 한 것, 즉 하나님의 법을 깨뜨리는 것이 죄의 본질이라 할 수 있다.

성경에서 영적으로 죽음이란 단어의 핵심 의미는 '분리'이다. 이것은 단순히 영혼과 육체의 분리를 말하는 것이 아니라 하나님께서 금하신 선악을 알게 하는 열매를 먹는 순간 하나님과 분리되어 하나님의 말씀을 불신앙하고 불순종하는 것을 말한다. 그 분리의 증상으로 사람은 하나님을 피하기 시작하고 자신을 방어하기 위한 변명을 늘어놓기 시작하고 죄에 대한 책임 전가를 하게 된다.[86] 죄의 결과 영적 사망에 이른 인간은 그 영혼이 하나님을 떠난 상태에 머문다(Calvin).[87] 불신자는 아픈 것이 아니라 죽어 있다. 그는 치료가 필요한 것이 아니라 부활이 필요하다. 모든 잃어버린 죄인들은 죽어 있다. 한 죄인과 또 다른 죄인의 차이가 있다면 부패의 상태일 뿐이다. 사회, 경제적으로 계층 간의 구분은 존재할 수 있지만, 영적으로는 모두 하나님으로부터 떠난 상태이며 죄 속에서 죽어 가고 있다. 그래서 한 시체가 다른 시체보다 더 죽어 있을 수는 없다(W. Wiersby, Be Rich, Ephesians, pp.40–41).[88] 죽음과 정반대인 생명은 언제나 하나님과의 관계의 차원에서 묘사되고 규정된다. 영생은 곧 유일하신 참 하나님과 그의 보내신 자 예수 그리스도를 아는 것이다(요 17 : 3). 그것이 생명이며, 하나님께서는 이 생명의 주인이시다. 그러므로 이 생명을 받은 자는 하나님과 교제하며, 하나님을 닮았으며, 하나님의 생명을 나누는 것이며 하나님의 복을 받는 생명이라고 말할 수 있다.[89]

적용질문

1. 허물과 죄로 죽었던 상태는 영적인 상황을 말한다. 영적으로 죽은 상태라는 개념을 설명해 보자.[90]

2. '살리셨도다'라는 개념은 구원을 주셨다는 말씀인데 오늘 나의 삶에 이 말씀은 어떤 의미가 있는가?

3. 주님이 오셔서 내 삶을 살리겠다고 말씀하신다면 나의 어떤 부분을 치료하고, 회복시켜 달라고 요청하겠는가?

2) 사탄의 세 가지 공격(엡 2 : 2–3)

Q 죽음의 상태에 있었던 우리들이 따른 것은 무엇인가?

A 이 세상 풍속을 좇고, 공중의 권세 잡은 자, 곧 불순종의 아들들 가운데서 역사하는 영을 따르고, 육체의 욕심을 따라 육체와 마음이 원하는 것을 하는 본질상 진노의 자녀, 이것이 바로 죄 가운데 있는 사람의 모습이다.[91)]

2그때에 너희는 그 가운데서 행하여 이 세상 풍조를 따르고 공중의 권세 잡은 자를 따랐으니 곧 지금 불순종의 아들들 가운데서 역사하는 영이라 3전에는 우리도 다 그 가운데서 우리 육체의 욕심을 따라 지내며 육체와 마음의 원하는 것을 하여 다른 이들과 같이 본질상 진노의 자녀이었더니(엡 2 : 2–3)

타락한 우리의 상태

인간은 자연인의 상태에서는 원죄(原罪)로 인해 이미 죽은 상태이며 죄와 허물을 따라 범죄하며 살아갈 수밖에 없는 비참한 처지이다.[92)]

이는 세상에 있는 모든 것이 육신의 정욕과 안목의 정욕과 이생의 자랑이니 다 아버지께로부터 온 것이 아니요 세상으로부터 온 것이라(요일 2 : 16)

이러한 지혜는 위로부터 내려온 것이 아니요 땅 위의 것이요 정욕의 것이요 귀신의 것이니(약 3 : 15)

여자가 그 나무를 본즉 먹음직도 하고 보암직도 하고 지혜롭게 할 만큼 탐스럽기도 한 나무인지라 여자가 그 열매를 따먹고 자기와 함께 있는 남편에게도 주매 그도 먹은지라(창 3 : 6)

- **"이 세상 풍조를 따르고" : 밖–세상 가치관, 문화, 시대의 흐름**

그때에 너희는 그 가운데서 행하여 이 세상 풍조를 따르고……(엡 2 : 2a)

2절 상반절의 '이 세상 풍조'는 '이 세상의 시대'(the age of this world)의 의역으로, '오는 세상'과 대조를 이룬다. 이와 관련하여 요한일서 2 : 16은 '안목의 정욕'으로, 야고보서 3 : 15은 '땅 위의 것'으로, 창세기 3 : 6에서는 '보암직하고'로 표현하고 있다.
그리스도인들은 이 세상에서 구별되게 살아야 하며 우리의 삶 가운데 변화의 모습이 나타나야 한다. 아직 거룩하고 훌륭한 사람이 아니라도 좋지만, 조금씩이라도 진리를 따라 변화되어 하늘의 원칙을 따라 살려고 애쓰는 흔적이라도 분명히 볼 수 있어야 한다. 그리스도의 사랑을 받아야만 변화가 가능하다(엡 3 : 17－19). 자기 부인이 그리스도를 주인으로 영접할 때만 가능하듯, 세상 풍속이나 욕심을 버리는 것도 그것들과 비교할 수 없는 하나님의 사랑을 받을 때만 가능하다.[93] 그러나 그리스도인이라고 하여 세상과 담을 쌓는 것을 신앙에 충실한 행위라고 생각한다면 큰 착각이다. 하나님께서는 결코 우리가 세상으로부터 단절되거나 도피하는 삶을 사는 것을 원하시지 않는다(마 5 : 13, 14, 고후 5 : 9－10, 살후 3 : 10). 오히려 우리들에게 세상 속에서 당신의 뜻을 실현하여 하나님께서 살아 계신 문화를 창출해 주기를 바라신다(마 5 : 13－16).[94] '세상'은 물질계를 나타내는 말이 아니타 죄로 오염되고 부패한 인간 죄성의 영역을 가리킨다. 여기에는 가치관, 사고방식, 생의 돈적, 주인의식 등이 다 포함된 것으로 이런 것들을 '세상 풍속'이라고 부른다.[95] 곧, 하나님의 말씀과 진리에 근거해서 살지 못하고 타인의 평가, 여론, 시대적 흐름을 따라 사는 모습을 지적하는 내용이다. 이는 진리에 대한 원칙이 없는 대부분의 사람들이 사는 삶의 방식이다.

• "공중의 권세 잡은 자, 불순종의 아들들 가운데서 역사하는 영을 따랐으니" : 위－영적인 문제, 죄의 문제

……공중의 권세 잡은 자를 따랐으니 곧 지금 불순종의 아들들 가운데서 역사하는 영이라(엡 2 : 2b)

2절 하반절의 '공중'은 세상에 작용하는 '저 통치자들과 권세들'에 의한 지배권을 의미한다. 이와 관련하여 요한일서 2 : 16은 '이생의 자랑', 야고보서 3 : 15은 '귀신의 것', 창세기 3 : 6은 '지혜롭게 할 만큼 탐스럽기도 한 것'이라고 표현한다.
오늘날 교회에서는(교회 밖에서는 사탄의 존재가 번성하고 있는 동안에도) 인격적인 마귀 혹은 그의 명령하에 있는 마귀적인 지적 존재들을 믿으면 어리석은 것으로 여긴다. '공중의 권세 잡은 자'는 '불순종하는 백성 안에서 역사하는 영을 지배하는 자'라고 이해해야 한다. 그렇게 되면 '영'은 불신자들 사이에서 적극적으로 활동하는 비인격적 세력 혹은 풍조가 된다. 마귀와 그가 고취시키는 분위기가 인간들 안에 역사하고 있다고 할 때, 사용되는 동사(energeo)는 예수님을 죽은 자 가운데서 다시 살리신 하나님의 '능력'(엡 1 : 20)에 사용된 것과 같은 것이다. 그 신적 에너지 혹은 행동만이 우리를 악에서 구원할 수 있다.[96] 성경은 마귀를 공중 권세 잡은 자로 묘사한다. 사람들의 삶 속에 비도덕적이고 잘못된 영향을 끼치며 영적인 파괴력을 행사하고 있는 무서운 존재가 마귀이다.[97] 공중의 권세 잡은 자, 즉 사탄을 따랐다는 말은 그 지배 아래 놓였다는 의미이다.[98] 불순종의 자식들 속에 역사하는 영인 마귀는 복음에 순종하지 않는 사람들의 마음속에 들어가서 역사하며 끌고 다닌다. 그래서 복음이 들어오면 들어오지 못하도록 안에서 막아 버린다. 이것이 불신자들의 영적 상태이다.[99]

• "육체의 욕심을 따라 지내며 육체와 마음이 원하는 것을 하여" : 내면–본능적, 충동적인 육성

전에는 우리도 다 그 가운데서 우리 육체의 욕심을 따라 지내며 육체와 마음의 원하는 것을 하여……(엡 2 : 3a)

3절 상반절에서 '육체'는 뼈를 덮고 있는 살아 있는 조직뿐 아니라 타락하고 자기중심적인 인간의 본성을 의미한다. 이와 관련하여 요한일서 2 : 16은 '육신의 정욕', 야고보서 3 : 15은 '정욕의 것', 창세기 3 : 6은 '먹음직'이라고 표현한다.

그렇다면 성경은 육체를 정죄하는가? 성경은 우리 육체가 귀하다고 말한다. 그러나 우리 육체 안에 잘못된 본성, 썩은 본성이 있다. 자녀들은 부모가 가르치지 않아도 거짓말을 잘한다. 다윗 역시 이런 고백을 한다. "내가 죄악 중에서 출생하였음이여 어머니가 죄 중에서 나를 잉태하였나이다"(시 51 : 5). 인간 존재의 깊음 속에 도사리고 있는 이 부패한 본성이 우리를 잘못된 길로 계속 인도하고 여기서 나오는 잘못된 욕심은 우리를 파괴한다.[100]

인간은 자기 스스로 충분하다고 믿지만 성경의 전체적인 개념에서 인간은 완전히 하나님께 의존적인 상태이다.[101]

위의 세 가지 공격은 성부, 성자, 성령, 삼위 하나님을 대적하는 악한 사탄의 정체이다. 태초에 세상은 삼위 하나님의 합동 작업으로 창조되었고, 우리를 부르실 때도 삼위 하나님의 합동 작업(엡 1장)으로 구원하셨다. 죄는 이러한 성부, 성자, 성령 하나님의 구원과 뜻을 거절하는 행위이다. 사람 안에는 하나님의 창조의 특성을 따라 세 방면의 영역이 있다. 목사가 예배 때마다 성도들을 격려하고 위로하고 축복하는 내용이다. 우리는 이를 '축도'라고 부른다. 또 교회는 계속 세 방면으로 무장할 수 있도록 교육하고 훈련해야 한다.

주 예수 그리스도의 은혜와 하나님의 사랑과 성령의 교통하심이 너희 무리와 함께 있을지어다(고후 13 : 13)

사람은 은혜, 사랑, 교통의 공급이 없으면 짐승처럼 살고, 생명의 공급이 끊기면 영적으로 죽은 사람이 된다. 구원받은 이후 훈련의 출발이 무엇인가? 삼위 하나님의 이름으로 받는 세례이다. 이는 하나님 앞에서의 결단이요, 우리가 하나님께 드리는 언약이다. 출애굽 공동체의 광야 40년이, 이 세례의 반복적, 지속적 훈련 내용을 담고 있다. 이런 창조의 비밀, 곧 사람의 내면 구조를 알고 있는 사탄이 계속 위의 내용처럼 세 방면으로 공격을 해서 인간을 무너뜨리려 한다. 교회가, 목자가 이 비밀을 안다면 구원 이후의 성도의 삶을 어디로 이끌 것인지를 분명하게 하여 훈련 계획을 세워야 한다.

적용질문

1. '은혜'가 지속적으로 공급되어 끊어지지 않기 위하여 나는 어떤 결단을 가지고 있는가?

2. 아버지의 '사랑'을 깨닫고 경험하게 하는 치유 공부를 얼마나 하고 있는가? 또 현재 누구를 돕고 있는가?

3. 영적 '교통'을 위하여 말씀과 기도의 삶에 대한 계획을 어떻게 가지고 있는가?

3) 본질상 진노의 자녀(엡 2 : 3)

Q 바울은 우리가 죽었을 때 본질상 진노의 자녀였다고 말한다. 진노의 자녀의 특징은 무엇인가?

A 예수님을 믿지 않는 진노의 자녀들의 가장 큰 특징은 불순종이다.

2그때에 너희는 그 가운데서 행하여 이 세상 풍조를 따르고 공중의 권세 잡은 자를 따랐으니 곧
지금 불순종의 아들들 가운데서 역사하는 영이라 3전에는 우리도 다 그 가운데서 우리 육체의
욕심을 따라 지내며 육체와 마음의 원하는 것을 하여 다른 이들과 같이 본질상 진노의 자녀이
었더니(엡 2 : 2-3)

성도들은 하나님께 순종하려 한다. 순종의 관점에서 삶을 돌아볼 때 성도들의 가장 큰 아픔은 생각대로 살지 못하는 것이다. 그런데 못 사는 원인을 몰라서 못 사는 것이 아니라 훈련이 되어 있지 않기 때문이다.[102]

사탄에게 노예가 되어 있는 사람들, 광야 백성들의 특징(엡 2 : 1－3)과 삼위 하나님의 역사

하나님께서는 우리가 구원받은 이후에도 연약함 때문에 진리대로 살지 못하는 것을 잘 아시기에 우선 우리에게 신앙의 기준을 가르쳐 주신 후 세례를 받게 하신다. 유월절이 하나님 쪽에서 은혜로 접근하셔서 맺어진 피의 언약이라면 세례는 우리의 동의하에 맺어진 더욱 진일보한 언약이다. 세례 이후에 하나님께서는 우리를 하나님의 사람으로 훈련시키시고 칭의의 은총을 경험한 이후에 바로 성화의 성숙됨과 순종의 삶으로 우리를 이끄시기 위하여 광야 훈련을 시작하신다. 그러나 우리 안에는 불순종이 원래 본질이기 때문에 하나님께 순종하는 것이 사실상 불가능하며 이 불순종의 심각성은 권위에 대한 싸움이라는 것에 있다. 즉, 불신자의 불순종은 하나님 대신 이미 자기가 왕이 되어 있어서 자신이 피조물임을 부인하는 표현이다. 그러므로 우리가 무엇을, 누구를 좇느냐에 따라 우리의 미래와 운명이 정해질 수 있다.[103]

〈신약 시대 : 세례와 사탄의 공격 비교〉

• 세상과 벗 되게 하며 하나님과 원수가 되게 한다.

간음한 여인들아 세상과 벗된 것이 하나님과 원수 됨을 알지 못하느냐 그런즉 누구든지 세상과 벗이 되고자 하는 자는 스스로 하나님과 원수 되는 것이니라(약 4 : 4)

① 성부 하나님께 대한 불순종 : 살아왔던 세속의 질서, 세상을 버리지 못하면 성부 하나님의 사랑, 치유의 질서와 부딪치게 된다.－세속 질서를 떠나라.

－아브라함 : 고향, 친척, 아버지 집의 문화를 버리라 하시고, 하나님께서 주신 선물인 아들이 우상화되지 못하도록 하기 위해 그 아들을 바치라고 하셨다. "네 아들 네 독자까지도 내게 아끼지 아니하였으니 내가 이제야 네가 하나님을 경외하는 줄을 아노라"(창 22 : 12)

－출애굽 백성들 : 몸은 애굽을 나왔으나 옛 생활, 옛 문화를 버리지 못하였다.

-제자 훈련 : 제자라고 따르면서도 자기 부인, 자기 십자가를 지지 못하였다.

출애굽기 13장의 신앙의 오리엔테이션에서 성부 하나님께 대한 으뜸, 첫 것을 드림은 모든 주권, 결정권을 하나님께 드려 복종하겠다는 약속이다.

• 자꾸 범죄하게 하여 하나님의 아들 됨의 능력을 상실하게 한다.

8죄를 짓는 자는 마귀에게 속하나니 마귀는 처음부터 범죄함이라 하나님의 아들이 나타나신 것
은 마귀의 일을 멸하려 하심이라 9하나님께로부터 난 자마다 죄를 짓지 아니하나니 이는 하나님
의 씨가 그의 속에 거함이요 그도 범죄하지 못하는 것은 하나님께로부터 났음이라(요일 3 : 8-9)

① 성자 예수님이 오신 이유는 이러한 마귀의 일을 멸하기 위함이다. -마귀의 일을 대적하라.

-마귀의 일은 죄를 짓게 하거나 망하게 하는 일, 죽이는 일이다.

-유월절에 무교병을 먹게 하고 누룩을 제거하라고 하신 이유는 유월절 의식이 죄와 심판을 해결하는 언약식이기 때문이다.

-사탄은 죄를 버리지 못하게 하며, 더러운 영인 귀신을 섬기게 함으로 십자가의 효력을 무력화시키고, 언약 관계가 버성겨지게 한다.

-죄를 회개하는 기도는 뉘우침, 후회만이 아니라 진리, 하나님의 말씀, 하늘의 원칙으로 돌아가는 인격과 삶의 결단이다(출 15 : 25-26).

-이러한 구속의 사역을 통해 우리를 끌고 가는 질서가 죄와 사망의 법에서 생명의 성령의 법으로 바뀌게 된다(롬 8 : 1-2).

• 성령의 역사를 대적하게 한다.

16내가 이르노니 너희는 성령을 따라 행하라 그리하면 육체의 욕심을 이루지 아니하리라 17육체
의 소욕은 성령을 거스르고 성령은 육체를 거스르나니 이 둘이 서로 대적함으로 너희가 원하는
것을 하지 못하게 하려 함이니라(갈 5 : 16-17)

① 성령님은 삼위 하나님과 교통하게 하신다. –육체의 소욕을 거스르라.

–사람은 이 땅의 많은 욕구들에 취할 수 있으나 우리는 성령에 취하고 삼위 하나님께 취해야 한다(엡 5 : 18, 민 6 : 3–4).

–이 일이 한 번에 이루어지지 않기에 환경으로, 말씀으로, 지속적인 예배의 삶으로 우리를 연단하신다. : 광야, 시내 산, 성막 훈련

–훈련되지 않은 사람은 마음과 육체의 소욕을 거절할 수 없다는 특징을 가지고 있다.

② 구약 시대 : 약속을 얻기 위해 출발한 성도의 광야 훈련

–수르 광야(출 15장) : 기대가 어긋나는 환경–십자가, 회개 기도로 죄를 처리한다.–자신의 길에서 돌이켜 말씀, 법도로 돌아와야 한다.

–신 광야(출 16장) : 공급의 근원이 끊어지는 환경–매일 만나를 기대함으로 세상, 나의 의존하는 공급원을 하나님으로, 나의 매일 먹는 양식을 신령한 만나(말씀)로 바꾸어 가야 한다.–나의 공급이 바로, 애굽이 아니고 하나님이어야 하며 그 양식이 바로의 떡이 아니라 하늘의 만나여야 한다.

–르비딤 광야(출 17장) : 삶의 무의미, 목마름의 환경–나의 목마름의 문제를 반석을 찾아가서 해결하게 하신다. 생수의 강물을 얻게 하신다.–육신의 욕망, 갈증, 충동을 따라가지 않고 생수이신 그리스도, 곧 성령을 찾아야 한다.

구원받았다 할지라도 이런 옛 사람, 유치한 삶의 모습에서 성장하지 못한다면 그들은 곧 출애굽할 때의 광야 백성과 다를 바가 없다. 이스라엘 백성들에게 약속이 있었을지라도 그들이 유업의 땅 가나안에 들어가지 못했던 것처럼, 신약에서는 이를 하나님 나라를 유업으로 받지 못하는, 상속권을 잃은 상태로 말하고 있다.

③ 훈련 없는 사람, 변화, 성장 없는 사람들의 특징 : 기업을 얻지 못한 광야 백성

1그러므로 사랑을 받는 자녀같이 너희는 하나님을 본받는 자가 되고 2그리스도께서 너희를 사
랑하신 것같이 너희도 사랑 가운데서 행하라 그는 우리를 위하여 자신을 버리사 향기로운 제물
과 희생 제물로 하나님께 드리셨느니라 3음행과 온갖 더러운 것과 탐욕은 너희 중에서 그 이름
조차도 부르지 말라 이는 성도에게 마땅한 바니라 4누추함과 어리석은 말이나 희롱의 말이 마
땅치 아니하니 오히려 감사하는 말을 하라 5너희도 정녕 이것을 알거니와 음행하는 자나 더러운
자나 탐하는 자 곧 우상 숭배자는 다 그리스도와 하나님의 나라에서 기업을 얻지 못하리니 6누

구든지 헛된 말로 너희를 속이지 못하게 하라 이로 말미암아 하나님의 진노가 불순종의 아들들
에게 임하나니 [7]그러므로 그들과 함께하는 자가 되지 말라(엡 5 : 1-7)

[9]불의한 자가 하나님의 나라를 유업으로 받지 못할 줄을 알지 못하느냐 미혹을 받지 말라 음행
하는 자나 우상 숭배하는 자나 간음하는 자나 탐색하는 자나 남색 하는 자나 [10]도적이나 탐욕을
부리는 자나 술 취하는 자나 모욕하는 자나 속여 빼앗는 자들은 하나님의 나라를 유업으로 받
지 못하리라(고전 6 : 9-10)

[16]내가 이르노니 너희는 성령을 따라 행하라 그리하면 육체의 욕심을 이루지 아니하리라 [17]육체
의 소욕은 성령을 거스르고 성령은 육체를 거스르나니 이 둘이 서로 대적함으로 너희가 원하는
것을 하지 못하게 하려 함이니라 [18]너희가 만일 성령의 인도하시는 바가 되면 율법 아래에 있지
아니하리라 [19]육체의 일은 분명하니 곧 음행과 더러운 것과 호색과 [20]우상 숭배와 주술과 원수
맺는 것과 분쟁과 시기와 분냄과 당 짓는 것과 분열함과 이단과 [21]투기와 술 취함과 방탕함과 또
그와 같은 것들이라 전에 너희에게 경계한 것같이 경계하노니 이런 일을 하는 자들은 하나님의
나라를 유업으로 받지 못할 것이요(갈 5 : 16-21)

적용질문

1. 신자와 불신자의 차이는 신자는 자신이 스스로 피조물임을 인정하고, 불신자는 자신이 주인이라고 생각한다.[104] 내 삶, 내 생각 속에서 나는 신자인가, 불신자인가?

2. 광야의 훈련은 내가 붙잡고 있는 가치관을 벗고, 하나님의 새로운 진리의 구조로 바꾸기 위한 훈련이다. 스스로의 힘으로 설 수 있는 사람은 없다. 다만 주께서 훈련시키실 때 순종으로 응답하느냐, 거부하느냐의 문제가 있을 뿐이다. 나는 상속자로 세워져 가고 있는가? 아니면 광야 백성으로 끝날 것 같은가? 지금 내가 결단해야 할 일은 무엇인가?

3. 훈련하지 않는 영적인 게으름과 불순종이 개인에게 또는 교회에게 어떤 결과를 가져오는가?

2. 새로운 지위 : 우리가 얻은 구원 – 그리스도와 동일시됨(엡 2 : 4–10)

1) 그리스도와 함께 죽고, 함께 살고, 함께 하늘에 앉힌바 됨 (엡 2 : 4–6)

Q “함께 살리셨고…… 함께 일으키사…… 함께 하늘에 앉히시니……” 그리스도께서 우리의 구원을 위하여 얻으신 영적 단계들이다. 우리에게 나타난 변화는 무엇인가?

A 그리스도와 연합한 자, 그리스도 안에 있는 자, 그리스도와 동일시된 자로 서게 된다.

제3강

4긍휼이 풍성하신 하나님께서 우리를 사랑하신 그 큰 사랑을 인하여 5허물로 죽은 우리를 그리
스도와 함께 살리셨고(너희는 은혜로 구원을 받은 것이라) 6또 함께 일으키사 그리스도 예수 안
에서 함께 하늘에 앉히시니(엡 2 : 4–6)

위의 세 가지 사실은 신자의 법적 위치와 그의 생활 상태에 대하여 변동을 가져와서 신자가 존귀한 자로 신분과 위치가 달라졌다.[105)]

동일시된 법적인 지위 : 그리스도의 의가 나의 것–자기 부인, 순종이 요구된다

법적 위치로 말하면, 신자가 그리스도의 부활하심으로 말미암아 의롭다 함이 된 것만큼(그것은 살았다는 것과 같음, 롬 8 : 10b), 그리스도의 의를 내 것이라고 주장할 권리를 받았다(동일시–법적 보장). 그리고 생활 상태로 말하면 현세에서부터 하나님의 새롭게 하시는 능력을 받으며 또 사모하는 마음과 기도로 주님을 바라보게 된다.[106)] 우리는 사도신경으로 우리의 신앙을 고백한다. “사흘 만에 죽은 자 가운데서 다시 살아나셨으며, 하늘에 오르시어 전능하신 아버지 하나님 우편에 앉아 계신다.” 바울은 그분과 함께 우리도 동일하게 일으킴을 받고 앉히셨다는 사실을 담대하게 선포하고 있다.[107)] 우리는 이미 믿음(은혜)으로 의롭게 된 사람이요, 세례받은 자로서 옛 삶을 거부하기로 약속한 사람들이다. 더불어서 우리를 향한 구속의 은혜는 끊임없이 계속 우리를 지원할 것이기 때문에 결국 우리는 법적으로만이 아닌 실제적인 삶에 있어서도 그리스도와 함께 존귀한 자의 위치에 우뚝 설 것이다(엡 2 : 5–7). 이를 그리스도인의 성화의 단계라고 말할 수 있다. 이러한 성숙을 위한 훈련의 단계에서는 일방적으로 베풀어 주시는 은혜로만이 아닌 우리의 자기 부인과 헌신, 순종에의 동의가 필요하다.

• 십자가 : 죄와 심판에 대하여 해결된 자(골 2 : 14－15)

14우리를 거스르고 불리하게 하는 법조문으로 쓴 증서를 지우시고 제하여 버리사 십자가에 못
박으시고 15통치자들과 권세들을 무력화하여 드러내어 구경거리로 삼으시고 십자가로 그들을
이기셨느니라 (골 2 : 14－15)

• 부활 : 거듭난 자(벧전 1 : 3, 요 3 : 3, 5)

3우리 주 예수 그리스도의 아버지 하나님을 찬송하리로다 그의 많으신 긍휼대로 예수 그리스도를 죽은 자 가운데서 부활하게 하심으로 말미암아 우리를 거듭나게 하사 산 소망이 있게 하시며(벧전 1 : 3)

3예수께서 대답하여 이르시되 진실로 진실로 네게 이르노니 사람이 거듭나지 아니하면 하나님의 나라를 볼 수 없느니라
5예수께서 대답하시되 진실로 진실로 네게 이르노니 사람이 물과 성령으로 나지 아니하면 하나님의 나라에 들어갈 수 없느니라(요 3 : 3, 5)

• 승천 : 영광과 존귀로 관을 쓴 자(히 2 : 9－10)

9오직 우리가 천사들보다 잠시 동안 못하게 하심을 입은 자 곧 죽음의 고난받으심으로 말미암아
영광과 존귀로 관을 쓰신 예수를 보니 이를 행하심은 하나님의 은혜로 말미암아 모든 사람을 위
하여 죽음을 맛보려 하심이라 10그러므로 만물이 그를 위하고 또한 그로 말미암은 이가 많은 아
들들을 이끌어 영광에 들어가게 하시는 일에 그들의 구원의 창시자를 고난을 통하여 온전하게
하심이 합당하도다(히 2 : 9－10)

• 세례로 이 약속을 누림

11또 그 안에서 너희가 손으로 하지 아니한 할례를 받았으니 곧 육의 몸을 벗는 것이요 그리스도
의 할례니라 12너희가 세례로 그리스도와 함께 장사되고 또 죽은 자들 가운데서 그를 일으키신 하
나님의 역사를 믿음으로 말미암아 그 안에서 함께 일으키심을 받았느니라 13또 범죄와 육체의 무
할례로 죽었던 너희를 하나님께서 그와 함께 살리시고 우리의 모든 죄를 사하시고(골 2 : 11－13)

[1]그러므로 너희가 그리스도와 함께 다시 살리심을 받았으면 위의 것을 찾으라 거기는 그리스도께서 하나님 우편에 앉아 계시느니라 [2]위의 것을 생각하고 땅의 것을 생각하지 말라 [3]이는 너희가 죽었고 너희 생명이 그리스도와 함께 하나님 안에 감추어졌음이라 [4]우리 생명이신 그리스도께서 나타나실 그때에 너희도 그와 함께 영광 중에 나타나리라(골 3 : 1-4)

우리는 그리스도와 연합함으로 함께 살아났고, 함께 일으킴을 받았으며, 함께 하늘에 앉아 있다. 하나님께서 이 일을 행하신 이유는 자비가 풍성하시며 사랑이 크시기 때문이다.[108] 우리는 그리스도 안에서 새로운 지위를 갖는다. 한국의 대통령은 육신적으로 어느 곳에 있든지 그의 지위로 말미암아 권력과 권위가 부여된다. 그리스도인도 이와 같다. 우리가 육신적으로 어디에 있든지(바울은 이 편지를 쓸 때 감옥에 있었다.) 우리는 그리스도 안에 있는 우리의 지위로 말미암아 삶의 영역에서 능력과 권위를 가지고 있다.[109]

적용질문

1. 이러한 동일시의 선언을 통하여 느낄 수 있는 우리를 향한 하나님의 갈망은 무엇인가?[110]

2. 그리스도와 연합함으로 법적으로 동일시될 수 있는 조건은 무엇인가?(골 2 : 11-13)

3. 나는 세례받은 자로서 날마다 자기를 부인하는 훈련을 하고 있는가? 자기 부인에 대한 최근의 실례를 나누어 보자(눅 9 : 23).

2) 그 은혜의 지극히 풍성함을 오는 여러 세대에 나타내려 함 (엡 2 : 7-9)

Q 하나님께서 우리를 선택하시고 구원하신 것은 선한 일을 하도록 하시기 위함이다. 하나님께서 우리에게 하기를 원하시는 선한 일은 무엇인가?[111]

A 우리에게 베푸신 자비와 은혜의 지극히 풍성함을 오는 여러 세대에 나타내는 것이다.

[7]이는 그리스도 예수 안에서 우리에게 자비하심으로써 그 은혜의 지극히 풍성함을 오는 여러 세
대에 나타내려 하심이라 [8]너희는 그 은혜에 의하여 믿음으로 말미암아 구원을 받았으니 이것은

너희에게서 난 것이 아니요 하나님의 선물이라 ⁹행위에서 난 것이 아니니 이는 누구든지 자랑하지 못하게 함이라(엡 2 : 7–9)

나 혼자 구원받은 것에 감격하고 기뻐하면서 살아가는 것에 만족해서는 안 된다. 그리스도의 구원 사건이 나 한 사람에게 국한된 사건으로 닫아 버리는 것은 옳지 않다.[112]

오는 여러 세대에 그 은혜의 풍성함을 드러내기 위하여 선물을 주심 : 은혜와 믿음을 말미암은 구원–하나님의 영광을 위한 것이다

모든 것은 하나님의 영광을 위해 존재하며 하나님께서는 그가 우리 안에서 행하신 영광을 받으신다. 장차 우리가 육체로 부활하면 우리는 하나님께서는 진실로 영광을 받으실 만하다는 것을 천사들의 무리에게 영원토록 나타낼 것이다(계 7 : 9–12). 천사들이 하나님을 찬양하는 이유는 그분의 구속 사역으로 인함이다.[113]

"은혜에 의하여 믿음으로 말미암아 구원을 받았으니"라는 말씀은 인간이 구원받을 두 가지 조건을 말한다. '은혜'는 하나님 편에서 주신 것이고, '믿음'은 인간 편에서 가질 태도이다. 그러나 이 믿음도 하나님께서 주신 선물임을 전제해야 한다. 우리가 명심해야 할 것은 "믿음으로 말미암아"란 말이 무슨 공로를 의미하는 것이 아니라는 점이다. 믿음은 받는 태도일 뿐이고 공로(功勞)나 의(義)가 아니다. 구원의 제일 되는 목적과 의도와 목표는 하나님의 영광이다. 이것이 하나님께서 우리를 살리시고 일으키셔서 그리스도와 함께 하늘에 앉히신 이유이다. 그리스도 예수 안에서 우리에게 자비하심으로써 그 은혜의 지극히 풍성함을 오는 여러 세대에 나타내려 하심이다. 그러나 우리는 하나님의 영광을 드러내는 일과 정반대되는 일들을 한다. 우리는 구원을 우리를 위한 어떤 것으로 여기고 우리가 필요로 하는 것, 우리가 원하고 관심을 두는 것으로 생각한다. 하지만 우리는 구원의 목적이 하나님의 영광임을 배워야 한다. 또 한 가지 하나님의 영광이 구원의 목적이라면, 마귀의 목적은 하나님의 영광을 파괴하고 허무는 것이다. 문제는 하나님의 영광과 영존하심에 있다. 그러므로 꼭 아들을 보내시는 특수한 방식을 통하여 하나님의 위대하심과 성품을 변호하신다. 그리고 우리를 방편으로 교회를 통해서 그 일을 제일 먼저 행하신다. 우리를 통해 하나님의 거룩한 존재와 본성을 변호하고 계신다. 이것이 기독교요 그리스도인의 정체성이다.[114] 그러므로 하나님께서 나를 살리신 이유가 있다. 현재에 죄인들을 회개시키시고 구원하심으로 나타난 하나님의 선하심은 우리의 드러냄을 통하여 앞으로 올 세대의 다른 많은 사람들에게 하나님의 은혜와 자비에 대한 희망을 갖게 하며 이러한 변화가 자기들에게도 임할 것이라는 용기를 주게 된다.[115]

적용질문

1. 베푸신 은혜에 의하여 믿음으로 말미암아 구원을 얻었다. 나는 언제 하나님을 인격적으로 만났는가? 구원 경험에 대하여 간증해 보자.

2. 하나님의 은혜가 내 삶에 끼친 영향력은 무엇인가?[116)]

3. 내가 경험한 그 은혜의 풍성함은 어떠한가? 나는 어느 계층, 어느 세대를 향하여 복음을 전하도록 부름을 받았는가?

3) 우리는 선한 일을 위하여 지으심을 받은 하나님의 작품 (엡 2 : 10)

Q 하나님께서 우리를 지으신 이유는 무엇인가?

A 하나님의 완성품, 걸작품으로서 그리스도인은 선한 일을 하도록 창조되었다. 선한 일을 위해 창조된 사람이 선한 일을 하는 것, 하나님의 일을 하는 것은 당연하다.

우리는 그가 만드신 바라 그리스도 예수 안에서 선한 일을 위하여 지으심을 받은 자니 이 일은 하나님이 전에 예비하사 우리로 그 가운데서 행하게 하려 하심이니라(엡 2 : 10)

하나님께서는 신자에게 그리스도 안에서 새 생명을 부여하시고, 날마다 그리스도의 형상으로 빚으신다.[117)] 우리는 구원의 선물로서 어두움에서 빛으로, 혼돈 상태에서 질서로, 허물과 죄에서 선한 일로 부르심을 받았다. 구원과 윤리적 삶은 분리될 수 없다.[118)]

우리는 그가 만드신 바라 : 새사람, 하나님의 선하신 목적을 위한 것이다

22너희는 유혹의 욕심을 따라 썩어져 가는 구습을 따르는 옛 사람을 벗어 버리고 23오직 너희의
심령이 새롭게 되어 24하나님을 따라 의와 진리의 거룩함으로 지으심을 받은 새사람을 입으라
(엡 4 : 22-24)

'만드신 바라'(포이에마 : ποìημα, 작품)란 새 창조의 은혜의 선물이다. 상품은 쉽게 찍어서 만들지만 작품은 천천히 세심하게 부분 부분을 빚어서 만든다. 하나님은 우리의 구원을 그렇게 쉽게, 빠르게, 가볍게 하시지 않고 작품으로 빚으신다. 우리는 구원이 단회적이면서도 점진적이라고 고백할 수 있다. 하나님의 새 창조물(작품)은 하나님께서 그리스도 안에서 구원하신 성도들이다(엡 4 : 24, 고후 5 : 17, 갈 6 : 15, 골 3 : 10).

하나님의 사랑의 은혜로 우리는 그리스도의 형상으로 창조되었다. 인간적으로 보면 우리의 삶은 미완성의 캔버스 그 어디쯤에 있지만 하나님께서는 완성된 초상화로 우리를 보신다. 하나님께서는 영원한 눈을 갖고 계시기에 우리의 인생 전체뿐 아니라 우리 삶의 어떤 부분이 그분의 가장 큰 관심을 필요로 하는지 정확하게 알고 계신다. 모든 좌절과 실망, 그리고 모든 기쁨은 목적이 있다(롬 8 : 28). 하나님께서는 완전히 다른 시각으로 우리를 보신다. 하나님께서 우리의 삶을 보실 때 우리는 가치 있는 사람이다.[119]

우리가 받은 구원의 모습

• 구원의 목적(엡 2 : 7)

그 은혜의 풍성함을 오는 여러 세대에 나타내려 하심—은혜를 체험한 자들에 의하여 오는 세대에 복음이 전파된다.

• 구원의 방법(엡 2 : 7)

은혜에 의하여, 믿음으로 말미암아 구원을 얻음—값없는 주님의 선물

• 구원의 출발(엡 2 : 8b)

우리에게서 출발된 것이 아닌 하나님으로부터 온 선물

• 구원의 은혜가 은혜 되도록 하기 위한 제한점(엡 2 : 9)

누구든지 자랑하지 못하게 함—행위로 인한 것이 아닌 은혜에 의한 것이기 때문

함께—'연합'의 존재이지 우리 스스로의 공로로 인함이 아니다.

- **구원은 하나님의 작품(엡 2 : 10a)**

우리는 그의 만드신 걸작품, 성부, 성자, 성령이 심혈을 기울인 대작(masterpiece)으로서의 가치가 있는 존재이다.

- **구원의 목표(엡 2 : 10b)**

그리스도 예수 안에서 선한 일을 위해 지음받음—주님의 대행자로서의 삶을 살아야 한다.

- **구원을 통한 하나님의 경륜의 이행(엡 2 : 10c)**

이 일은 전에 예비하신 것인데 우리로 그 가운데서 행하게 하려 하심이다.

'선한 일'은 구원을 얻기 위한 행위가 아니라 구원에서 비롯된 열매로서(Bruce), 하나님과 인간관계의 목표이다(Lincoln). 또한 '선한 일'은 성령의 역사를 통해 하나님께 순종하는 것에서 비롯되며 구원을 받은 그리스도인의 삶에 공통적으로 나타나는 특징이다(롬 2 : 7, 13 : 3, 고후 5 : 10, 9 : 8, 갈 6 : 10, 살전 5 : 15).[120] 새로운 피조물답게 새로운 가치, 새로운 목적을 위해 살아야 한다.

그런즉 누구든지 그리스도 안에 있으면 새로운 피조물이라 이전 것은 지나갔으니 보라 새것이 되었도다(고후 5 : 17)

적용질문

1. 위의 내용들로 봐서 당신이 새롭게 이해한 구원에 대한 전체적인 개념을 어떻게 설명할 수 있는가?[121]
2. 이러한 신분, 위치의 격상을 통하여 당신이 얻은 것은 무엇인가? 나의 옛 사람으로부터의 탈출과 하나님에게로의 성장에 대하여 무엇을 기대할 수 있는가?[122]
3. "나는 하나님의 작품이다."라는 관점에서 지금 나는 어떤 존재라고 생각하는가? 어떻게 훈련시키셨는가? 지금 어떤 선한 일을 위하여 사용하고 계신가?

3. 한 새사람 : 하나님의 거처로 세워져 감(엡 2 : 11－22)

1) '그때에' : 전날의 신분 (엡 2 : 11－12)

Q 예수님을 만나기 전의 상태를 어떻게 묘사하고 있는가?

A 육체로는 이방인, 할례받지 않은 무리, 그리스도와 이스라엘 밖의 사람들, 약속의 언약들에 대하여도 외인, 소망이 없고, 하나님도 없는 자들이었다.

[11]그러므로 생각하라 너희는 그때에 육체로는 이방인이요 손으로 육체에 행한 할례를 받은 무리라 칭하는 자들로부터 할례를 받지 않은 무리라 칭함을 받는 자들이라 [12]그때에 너희는 그리스도 밖에 있었고 이스라엘 나라 밖의 사람이라 약속의 언약들에 대하여는 외인이요 세상에서 소망이 없고 하나님도 없는 자이더니(엡 2 : 11－12)

이방인이었던 우리의 전날의 상태

• 보이는 외부적 자격

육신적으로는 이방인(엡 2 : 11a) : 신체적 혈통이나 출생이 유대인이 아니다.
할례를 받지 않은 무리(무할례당, 엡 2 : 11b) : 할례는 엄격한 신분상의 구별선

• 하나님의 언약과의 관계

그리스도 밖의 사람(엡 2 : 12) : 메시야의 약속과는 거리가 먼 사람들
이스라엘 밖의 사람(엡 2 : 12) : 하나님의 선민으로서의 특권을 갖지 못한다.
언약에 대하여는 외인(엡 2 : 12) : 언약은 하나님과 이스라엘과의 특별한 관계이다.

• 영적인 소망

소망이 없는 자(엡 2 : 12) : 영생의 소망이 없었다.
하나님도 없는 자(엡 2 : 12) : 구원도, 생명도 없는 자

첫째, 이방인의 몸에는 유대인처럼 하나님의 백성으로서의 상징이며 표식이었던 할례의 증거가 없었다. 이는 이방인이 하나님의 축복으로부터 제외된 것을 의미한다(출 12 : 48, 수 5 :

7, 겔 28 : 10).

둘째, 이방인에게는 메시아에 관한 희망이 없었다. 그러므로 그들의 역사관은 유대인에 비해 전진적이거나 낙관적이지 못했다(사 42 : 9, 빌 1 : 6, 벧전 3 : 10).

셋째, 하나님의 약속의 언약들에서 제외되었다. 그러므로 세상에서 소망이 없을 뿐 아니라 하나님을 잃어버린 자들이었다(창 17 : 7, 8, 26 : 5, 출 20 : 2, 신 5 : 2, 고후 6 : 16, 갈 3 : 8-9). 그러나 흑암에 앉은 백성이 큰 빛을 보았고 사망의 땅과 그늘에 앉은 자들에게 빛이 비취었다. 하나님께서 누구에게나 구원의 문을 개방하셨다(마 4 : 16).[123]

유대인과 이방인들 사이에 육체적으로 할례를 받은 사람(할례당)과 그렇지 않은 사람(무할례당)이라는 차이점은 그들의 생활 전반에 영향을 끼쳤으며 커다란 사회적, 정신적인 경계가 되었다. 이방인들이 할례의 표를 갖지 못했다는 것은 그들이 인격적으로 그리스도 밖에 있었으며 따라서 메시아에 대한 민족적 소망이 없었다는 말이다. 또한 이스라엘 나라 밖에 있는 사람들이고 약속에 대한 외인들로 이스라엘과 같은 미래의 영광과 은혜의 소망을 가질 수 없었다. 마지막으로 이방인들은 세상에서 하나님께서 계시지 않는, 즉 하나님으로부터 분리된 사람들이었다.[124] 우리 문화와 역사의 관점에서 위의 말씀들을 접할 때 별 실감이 가지 않는다. 그러나 만약 지금이 조선 시대와 같은 신분 사회인데 전혀 양반과 어울릴 수도 없고, 신분 상승은 꿈도 꿀 수 없고, 억울한 일을 당해도 호소할 데도 없었던 백정이나 종에게 양반과 같은 대우를 해 주거나, 신분 상승의 기회가 주어졌다고 상상을 해 보자. 이스라엘과 이방인의 경우는 구원의 문제, 영원의 문제, 하나님과의 교통의 문제가 연결되어 있기 때문에 우리 문화의 신분 격파의 문제보다도 훨씬 큰 충격이 되었다.

적용질문

1. 구원 이전, 그리스도를 만나기 이전의 나의 상태를 어떻게 묘사할 수 있겠는가?

2. 복음 안에 들어온 이후에 나타난 나의 변화에 대해 이웃들의 증언, 격려가 있는가? 어떻게 표현하는가?

3. 지금 그리스도는, 복음은 나에게 어떤 의미가 있는가?

2) '이제는' : 현재의 신분(엡 2 : 13-18)

Q 하나님께서 그리스도를 통해서 우리에게 행하신 일은 무엇인가?

A 우리를 한 새사람, 곧 교회로 연합시키셨다.

법조문으로 된 계명의 율법을 폐하셨으니 이는 이 둘로 자기 안에서 한 새사람을 지어 화평하게 하시고(엡 2 : 15)

그리스도 안에서 둘이 하나가 됨

• 십자가를 주신 의도(엡 2 : 13-14) : "둘로 하나를 만드사"

13이제는 전에 멀리 있던 너희가 그리스도 예수 안에서 그리스도의 피로 가까워졌느니라 14그는 우리의 화평이신지라 둘로 하나를 만드사 원수 된 것 곧 중간에 막힌 담을 자기 육체로 허시고(엡 2 : 13-14)

그리스도께서 십자가에서 죽으심으로 유대인과 이방인 사이에 있던 모든 장벽은 무너졌다. 유대인의 성전에는 성전의 여타 지역과 '이방인의 뜰'을 구분하는 벽이 있었는데, 이 벽은 이방인이 넘으면 죽임을 당한다는 경고의 표시였다. 그런데 예수님이 그리스도 안에서 모두 하나가 되게 하시려고 그 벽과 같은 육체의 벽을 무너뜨리셨다(엡 2 : 15, 갈 3 : 28-29 참고). 또한 주님은 영적인 벽을 헐어서 '멀리 떨어져 있는' 이방인들을 가까이 데려오셨다(엡 2 : 13). 주님은 율법의 벽을 허무시고 십자가를 통하여 죄악된 유대인과 죄악된 이방인들을 '한 새사람', 즉 교회로 만드셨다.[125]
과거에 이방인들은 하나님과 멀리 떨어져 있는 상태였으나 이제는 하나님과 교제를 나누는 존재가 되었다(Lincoln, Wood). 이방인의 상태에 대한 이런 반전은 '그리스도의 피'에 의해 이루어졌다(히 10 : 19-22). '그리스도의 피'는 하나님과 화해를 이루는 그리스도의 대속적인 희생의 피이다(엡 1 : 7, 롬 5 : 10, 골 1 : 20-22).[126]

• 피의 효력(엡 2 : 15a) : "율법을 폐하셨으니"

법조문으로 된 계명의 율법을 폐하셨으니……(엡 2 : 15a)

법조문으로 된 계명의 율법을 자기 육체로 폐하셨다. '법조문으로 된 계명의 율법'은 원수 된 것(엡 2 : 14)을 수식하는 것으로 모세 율법 전체를 의미한다. 그리스도는 십자가의 대속적 죽음으로 율법을 폐하셨으며(롬 7 : 4, 갈 3 : 13), 율법에 의해 지배를 받던 옛 질서를 폐하셨다. 그러나 율법을 폐하셨다는 것은 유대인과 이방인으로 구성된 하나님의 새로운 백성이 율법을 지켜야 하는 의무에서 벗어났다는 의미이지 율법이 없어졌다는 뜻은 아니다. 도리어 믿음은 율법을 굳게 세우게 된다.[127]

하나님으로부터 추방되었고 단절되었던 우리가 하나님과 가까워지는 방법은 늘 '그리스도의 피'라고 말한다. 그리스도의 피는 내가 믿기로 작정했기 때문에 효력이 있는 것이 아니라, 처음부터 예수님의 죽으심의 피로 죄를 씻어 주셨기 때문에 우리가 믿음을 갖게 되었다. 예수를 믿는다는 것이 나의 자랑거리가 될 수 없다는 이야기이다.[128]

- **피의 결과(엡 2 : 15b) : "한 새사람을 지어 화평하게 하시고(교회)"**

……이는 이 둘로 자기 안에서 한 새사람을 지어 화평하게 하시고(엡 2 : 15b)

둘로 자기 안에서 한 새사람을 지어 유대인과 이방인 사이에 있었던 벽을 허물어 화평하게 만드는(엡 2 : 14) 것은 새 창조이다. 새 창조로 이루어진 공동체는 유대인과 이방인이 연합하여 만들어진 전혀 다른 새로운 그리스도인 공동체이다.[129] 여기에서의 '한 새사람'은 개인적인 존재를 말하지 않고 그리스도의 몸으로서의 교회를 말한다(고전 12 : 12–13, 엡 1 : 22–23).[130]

- **이 둘을 한 몸으로 화목하게 하려 하심(엡 2 : 16–18) : 둘이 한 성령 안에서 아버지께 나아간다.**

16또 십자가로 이 둘을 한 몸으로 하나님과 화목하게 하려 하심이라 원수 된 것을 십자가로 소멸
하시고 17또 오셔서 먼 데 있는 너희에게 평안을 전하시고 가까운 데 있는 자들에게 평안을 전
하셨으니 18이는 그로 말미암아 우리 둘이 한 성령 안에서 아버지께 나아감을 얻게 하려 하심이
라(엡 2 : 16–18)

유대인과 이방인이 그리스도의 십자가로 인한 새 창조로 한 몸을 이뤄(둘이 화목), 하나님과 화목을 이루었다(하늘과의 화목). 이것이 하나님의 창조의 목적을 회복하는 일이다. 교회는 그리스도의 몸이요 몸의 각 지체로 이루어진 유기체이다.[131] 그리스도인들은 그리스도 안에 있다는 믿음을 근거로 해서 새로운 사람으로 옷을 입어야 한다. 그리스도 안에 축복이 있고, 약속이 있고, 새로운 삶의 의로움도 있다. 그리스도 안에서 이전에 살아왔던 생활양식이 파괴된다.[132]

화목, 연합의 단계 : 그리스도의 몸을 이루어 가는 과정

자신과의 화목 : 속죄받은 자로서 나 자신을 수용, 용납해야 한다.
이웃과의 화목 : 은혜를 받은 자로서 서로 간에 벽을 허물고 화목해야 한다(유대인과의 화목, 이방인과의 연합).
우리가 한 몸이 되어 하나님과 화목 : 하나님의 원하시는 목표가 교회이다.
교회를 통해 만물과 하나님의 화목 : 교회가 그리스도의 충만함을 흘려보내 만물을 충만하게 함으로 하늘과 땅이 통일되는 일이 구속사의 완성이다.

하늘에 있는 것이나 땅에 있는 것이 다 그리스도 안에서 통일되게 하려 하심이라(엡 1 : 10)

하나님께서는 타락하면서 깨졌던 샬롬을 예수 그리스도를 통해 다시 회복시키셨다. "보시기에 심히 좋았더라"라고 말씀하신 안식을 회복하신다. 둘이 한 성령 안에서 아버지께 나아가게 하셨다(18절). 둘이 성령 안에서 한 몸이 되어(합심, 스피릿의 통일) 아버지께 나아감으로 그리스도의 몸인 교회를 이룬다. 이 교회가 원래의 아들의 영광을 회복하면 만물도 그 영광의 자유에 도달하게 된다.

19피조물이 고대하는 바는 하나님의 아들들이 나타나는 것이니 20피조물이 허무한 데 굴복하는 것
은 자기 뜻이 아니요 오직 굴복하게 하시는 이로 말미암음이라 21그 바라는 것은 피조물도 썩어
짐의 종노릇한 데서 해방되어 하나님의 자녀들의 영광의 자유에 이르는 것이니라(롬 8 : 19-21)

9올라가셨다 하였은즉 땅 아래 낮은 곳으로 내리셨던 것이 아니면 무엇이냐 10내리셨던 그가 곧
모든 하늘 위에 오르신 자니 이는 만물을 충만하게 하려 하심이라(엡 4 : 9-10)

적용질문

1. 십자가, 복음 안에서 나는 얼마나 하나님과, 신령한 삶과, 영원한 삶과 가까워졌는가?

2. 전에는 멀리 있었지만 복음 때문에 가까워진 사람이 있는가?

3. 함께 교회로 연합되어지기 위하여 섬기고 있는 영혼이 있는가?

3) '그러므로' : 하나님의 거하실 처소로 함께 지어져 감 (엡 2 : 19-22)

Q 이 새로운 건물의 모퉁잇돌을 예수님이라고 표현한 이유는 무엇인가?[133]

A 예수님 안에서 건물마다 서로 연결되어 성전이 되어 가기 때문이다.

20너희는 사도들과 선지자들의 터 위에 세우심을 입은 자라 그리스도 예수께서 친히 모퉁잇돌이
되셨느니라 21그의 안에서 건물마다 서로 연결하여 주 안에서 성전이 되어 가고(엡 2 : 20-21)

성전인 우리 몸 : 주를 모시고 함께 살며 하나님의 대행자의 역할을 해야 한다

성전은 하나님께서 거하시는 처소인데 지금 지어져 가고 있다(골 2 : 12, 3 : 1, 빌 3 : 20, 마 16 : 19). 하나님께서 우리를 이렇게 성전 삼으시려 하는 이유는 함께 살면서 그 영향을 받아 우리가 하나님을 대행하고 하나님을 드러내는 삶을 살기를 원하시기 때문이다. 이제 우리는 하나의 작은 성전이 되어 내 안에 계신 예수님, 하나님, 성령님으로 인해 건물마다 연결되어 주 안에서 큰 성전이 되어 간다.[134]

여기에는 목적이 있다. "사도들과 선지자들의 터 위에 세우심을 입은 자라"(엡 2 : 20)라는 것은 사도들과 선지자들의 직분을 말하는 것이 아니라, 사도와 선지자가 하는 일, 즉 말씀, 진리 위에 우리 인생을 세우는 것을 의미한다. 이런 삶을 통해 우리는 주님과 한 건물로 지어져 간다.

구약 시대 사람들은 하나님을 만나기 위해 성전으로 나아가야 했다. 하나님의 임재와 영광이 그곳에 있었기 때문이다. 그러나 이제는 하나님께서 교회이며 성전인 우리에게 거하신

다. 사람들이 하나님을 기대하고 그분에게 오는 것은 우리 안에서 그리고 우리를 통해서이다. 우리가 교회 밖에 있는 사람들에게 교회는 살아 계신 하나님의 전이라는 것을 보여 줄 수 있어야 한다. 그들이 우리 속에 있는 하나님에게 속한 이 외경스러움과 거룩함을 보고 있다. 하나님께서는 우리 안에 거하시고 우리를 통해 행하신다.[135]

구속사의 중심에 서 있는 교회

• 하나님의 가족으로서의 교회(엡 2 : 19) : 가족으로서의 신분의 보장, 권리를 얻는다.

하나님의 권속 : 예수님의 은혜로 말미암아 에베소 교인들은 과거의 소외된 이방인의 신분에서 벗어나 하나님의 가족이 되고, 그리스도인들과 연합한 가족이 되었다.

• 말씀(언약)의 기초 위에 세워진 교회(엡 2 : 20) : 그리스도가 그 중심이 되신다.

선지자들이 예언하고 사도들이 전한 그리스도(그리스도는 교회의 터)의 복음 위에 '너희' 곧, 교회(성도들의 연합)가 설립되었다는 의미이다. 이것은 예수님이 말씀하신 그대로 된 것으로, 곧 "또 내가 네게 이르노니 너는 베드로라 내가 이 반석 위에 내 교회를 세우리니"(마 16 : 18)라고 하신 말씀이 응한 것이다. 여기 '이 반석'은 베드로 개인을 의미하지 않고 사도로서 고백(혹은 전파)하는 복음의 진리(주는 그리스도시요 살아 계신 하나님의 아들)를 가리킨다.[136]

모퉁잇돌의 작용은 두 벽을 결합시키는 힘받이이다. 그러므로 이것은 유대인과 이방인, 교회와 교회를 결합시키는 그리스도를 비유하기에 적합하다.[137] 둘이지만 이제는 유기체이며 생명으로, 성령으로 연결된 한 몸이다.

• 하나님의 거처로서의 교회(엡 2 : 21-22) : 성령 안에서 하나님께서 거하실 처소가 된다.

그의 안에서 건물마다 서로 연결되어야 주 안에서 성전으로 지어져 갈 수 있다. 그 성전은 하나님께서 거하시는 처소인데 지금 지어져 가고 있다(골 2 : 12, 3 : 1, 빌 3 : 20, 마 16 : 19). 하나님께서 우리를 구원하셔서 작품으로 만드신 목적은 우리를 성전으로 만드시기 위함이다. 은혜로 말미암아 막혔던 담들이 무너지고 함께 연합하는 존재가 되었다. 그 연합이 그리스도의 몸이 되어 하나님의 거처로 쓰인다.

바울은 교회를 성전으로 비유하며 본 장을 끝맺는다. 이들은 예루살렘에 있는 그들의 거룩한 성전을 존중하고 있다. 실제로 각각의 신자들은 살아 있는 성전을 세우는 돌들이다(벧전 2 : 4–8). 사도들과 선지자들(신약 선지자들, 엡 4 : 11)은 기초석이 아니다. 그리스도께서 모퉁잇돌이신 동시에 기초석이시다(고전 3 : 11). 오늘날 교회는 살아 있으며 성장하고 있는 성전이다. 그 성전이 완성되면 그리스도께서 돌아오실 것이며, 그 성전을 영광으로 인도해 가실 것이다. 하나님께서는 장막(출 40 : 34)과 솔로몬의 성전(대하 7 : 1)과 그리스도의 몸인 성전에 거하셨으며(요 1 : 14, 2 : 18–22), 이제는 각 신자 안에(고전 6 : 19–20) 그리고 교회 안에 거하신다(엡 2 : 21). 하나님의 거처가 된다는 것은 얼마나 놀라운 특권인가!"[138]

적용질문

1. 에베소서에서의 구속사의 핵심은 교회이다. 내가 생각하는 교회에 대한 개념들을 정리해 보자.

'교회'에 대한 성경적 개념 정리–머리 되신 그리스도의 몸(엡 1 : 22–23), 성령으로 세례 받음으로써 그리스도께 연합된 자들(고전 12 : 12–13), 성령 안에서 하나님의 거처로 지어져 가는 거룩한 성전(엡 2 : 21–22), 그리스도와 연합한 한 몸(엡 5 : 30–31), 한 남편인 그리스도에게 중매된 정결한 처녀(고후 11 : 2–3), 주께서 다시 오실 때 공중에서 주를 영접할 자들(살전 4 : 13–17)[139]

2. 현재 나의 모습은 교회로서 하나님을 모실 만한 성전인가? 하나님의 처소로 지어져 가면서 하나님과 원수 된 것, 버려야 할 행동이나 관습, 생각에는 어떤 것들이 있는가?

3. 예수님은 중간에 막힌 담을 허셨다. 우리 사회와 문화권 안에서는 어떤 담들이 있는가? 우리 교회에는 이런 장벽이 없는가?[140]

에베소서 2장의 정리

우리가 땅에 있는 하나님의 거처이다.

아들들에게 주신 하늘에 속한 신령한 복들 : 함께, 만드신 바, 한 몸

그리스도와 함께 죽고, 함께 살고, 함께 하늘에 앉힌 바 된 존재임을 알라(엡 2 : 5–6).

• '함께' 의식
하나님께서 우리를 그리스도와 함께 십자가, 부활, 승천의 자리에 세우셨음을 인정하는가? 이 은총을 누리기 위해서는 믿음과 자기 부인이 필요하다.

• '작품(만드신 바)' 의식
하나님께서 오랜 세월 심혈을 기울여 그분의 형상으로, 대행자로 만드신 작품임을 인정하는가? 하나님의 선한 일을 위하여 우리 스스로를 잘 사용해야 한다.

• '한 몸' 의식
전에 멀리 있던 관계들이 한 성령으로 연합하여 예수 그리스도의 몸으로 함께 지어져 가고 있는가? 성전, 교회를 통하여 하늘과 땅을 통일시키시려는 구속사의 완성을 기억하고 살

이야 한다.

1) 허물과 죄로 죽었던 나, 본질상 진노의 자녀들(엡 2 : 1-3) : 우리의 과거

이 악한 것들로부터 구원받아 하나님의 성전이 되었다.

2) 그리스도와 동일시됨(엡 2 : 4-6) : 우리의 현재

믿음으로 구원받고 세례로 동일시됨

그리스도와 함께 죽고, 함께 살고, 함께 하늘에 앉힌 바 된 영광스러운 존재가 됨

3) 그 풍성하신 은혜를 오는 여러 세대에 나타내려 함(엡 2 : 7-10) : 우리의 미래

하나님의 포이에마(작품)로 빚어 선한 일을 행하게 하려고 하심

4) 하나님의 거처로 세워져 감(엡 2 : 11-22)

·그때에 : 전날의 신분(엡 2 : 11-12)

·이제는 : 현재의 신분(엡 2 : 13-18)

·그러므로 : 하나님의 거하실 처소로 함께 지어져 감(엡 2 : 19-22)

적용질문

1. 그리스도와 동일시된 자임을 인정하고 사는가?

2. 하나님의 거하실 처소가 되어 가고 있는가?

3. 성령의 전으로서 매일 성령 안에서 교통하고 사는가?

예수님의 십자가, 부활, 승천은 이러한 엄청난 축복을 약속으로 주심에 대한 법적 근거이며, 믿음과 세례는 법적으로 동일시의 약속을 보장해 준다. 지체와 지체가 성령 안에서 서로 연결, 교통, 연합하여 그리스도의 몸으로 세워져 간다. 이 교회 안에 하늘에 속한 모든 신령한 복을 주심은 이 땅의 상속자로, 이 역사를 책임지는 장자로 세우기 위함이다. 이 교회의 비밀은 부부 관계로, 부모와 자녀 관계로, 주종(노사) 관계로, 하늘의 영들과 싸우는 군인으로, 우리 주님의 신부로서의 교회로, 만물을 충만하게 하는 그리스도의 충만하심으로 이어져 갈 것이다. 교회를 통하여 이루어 가시는 구속사의 비밀은 무궁무진하다.

이는 이방인들이

복음으로 말미암아

그리스도 예수 안에서

함께 상속자가 되고 함께 지체가 되고

함께 약속에 참여하는 자가 됨이라

엡 3 : 6

제4강

내가 이방인과 함께 : 유통의 복음

에베소서 3 : 1~21

4

내가 이방인과 함께 : 유통의 복음

에베소서 3 : 1~21

1이러므로 그리스도 예수의 일로 너희 이방인을 위하여 갇힌 자 된 나 바울이 말하거니와 2너
희를 위하여 내게 주신 하나님의 그 은혜의 경륜을 너희가 들었을 터이라 3곧 계시로 내게 비
밀을 알게 하신 것은 내가 먼저 간단히 기록함과 같으니 4그것을 읽으면 내가 그리스도의 비밀
을 깨달은 것을 너희가 알 수 있으리라 5이제 그의 거룩한 사도들과 선지자들에게 성령으로 나
타내신 것같이 다른 세대에서는 사람의 아들들에게 알리지 아니하셨으니 6이는 이방인들이 복
음으로 말미암아 그리스도 예수 안에서 함께 상속자가 되고 함께 지체가 되고 함께 약속에 참
여하는 자가 됨이라 7이 복음을 위하여 그의 능력이 역사하시는 대로 내게 주신 하나님의 은혜
의 선물을 따라 내가 일꾼이 되었노라 8모든 성도 중에 지극히 작은 자보다 더 작은 나에게 이
은혜를 주신 것은 측량할 수 없는 그리스도의 풍성함을 이방인에게 전하게 하시고 9영원부터
만물을 창조하신 하나님 속에 감추어졌던 비밀의 경륜이 어떠한 것을 드러내게 하려 하심이라
10이는 이제 교회로 말미암아 하늘에 있는 통치자들과 권세들에게 하나님의 각종 지혜를 알게
하려 하심이니 11곧 영원부터 우리 주 그리스도 예수 안에서 예정하신 뜻대로 하신 것이라 12우
리가 그 안에서 그를 믿음으로 말미암아 담대함과 확신을 가지고 하나님께 나아감을 얻느니라
13그러므로 너희에게 구하노니 너희를 위한 나의 여러 환난에 대하여 낙심하지 말라 이는 너희
의 영광이니라 14이러므로 내가 하늘과 땅에 있는 각 족속에게 15이름을 주신 아버지 앞에 무릎
을 꿇고 비노니 16그의 영광의 풍성함을 따라 그의 성령으로 말미암아 너희 속사람을 능력으
로 강건하게 하시오며 17믿음으로 말미암아 그리스도께서 너희 마음에 계시게 하시옵고 너희
가 사랑 가운데서 뿌리가 박히고 터가 굳어져서 18능히 모든 성도와 함께 지식에 넘치는 그리
스도의 사랑을 알고 19그 너비와 길이와 높이와 깊이가 어떠함을 깨달아 하나님의 모든 충만하
신 것으로 너희에게 충만하게 하시기를 구하노라 20우리 가운데서 역사하시는 능력대로 우리
가 구하거나 생각하는 모든 것에 더 넘치도록 능히 하실 이에게 21교회 안에서와 그리스도 예
수 안에서 영광이 대대로 영원무궁하기를 원하노라 아멘(엡 3 : 1-21)

에베소서는 영원 전부터 가지고 계셨던 하나님의 위대한 경륜을 노래한 책이기에 전체적인 구도를 이해하는 일이 중요하다.

에베소서 1장 : 하나님의 우주적 구원의 경륜−구속사

·삼위 하나님의 구원 역사(엡 1 : 1−14) : 하늘에 속한 모든 신령한 복을 가진 아들들

·사도 바울은 성도들의 눈이 열려 하나님의 구속사를 보기를 원함(엡 1 : 15−18) : 부르심의 소망, 기업의 영광의 풍성함, 우리에게 베푸신 능력의 지극히 크심

·구속사의 완성(엡 1 : 19−23) : 하나님 → 예수 그리스도(십자가, 부활, 승천) → 교회 → 만물

에베소서 2장 : 내가 그리스도와 함께 죽고, 함께 살고, 함께 하늘에 앉힌 바 된 존재

·우리의 과거(엡 2 : 1−3) : 허물과 죄로 죽었던 자, 본질상 진노의 자녀, 사탄의 노예

·우리의 현재(엡 2 : 4−6) : 하나님의 은혜로 말미암아 그리스도와 동일시됨(믿음으로 구원, 세례로 동일시)

·우리의 미래(엡 2 : 7−10) : 그 풍성하신 은혜를 오는 여러 세대에 나타내려 함이 땅에 세워지는 하나님의 거처, 성전, 교회(엡 2 : 11−22)

하나님의 자비와 그 은혜의 지극히 풍성하심이 진노의 자식이었던 우리를 그리스도와 동일한 법적 보장을 받는 작은 아들들로 구원하셨다. 그 구원의 목적은 그리스도께서 이루신 구속사의 전 과정에 참여하게 하여 함께 죽고, 함께 살리심을 받아, 함께 하늘에 앉고 그리스도 안에서 동일한 권리를 가지고 그와 연합함으로 이제는 내가 사는 것이 아닌 그가 내 안에 사시도록 하기 위함이다(엡 2 : 6－7, 10, 롬 8 : 29). 하나님의 구속사가 몸의 세워짐, 곧 교회를 통해서 완성되는 것이기에 우리는 이 '함께'의 복음을 더 확장시켜 나가야 한다. '그리스도와 나의 함께'가 이제는 '나와 이방인의 함께'로 이어져야 한다. 예수님의 십자가, 부활, 승천의 구속의 과정들을 통해 내게 전달된 복음은 이제 우리의 수고를 통하여 이방인에게 전달되어 그들도 나와 동일한 권리와 책임을 갖도록 세운다. 이 하늘에 속한 모든 신령한 복은 유통이 되어 계속 흘러가서 온전한 그리스도의 몸을 이루고, 나의 삶의 현장에 영향을 끼치고 만물에게까지 흘러가 구속사의 완성을 기대할 수 있어야 한다.

1. 그리스도의 비밀을 맡은 일꾼(엡 3 : 1–4)

1) 복음의 비밀 때문에 갇힌 자 된 바울(엡 3 : 1)

Q 바울은 자신이 갇힌 이유를 무엇이라고 설명하는가?

A 그리스도 예수의 일, 너희 이방인을 위하여 갇혔다고 말한다.

이러므로 그리스도 예수의 일로 너희 이방인을 위하여 갇힌 자 된 나 바울이 말하거니와(엡 3 : 1)

제4강

복음을 위하여, 이방인을 위하여 갇힌 바울

- **"그리스도 예수의 일로"** : 일의 성격–내 일이 아니다.
- **"너희 이방인을 위하여"** : 사역의 방향–구속사의 시대적 흐름을 따른다.
- **"갇힌 자 된 나 바울은"** : 복음으로 인한 제한, 복음을 위하여 드린 희생–십자가 정신

'갇힌 자'는 문자적 측면과 은유적 측면에서 사용되었다. 문자적으로 바울은 실제 구속당하였고, 은유적으로 그리스도에게 사로잡혀 예수 그리스도의 뜻을 따라 모든 수고를 감당한다.[141] 바울이 갇힌 것은 '그리스도 예수의 일'과 '이방인을 위한 복음' 때문이었다. 이 땅의 모든 사람들은 우선순위를 따라 각기 나름대로 사로잡혀 있다. 그것이 물질이든 건강이든 자신의 가치에 따라 다양할 수 있다. 사도 바울은 자신의 생명이신 그리스도 때문에 사로잡혀 산다고 고백한다. 바울에게 있어서 그리스도는 자신의 삶의 제한이요 삶을 결정하는 중요한 근거였다. 바울은 이 근거에 따라 자신이 맡은 그리스도를 위한 사역(엡 4 : 1, 딤후 1 : 8, 몬 1 : 9), 특히 이방인을 위한 사도로서의 사역(딤후 1 : 11–12)을 위해 로마로 갔으며 옥에 갇혔다. 바울은 그곳에서 로마의 많은 사람들을 만날 수 있었고 그들에게 예수 그리스도를 전했다.

골로새서 1 : 24의 "너희를 위하여 받은 괴로움을 기뻐하고 그리스도의 남은 고난을 그의 몸 된 교회를 위하여 내 육체에 채우노라"는 말씀을 통해 예수님이 자녀들을 모으시는 방법이 십자가라는 것을 알게 된다. 하나님께서는 우리가 손해를 보고 해를 당한다고 해도 하나님의 복음의 진리와 생명의 말씀을, 그리고 복음이 복음 됨을 놓지 않고 자랑스러워하는 모습으로 증명하기 원하신다. "이것을 붙잡으니 배부르다."라는 간증보다도 "내가 죽으면 죽었지 이것은 놓지 않겠다."라는 간증이 최고의 간증이다. 삶에 있어 신자가 흔들리지 않을 수 있는 가장

큰 비밀은 나의 어떠함과 상관없이 하나님께서 나를 어떻게 쓰시든지 순응하는 것이다. 여기에는 단지 나를 들어 쓰시는가, 낮춰 쓰시는가가 있을 뿐이다.[142]

적용질문

1. 나를 가두고 제한하는 사람은, 일은 무엇인가? 나는 무엇에 끌려 살고, 무엇에 갇혀 사는가?

2. 내게는 생애를 두고 절대로 놓쳐서는 안 될, 어떤 대가와 희생을 지불하고서라도 붙잡아야 할 절대 가치가 있는가?

3. 복음 때문에 희생하고, 손해 본 일이 있다면 나누어 보자.

2) 하나님의 그 은혜의 경륜을 따른 사역 : 성부 하나님의 경륜(엡 3 : 2)

Q 바울이 고난의 사역을 능히 감당할 수 있었던 이유는 무엇인가?

A 바울은 하나님께서 주신 은혜의 경륜을 알고 있었기 때문이다.

너희를 위하여 내게 주신 하나님의 그 은혜의 경륜을 너희가 들었을 터이라(엡 3 : 2)

하나님의 은혜의 경륜 : 구원의 역사를 이루어 가시는 적절한 계획

'경륜'(오이코노미아)은 에베소서에서 3번 사용된다(엡 1 : 9 '때가 찬 경륜', 엡 3 : 2 '하나님의 그 은혜의 경륜', 엡 3 : 9 '하나님 속에 감추어졌던 비밀의 경륜').

- **"너희를 위하여" :** 사역의 방향, 은혜가 흘러가야 할 방향
- **"내게 주신" :** 유통을 위한 프로세스, 먼저 내게 주셔서 나를 통해서 흘러가야 한다.
- **"하나님의 그 은혜의 경륜" :** 구속사의 전체 진행 계획을 따라 흘러간다.

헬라어 '오이코노미아'는 신약성경에서 19번 발견된다. '경륜'이란 단어의 핵심적인 개념

은 가사(家事)를 잘 관리하고 꾸려 나가는 것으로,[143] 하나님의 계획이나 경영, 관리와 같은 실제적인 행위를 의미하며,[144] 이는 구약의 역사와 신약의 역사를 통해 구원의 역사를 이루어 가시는 적절한 계획에 잘 나타나 있다. 오이코노미아에서 경제(Economy)라는 단어가 나왔는데, 이를 통해 우리는 적절한 부의 분배가 경제라는 것을 알 수 있다.[145] 고린도전서 9 : 17에서는 '사명'으로, 골로새서 1 : 25에서는 '직분'으로 번역했다.

바울은 이 경륜을 위해 부르심을 받았다고 말한다. 하나님께서는 하늘과 땅의 모든 것을 가정을 다스리듯 다스리고자 한다. 하나님께서는 우리를 아들로 삼으시고, 기업으로 삼으셔서 하늘과 땅에 있는 모든 것을 우리의 것으로 허락하셨다(엡 1 : 3−14). 만물이 우리의 것이고, 우리는 그리스도와 하나님의 것이다(고전 3 : 20−23). 그렇다면 우리는 하나님의 아들처럼, 만물의 주인처럼 이 땅과 이 역사를 관리해야 한다. 이는 우리에게 사명으로 이어진다. 하나님의 오이코노미아(경륜, 계획) 가운데, 우리의 오이코노미아(사명)가 있다. 하나님께서는 우주를 위한 경륜과 계획 속에 교회가 수행해야 할 여러 가지 사명을 주신다.[146] 바울은 에베소서 3 : 7~8에서 하나님의 특별한 사역을 위해 무가치한 종인 자신에게 주어진 은혜를 언급하고 있다.[147]

7이 복음을 위하여 그의 능력이 역사하시는 대로 내게 주신 하나님의 은혜의 선물을 따라 내가 일꾼이 되었노라 8모든 성도 중에 지극히 작은 자보다 더 작은 나에게 이 은혜를 주신 것은 측량할 수 없는 그리스도의 풍성함을 이방인에게 전하게 하시고(엡 3 : 7−8)

이방인을 위한 복음 전파의 사명이 바울에게 남겨졌다. 그것은 그에게 부여된 하나님의 은혜의 청지기직이다. 우리에게도 동일한 사명이 주어졌다. 그리스도를 전하는 일은 우리의 특권이요 즐거움이다.

적용질문

1. 우리 시대에 우리가 감당해야 할 하나님의 경륜은 무엇인가?

2. 나를 부르시고, 훈련시키시고, 이끄신 하나님께서 나를 통해 펼쳐 가기 원하시는 경륜적 사명은 무엇이라고 생각하는가?

3. 내가 섬기는 교회, 셀(구역, 속)을 향한 하나님의 경륜은 무엇인지 찾아보자.

3) 계시로 그리스도의 비밀을 알게 됨 : 성자 예수님의 은혜(엡 3 : 3-4)

Q 바울이 깨달은 비밀이 무엇인가?

A 비밀은 하늘에 있는 것이나 땅에 있는 것이 다 그리스도 안에서 통일되게 하려는 것으로 결국 우주적 교회의 본질을 말하는 것이다.[148)]

3곧 계시로 내게 비밀을 알게 하신 것은 내가 먼저 간단히 기록함과 같으니 4그것을 읽으면 내가 그리스도의 비밀을 깨달은 것을 너희가 알 수 있으리라(엡 3 : 3-4)

9그 뜻의 비밀을 우리에게 알리신 것이요 그의 기뻐하심을 따라 그리스도 안에서 때가 찬 경륜을 위하여 예정하신 것이니 10하늘에 있는 것이나 땅에 있는 것이 다 그리스도 안에서 통일되게 하려 하심이라(엡 1 : 9-10)

비밀의 경륜

- **"계시로 내게 비밀을 알게 하신 것" :** 때가 찼을 때, 바울에게 주신 은혜의 경륜을 따라
- **"내가 먼저 간단히 기록함과 같으니" :** 에베소서 1 : 9~10, 2 : 11~22[149)]
- **"그것을 읽으면 내가 그리스도의 비밀을 깨달은 것을 너희가 알 수 있으리라" :** 몸의 비밀(유통, 이방인을 충만하게 하고 몸을 세워 간다.)

신약성경에서 말하는 '비밀'이라는 단어는 진리를 설명하는 특수한 용어로, 이 진리는 성격상 인간 자신의 지식이나 능력만으로는 도저히 깨달을 수 없다. 진리 그 자체는 아주 명확한 것이지만 인간은 유한하고 죄로 오염되어 있어 자신의 지성만으로는 도저히 이해할 수 없는 것이다. 이 진리 가운데 하나님께서 지혜를 감추어 두셨고, 우리가 잘 알 수 없었던 것을 성령님을 통해 우리에게 보이신다. 그러므로 이제 우리에게 이 비밀과 지혜는 결코 모호하거나 막연한 것이 아니다. 하나님께서는 우리에게 이 비밀을 알게 하시고 다른 사람들에게 전달하고 설명하며 해석할 수 있게 하셨다. 이 일은 사도의 일이고 임무이며 특권이다. 이 일을 위해 바울을 유대인과 이방인에게로 파송하셨다.[150)] 그리고 비밀은 그리스도를 통해 성취된 복

음으로 말미암아 이방인들도 유대인들과 동등하게 하나님 나라에 용납되고 하나님의 백성이 될 수 있다는 하나님의 계획을 담고 있다(행 26 : 17－18, 갈 1 : 16, Lincoln, Lenski, Meyer, Foulkes). 바울이 앞서 밝힌 하나님의 계획을 잘 읽으면 에베소 교인들도 바울이 계시로 깨달은 '그리스도의 비밀'을 알게 될 것이다. '그리스도의 비밀'은 그리스도 안에 함축된 비밀, 즉 그리스도의 인격, 사역, 특별히 이방인을 하나님의 백성으로 연결 짓는 그의 구속적인 죽음을 가리키는 것으로, 이것이 곧 하나님의 비밀이다(Meyer, Bruce). 그리스도는 보이지 않는 하나님을 계시하는 '하나님의 비밀'이시며(골 1 : 26－27, 2 : 2) 이 비밀은 복음을 선포하는 가운데 나타난다(고전 2 : 1). 한때 이 비밀은 감추어졌던 것이지만 이제는 그리스도께서 하나님의 백성 가운데 거하심으로 밝히 드러난 것이다(요 16 : 13, 고전 2 : 12, 골 1 : 28).[151]

적용질문

1. 그리스도인으로 하나님의 말씀을 지키고, 복음 전파의 삶에 헌신할 때 많은 제약이 따를 수 있다. 내게 있는 이런 제한과 갇힘에 대해 나는 어떤 마음의 자세를 취하고 있는가?

2. 바울은 자신이 깨달은 그리스도의 비밀을 자신 있게 말하고 있다. 나는 이러한 복음의 부요함, 구속사의 경륜적 비밀을 얼마나 누리고 있는가? 또 당당하게 전할 수 있는가?

3. 바울은 계시로 하나님의 비밀을 깨달았다. 그리고 에베소서의 수신자들은 이 글을 읽음으로써 하나님의 비밀을 알 수 있을 것이다. 나는 성경을 읽고 공부하기 위하여 얼마나 힘쓰고 있는가?

2. 교회의 비밀 : 이방인과 함께 상속자, 함께 지체, 함께 약속에 참여(엡 3 : 5－9)

1) 감추어 두었던 비밀(엡 3 : 5)

Q 이 비밀은 누구에게 계시되었는가?

A 다른 세대에서는 감추어 두셨다가 바울 이후로 사도들과 선지자들에게 계시하셨다.

이제 그의 거룩한 사도들과 선지자들에게 성령으로 나타내신 것같이 다른 세대에서는 사람의 아들들에게 알리지 아니하셨으니(엡 3 : 5)

신약 시대에 계시된 복음의 비밀 : 교회

성령의 역사로 말미암아 다른 세대에서는 감추어졌던 비밀의 경륜이 거룩한 사도들과 선지자들에게 나타났다(그리스도의 비밀인 교회).

- **"이제 그의 거룩한 사도들과 선지자들에게" :** 교회는 사도와 선지자들을 통해(말씀을 전달하는 일을 위해 부름받은 자들) 이 땅에 세워진다.
- **"성령으로 나타내신 것같이" :** 그리스도의 몸의 세워짐은 성령의 교통의 역사이다.
- **"다른 세대에서는 사람의 아들들에게 알리지 아니하셨으니" :** 때가 찬 경륜, 이방인의 때가 열렸다.

세 차례에 걸쳐 이스라엘 민족은 하나님의 부르심을 거절하였다. 세례 요한을 거절하였고 예수님을 십자가에 못 박았으며 성령을 거절하였다. 스데반의 죽음으로 이스라엘 나라 안에 갇혀 있던 복음의 역사가 이방인들에게로 흘러가기 시작하였다. 하나님의 말씀은 사도행전 8장과 10장에서 사마리아 사람들과 이방인들에게로 넘겨졌고, 사도행전 9장에서 바울은 극적인 구원을 받았다.[152]

이러한 사건들을 통해 하나님께서 복음의 비밀을 그 어느 시대보다 신약 시대의 사도와 선지자들에게 성령으로 분명히 알려 주셨다(롬 16 : 25－26, 골 1 : 26－27). 물론 모세, 엘리야 등 구약의 사람들도 복음의 비밀을 알고 있었지만(창 12 : 3, 22 : 18, 26 : 4, 28 : 14, 사 11 : 10, 49 : 6, 60 : 1－3), 구약의 성도에게 메시야의 오심으로 이스라엘만의 선택 개념이 무너지고 유대인과 이방인이 서로 완전히 동등한 위치에 놓여 새로운 유기체가 된다는 사실은 숨겨진 비밀이었다. 실제로 이 같은 예언 성취의 참 뜻으로 예수 그리스도로 말미암아 완전히 드러난 이 복음의 비밀은 초대 교회의 지도자들에게도 생소한 것이었다(행 11 : 2－3, 갈 2 : 13).[153]

삼위일체 하나님의 은혜로 세워지는 교회

- **"하나님의 은혜의 경륜"(엡 3 : 2) :** 은혜를 분배하시는 경륜적 섭리

- **"그리스도의 비밀"(엡 3 : 4) :** 예수 그리스도가 전달되고 유통되어 우리가 그분의 몸으로 세워지는 비밀
- **"성령으로 나타내신 것"(엡 3 : 5) :** 그 전달, 유통을 성령께서 하신다는 말씀

바울은 삼위일체 하나님의 은혜로 말미암아 일꾼이 되었다. 이제 바울은 이 삼위일체 하나님의 은혜의 역사가 에베소 교인들에게 보이게 해달라고 기도하고 있다(엡 3 : 14). 즉, 하나님의 은혜는 그리스도를 이 땅에 보내시는 일이고, 신성의 충만하심을 가지고 이 땅에 오시는 그리스도께서는 성령님으로 말미암아 우리에게 나타나신다. 이러한 경륜적 은혜의 역사가 사람을 살리고 세워 교회를 이루며 이 교회를 통해 하나님 나라의 역사가 이루어진다.

적용질문

1. 내게 복음이 흘러들어 와 복음의 사람, 사역자가 되기까지의 훈련과 경로를 더듬어 정리해 보자.

2. 오늘 우리 시대에 이러한 하나님의 경륜적 복음 전파가 잘 진행되고 있다고 생각하는가?

3. 복음의 핵심은 전달의 방법이나 다양함이 아닌 그리스도이다. 교회, 선교 현장, 복음 전파의 자리에서 측량할 수 없는 그리스도의 풍성함(엡 3 : 8)이 흘러가고 있다고 생각하는가?

2) 이방인에게 드러난 비밀(엡 3 : 6)

Q 드러난 비밀의 경륜이 무엇인가?

A 이방인들이 유대인과 함께 하나 되어 그리스도의 몸으로 세워진다는 내용이다.

이는 이방인들이 복음으로 말미암아 그리스도 예수 안에서 함께 상속자가 되고 함께 지체가 되고 함께 약속에 참여하는 자가 됨이라(엡 3 : 6)

계시된 비밀의 경륜 : 유대인과 이방인이 하나가 된다

회심한 이방인들은 회심한 유대인들과 동일한 지위와 특권을 누리게 된다. 예수 그리스도의 교회 안에서 이들에게 주어진 특권은 3가지이다.

- **함께 상속자가 된다. : 유대인과 동일한 기업 상속**

기업의 상속에 있어서 그들은 구원받은 유대인들과 동일하다. 왜냐하면 이방인들도 하나님의 상속자들이고 그리스도와 함께 한 상속자이며 모든 구속함을 받은 사람들과 함께 한 상속자이기 때문이다. 나는 다른 사람들을 상속자의 자격으로 세우고 있는가?

- **함께 지체가 된다. : 유대인과 동일한 신분과 특권**

어떤 거리낌이나 불이익도 없이 교회 안에서 믿는 유대인과 동일한 신분과 특권을 누리게 된다. 몸과 지체의 관계에서 이런 친밀감과 교통이 있는가?

- **함께 약속에 참여할 자가 된다. : 그리스도 안에서 복음으로 말미암아 유대인과 동일한 약속**

여기에서의 약속은 성령이나 예수 그리스도 안에 있는 자에게 복음을 통하여 한 모든 약속을 의미할 수 있다. 이방인들은 이 모든 것에 유대인들과 함께할 자들이다.[154] 복음 안에 있는 이러한 약속들을 기대하면서 그리스도의 몸으로 함께 세워져 가고 있는가?
이 풍요로운 복음이 이방인들에게, 내가 섬기는 지체에게 흘러가야 한다.

하나님의 경륜의 흐름 : **하나님 → 예수님 → 유대인 → 이방인(교회) → 만물**

전달의 방식이나 횟수, 방법의 다양함보다도 내용의 전달, 그 풍성함의 누림이 중요하다. 이 비밀은 과거 모든 세대 동안에는 감추어졌다가 이제 드러난 거룩한 비밀이다. 복음을 통해 이 비밀은 믿는 유대인과 이방인들을 하나 되게 한다. 이것은 유대인에게나 이방인에게나 매우 혁명적인 개념이었다.[155]

하나님께서 특별히 계획하신 구속의 역사가 교회이다. 주님은 그리스도의 몸인 교회를 하나님의 섭리, 예수 그리스도의 은혜, 성령님의 유통의 아름답고 영광스러운 구속의 일을 이 세상에 드러내 보여 주는 통로로 사용하신다. 그러므로 교회란 유대인, 이방인이 성령의 교통으로 그리스도의 생명을 전달받은 유기체적인 몸이다. 우리를 교회로 부르신 것은 참으로 영광스러운 초대이다.

함께 상속자, 함께 지체, 함께 약속에 참여하는 복음

- **"이방인들이"** : 경륜의 과정으로서 유대인의 다음이 되는 대상
- **"복음으로 말미암아"** : 교회 안에 채워진 내용
- **"그리스도 예수 안에서"** : 생명의 출발, 본질
- **"함께 상속자가 되고"** : 기업의 동일한 상속자로서의 자격
- **"함께 지체가 되고"** : 몸 안에서 서로 교통
- **"함께 약속에 참여한 자가 되고"** : 하나님 나라에 대한 그 풍성한 약속에 동일하게 초대된다.

구약에도 이방인의 구원이 나타나 있지만, 개종을 통해 유대인이 되지 않고는 구원이 불가능했다(사 11 : 10, 42 : 6, 60 : 3, 슥 2 : 11, 말 1 : 11 참고). 그러나 신약에서는 예수님을 통해 동일한 풍요로움이 이방인들에게도 그대로 전달된다.[156)]

26이 비밀은 만세와 만대로부터 감추어졌던 것인데 이제는 그의 성도들에게 나타났고 27하나님께서 그들로 하여금 이 비밀의 영광이 이방인 가운데 얼마나 풍성한지를 알게 하려 하심이라 이 비밀은 너희 안에 계신 그리스도시니 곧 영광의 소망이니라(골 1 : 26-27)

적용질문

1. 다른 세대에서는 감추어 두었다가 바울 때부터 사도들과 선지자들에게 계시하셨던 비밀한 경륜은 무엇인가?(엡 3 : 6)

2. 내게 흘러들어 온 복음의 풍요로움을 이방인에게 그대로 흘려보내기 위하여 우리가 해야 할 일은 무엇인가?

3. 지금 생명의 공급, 풍요로운 복음의 유통을 위하여 내가 섬기고 있는 양은 누구인가? 구속사, 하나님 나라를 위하여 더 드릴 수 있는 헌신은 무엇인가?

3) 측량할 수 없는 그리스도의 풍성을 이방인에게 유통시키기 위한 일꾼(엡 3 : 7–9)

Q 바울이 스스로 "이 복음을 위하여 내가 일꾼이 되었노라"라고 고백했는데, 이 복음이란 무엇을 의미하는가?

A '이 복음'이란 이방인에게까지 미치는 그리스도의 풍성한 약속과 은혜를 의미한다.

6이는 이방인들이 복음으로 말미암아 그리스도 예수 안에서 함께 상속자가 되고 함께 지체가 되
고 함께 약속에 참여하는 자가 됨이라 7이 복음을 위하여 그의 능력이 역사하시는 대로 내게 주
신 하나님의 은혜의 선물을 따라 내가 일꾼이 되었노라 8모든 성도 중에 지극히 작은 자보다 더
작은 나에게 이 은혜를 주신 것은 측량할 수 없는 그리스도의 풍성함을 이방인에게 전하게 하
시고 9영원부터 만물을 창조하신 하나님 속에 감추어졌던 비밀의 경륜이 어떠한 것을 드러내게
하려 하심이라(엡 3 : 6–9)

능력이 역사하시는 대로, 은혜의 선물을 따라 일꾼이 되었다 : 사명자의 정체성

- **"이 복음을 위하여" :** 함께의 복음, 교통의 복음, 흘러가는 복음, 동일한 풍요로움을 함께 누리는 복음
- **"그의 능력이 역사하시는 대로" :** 성령의 흐름을 따라서
- **"내게 주신 하나님의 은혜의 선물을 따라 내가 일꾼이 되었노라" :** 은혜의 선물(은사)을 따라 일꾼이 되었다.

이 사명을 감당하는 일은 그의 능력이 역사하시는 대로, 내게 주신 하나님의 은혜의 선물을 따라 하는 것이다. 내가 아니라 하나님의 힘으로 순종하고 복음의 흐름과 인도하심에 복종하기만 하면 된다. 이것이 은혜이다. 나는 아무것도 아니지만, 결국 그 은혜가 나로 하여금 이 땅에 하나님 나라를 건설하게 만든다. 사도 바울은 성령님의 능력을 하나님의 은혜의 선물이라고 표현하고 있다. 성령님은 우리에게 선물을 주시고 그 선물로 일하게 하신다.

"모든 성도 중에 지극히 작은 자" : 사명자 바울의 자기 인식

- **"모든 성도 중에 지극히 작은 자보다 더 작은 나에게 이 은혜를 주신 것은" :** 은혜의 넉넉함을 강조하기 위한 표현
- **"측량할 수 없는 그리스도의 풍성함을" :** 우리의 사고나 경험으로 제한할 수 없다.
- **"이방인에게 전하게 하시고" :** 복음으로 생명의 대물림이 이어져야 한다(구약의 계대결혼 참고).

바울은 다른 서신에서도 자신에 대해 '지극히 작은 자'(고전 15 : 9–10), '죄인 중에 괴수'(딤전 1 : 15)라고 고백한다. 이는 과거에 교회의 박해자였으며 하나님 앞에서 죄인이며 육체에 하나님을 거스르는 나쁜 욕망으로 가득 차 있었던 자신을 돌아보면서(롬 7 : 18, 딤전 1 : 13–15) 표현하는 겸손의 마음이다.[157]

측량할 수 없는 그리스도의 풍성함을 전하게 하시고 : 사도 바울의 사명

- **"영원부터 만물을 창조하신 하나님 속에 감추어졌던 비밀의 경륜이" :** 비밀은 하나님의 경륜 속에 있다.
- **"어떠한 것을 드러내게 하려 하심이라" :** 하나님의 경륜의 풍성함을 계시하는 사역을 해야 한다.
- **이방인에게 전하여 교회가 되게 한다. :** 측량할 수 없는 그리스도의 풍성함을 이방인에게 전하여 내가 그리스도와 연합하듯, 나와 이방인과 그리스도가 한 몸이 되어 그 풍성함을 함께 누리도록 해야 한다.

바울은 '측량할 수 없는 그리스도의 풍요'를 전파하기 위하여 부름을 받았다. 여기서 복음 전파자의 임무는 단순한 종교의 전파, 곧 일반적 경건 또는 종교의 중요성과 기도의 표준을 가르치고 훈련시키는 것을 의미하는 것이 아니다. 우리가 전파하는 것의 필수적이고 우선적인 것은 주 예수 그리스도 자신을 전파하는 일이다. 풍요는 '측량할 수 없는 그리스도의 풍성함'이다. 그리스도와 그가 우리에게 주시는 것이 복음의 정수이다. 우리가 해야 할 일은 주께서 우리에게 주시는 것, 우리가 주님으로부터 받은 그것을 전달하는 일이다.[158] 누구든지 하나님으로부터 받은 은혜가 없다면 하나님의 백성들을 섬길 수 없다. 사역자들은 자신이 하나님께로부터 받은 것만을 사람들에게 나누어 줄 수 있다. 교회가 혼란하지 않기 위해서는 성도들도 사역자들도 하나님께 무엇을 받았는지 확실히 알아야만 한다.[159] 받은 것이 없이 나눌 수 없

기 때문에 우리는 사역하는 것보다도 은혜받고, 공급받는 일에 더 마음을 두어야 한다. 성막에서 제사장들이 백성들의 제사를 돕기 전에 자기 자신의 제사를 먼저 드림으로 공급과 은혜를 받아 섬겼던 것처럼 오늘 사역자들의 마음속에 은혜받는 일에 우선순위를 두는 일이 중요하다. 단순히 은혜를 공급받음이 아닌 측량할 수 없는 그리스도의 풍성함을 공급받아야 한다.

적용질문

1. 나는 누구로부터 이런 영적 풍성함을 공급받은 적이 있는가?

2. 측량할 수 없는 그리스도의 풍성함을 나는 어떻게 공급받고 있는가?

3. 영원부터 만물을 창조하신 하나님 속에 감추어졌던 비밀의 경륜이 어떠한 것을 드러내는 사역을 하고 있다고 자부하는가?

3. 교회를 통한 하나님의 경륜의 성취(엡 3 : 10－13)

1) 교회가 하늘의 통치자들과 권세들에게 하나님의 각종 지혜를 알게 하려 하심(엡 3 : 10)

Q 하늘의 통치자들과 권세자들에게 하나님의 각종 지혜를 선포하는 사역은 누가 하는가?

A 교회가 그 역할을 감당하게 된다.

이는 이제 교회로 말미암아 하늘에 있는 통치자들과 권세들에게 하나님의 각종 지혜를 알게 하려 하심이니(엡 3 : 10)

교회가 그리스도의 비밀이다

• **"교회로 말미암아" : 교회가 그리스도의 비밀이다.**

유대인 → 이방인 → 교회 → 만물로 이어지는 구속사의 완성을 이룰 그리스도의 몸, 손발 역할을 한다.

• **"하늘에 있는 통치자들과 권세들에게" : 교회를 통해 하나님의 구속의 지혜를 깨닫게 된다.**

아담과 하와가 타락한 후 하나님께서는 사람을 통해 하나님 나라를 완성하시겠다는 선언을 하셨다(창 3 : 15). 그러므로 하늘의 통치자들과 권세들이 교회를 통해 드러나는 하나님의 구속사의 지혜를 깨닫게 된다.

• **"하나님의 각종 지혜를 알게 하려 하심이니" : 하나님의 각종 지혜－하나님의 구속 계획**

'하나님의 각종 지혜'는 에베소서 3 : 9의 '비밀'과 같은 것으로(Lincoln) 지상에서 그리스도의 몸을 통해서 완전히 계시된(엡 2 : 6－10) 하나님의 구속 계획을 가리킨다. 천사들은 그리스도를 통한 하나님의 구속 계획, 교회를 통해서 감추어졌던 하나님의 비밀을 깨닫고 하나님께 감사와 영광을 돌리게 된다.[160]

통치자들과 권세들은 하늘에 있는 천사들을 가리킨다. 하늘에 있는 천사들은 인간을 구속하시는 하나님의 계획을 간절히 알기를 원하고 있기에(벧전 1 : 12) 교회는 천사들에게 하나님의 각종 지혜를 전하는 역할을 해야 한다.[161] 피조물들은 심지어 하나님 곁에 있는 선한 천사들이라도 하나님의 깊은 지혜를 눈치 채지 못했다. 그러나 이제 교회, 곧 구원받은 성도들을 통하여 그 천사들에게 하나님의 깊고 넓은 지혜가 알려질 것이다.[162]

'하나님의 각종 지혜'는 은혜로 죄인들을 구원하는 복음 운동의 다양성(多樣性) 있는 역사를 가리킨다. 곧, 죽음을 생명으로, 욕된 것을 영광으로, 죄인을 의인으로, 저주를 축복으로, 연약을 능력으로 바꾸는 지혜이다.[163]

적용질문

1. 사람을 감동시키는 일도 어렵지만 천사들에게 하나님의 경륜, 그 이루시는 각종 지혜를 알리는 일은 더욱 어렵다. 어떻게 준비하고 사역해야 하는가?

2. 어떤 응답, 어떤 순종을 드릴 때 교회가 그리스도의 비밀이라고 말할 수 있는가?

3. 에베소서가 보여 주는 바람직한 교회상을 정리해 보자.

2) 지혜의 내용 : 하나님의 영원한 경륜 가운데 그리스도가 하신 일(엡 3 : 11)

Q 어떤 것이 하나님의 영원한 경륜을 성취해 드리는 일인가?

A 교회를 통해 예수 그리스도 안에서 예정하신 뜻대로 한다.

곧 영원부터 우리 주 그리스도 예수 안에서 예정하신 뜻대로 하신 것이라(엡 3 : 11)

- **"영원부터"** : 그리스도의 몸, 교회에 관한 비밀은 영원부터 가지신 계획이다.
- **"우리 주 그리스도 예수 안에서"** : 주님 안에 모든 계획과 성취할 수 있는 능력이 다 들어 있다.
- **"예정하신 뜻대로 하신 것이라"** : 그 경륜은 아들을 통해 이루시기 위한 계획이다.

하나님의 구속 계획은 시간이 시작되기 이전에 하나님께서 설계하신 것으로 '그리스도 예수 안에서' 성취하신 것이다.[164] 하나님의 지혜는 영원 전부터 우리 주 예수 그리스도 안에서 예정된 뜻대로 예수님을 통해서 나타났다. 하나님께서는 예수님을 보내시고 예수님을 믿는 사람을 자녀로 삼으시기로 예정하셨다. 그러므로 예수 그리스도가 지혜이다. 비록 멸망하는 자들에게는 미련하고 어리석은 것이지만, 구원을 얻는 우리에게는 십자가의 도가 하나님의 능력이고 지혜이다(고전 1 : 17－18). 하나님의 각종 지혜, 그 지혜의 부요하심, 깊음, 능력의 산물이 바로 우리이다. 그 모든 지혜와 능력은 우리 때문에 발동된 것이고 우리를 위해 하나님께서 명예를 걸고 하신 일이다. 우리가 어떤 사랑을 받고 있는지를 알아야 한다.[165] 이런 의미에서 '지혜'는 하나님을 바르게 더 깊이 알아 가는 개념으로 볼 수 있다.[166]

17오직 위로부터 난 지혜는 첫째 성결하고 다음에 화평하고 관용하고 양순하며 긍휼과 선한 열매가 가득하고 편견과 거짓이 없나니 18화평하게 하는 자들은 화평으로 심어 의의 열매를 거두느니라(약 3 : 17－18)

적용질문

1. 우리의 구원은 하나님의 경륜 속에서 영원부터 이어져 내려오는 구속사에 비추어 이해해야 한다. 나의 신앙은 천국, 행복, 축복만을 위한 것인가, 아니면 영원한 구속사를 위한 것인가?

2. 예수님을 믿음으로 구원을 얻는 신앙에서 멈추지 않고 내 안에 풍성하게 거하시는 그리스도께서 나를 사용하셔서 구속사를 이루어 가시는 구조여야 한다. 내 안에 채워진 그리스도의 분량이 나로부터 흘러 넘쳐서 이웃과 시대 가운데 그리고 영원까지 미칠 만큼의 풍성한 분량이 된다고 생각하는가?(제자훈련의 한계)

3. 이러한 풍성한 분량의 그리스도로 채워지려면 어떻게 훈련받고 공급받아야 하는가?

3) 믿음이 주는 담대함과 당당함(엡 3 : 12－13)

Q 왜 바울이 옥에 갇히고 환난을 당한 일이 에베소 교인들에게 영광이 되는가?

A 지도자가 복음 때문에 받는 고난은 교회와 성도들에게 큰 본이 되며 성도들에게 영적인 각오와 확신을 주기 때문에 교회의 자랑스러움과 영광으로 이해할 수 있다.

12우리가 그 안에서 그를 믿음으로 말미암아 담대함과 확신을 가지고 하나님께 나아감을 얻느니
라 13그러므로 너희에게 구하노니 너희를 위한 나의 여러 환난에 대하여 낙심하지 말라 이는 너
희의 영광이니라(엡 3 : 12－13)

- **"우리가 그 안에서"** : 몸에 참여한 자들(이방인들이 강조되었다.)
- **"그를 믿음으로 말미암아"** : 믿음은 건물 안의 각종 재료들을 잇는 아교풀과 같은 것이다.
- **"담대함과 확신을 가지고 하나님께 나아감을 얻느니라"** : 하나님의 가족이 되었기 때문이다.

바울 사상에 있어서 '고난'은 '영광'의 전제 조건이다(롬 8 : 17, 18, 고후 4 : 17). 바울은 자신이 당하는 현재의 고난을 장차 얻게 될 지극히 큰 영광을 예비하는 것으로 알았던 것처럼(고후 4 : 17) 에베소 교인들도 자신의 현재 고난이 미래의 교회에 미칠 그리스도의 영광에 참여하는 것이라는 사실을(롬 8 : 17) 깨닫고 낙심하지 않기를 권면한다.[167]

악인들은 하나님을 멀리함으로, 또는 잊어버림으로 평안을 얻고자 한다. 그러나 진실한 신자는 하나님께 가까이 나아감으로 안식을 얻는다. 본문이 말하는 '담대함', '당당히 나

아감'은 신자가 소유한 주관적인 의로움이 아니라 객관적인 그리스도의 완전한 속죄를 전제로 한다.[168)]

신앙은 나를 근거로 하는 것이 아니다. 하나님 앞에 적극적으로 반응하고 하나님 앞에 무릎을 꿇는 것이 먼저가 아니다. 그리스도 안에 있는 예정과 약속이 먼저이다. 우리를 위해 예수 그리스도를 보내시고 십자가에 달리도록 그의 계획들을 실천하시고야 마시는 그 하나님으로부터의 약속은 우리의 운명이다.[169)] 그래서 우리는 환난 중에라도 복음으로 기뻐할 수 있다. 우리는 하나님 앞에 나아가거나 하나님 앞에 설 때 본능적으로 담대하지 못하다. 그런데 바울은 하나님께서 영원 전부터 그 일을 계획하셨기 때문에, 그래서 예수님을 믿고 이 계획을 깨달았기 때문에 하나님 앞에도 당당히 나아갈 수 있다고 말한다.[170)] 예수 그리스도의 십자가의 수치와 모욕이 영광으로 바뀐 것처럼, 바울은 옥중 고난을 통해 사랑하는 에베소 성도들에게 더 높은 차원의 영광을 바라보게 하였다.[171)]

적용질문

1. 그리스도의 은혜의 풍성함과 세상적인 풍성함의 가치는 어떻게 다른가? 나는 어떤 가치를 더 우선시하면서 살아가고 있는가?

2. 죄책감이나 좌절감이 나를 엄습할 때에 믿음은 나에게 어떤 위로와 효력을 줄 수 있는가?

3. 바울은 복음을 전하다 받은 환란으로 인해 그리스도의 영광에 참여할 것을 확신하고 기뻐한다. 나를 위해 준비된 그리스도의 영광을 기대할 수 있는가?(롬 8 : 17 참고)

4. 건강한 교회가 가져야 할 5가지 기본 요소(엡 3 : 14－19)

에베소서 1장에 있는 바울의 기도가 성도들의 눈이 열려서 하나님의 약속을 보게 되기를 갈망하는 기도라면, 에베소서 3장의 기도는 성도들이 성령 안에서 주시는 성전으로서 하나님의 충만한 것들을 체험하고 누리기를 갈망하는 치유적, 목양적 기도이다.

1) 기도의 대상(엡 3 : 14-15) : 하늘과 땅에 있는 각 족속에게 이름을 주신 아버지

Q 하나님에 대한 호칭을 어떻게 표현하고 있는가?

A 하늘과 땅에 있는 각 족속에게 이름을 주신 아버지라고 부르고 있다.

14이러하므로 내가 하늘과 땅에 있는 각 족속에게 15이름을 주신 아버지 앞에 무릎을 꿇고 비노니(엡 3 : 14-15)

- **"하늘과 땅에 있는 각 족속에게" :** 모든 피조물, 창조된 사람은 다 하나님의 소유이다(시 95 : 6, 100 : 3).
- **"이름을 주신" :** 주권자로서 소유권 선언
- **"아버지 앞에 무릎을 꿇고 비노니" :** 예배자의 마음, 우주적 구원을 주시는 아버지의 풍성함과 영광스러움을 기대하는 기도이다(엡 1 : 3 비교).

이름을 주신 아버지는 '만물의 구속자'로서의 아버지(엡 2 : 18)와 '만물의 창조자'로서의 아버지(엡 3 : 9)와 상관성을 갖는다. 구약에서 이름을 부여하는 것은 창조주 하나님께서 그(그것)를 존재하게 하시며 또한 그(그것)를 지배하심을 가리킨다(시 147 : 4, 전 6 : 10, 사 40 : 26). 이것은 아버지가 각 족속의 창조자이시며 주(主)이시고 모든 존재의 의미가 되심을 시사한다.[172)]

적용질문

1. 나는 하나님을 사랑의 아버지, 품어 주시는 아버지로 인식하고 친밀감을 가지고 교통하고 있는가?

2. 하나님께서는 아브람, 야곱, 시몬이 하나님을 인격적으로 만났을 때 새 이름을 주셨다. 그 이름에는 하나님의 기대하심이 있었고 이후 그 이름들은 그들 인생의 방향과 목적이 되었다. 만약 내게 하나님께서 새 이름을 주신다면 나는 어떤 의미의 이름을 받고 싶은가?

3. 나는 형식과 종교적 의식에 사로잡힌 마음으로 예배에 임하는가, 아니면 참된 예배자의 마음으로 예배에 임하는가? 이 둘 사이의 차이가 무엇이라고 생각하는가?

2) 성령의 내적 역사 : 속사람의 강건함(엡 3 : 16-19)

Q 우리의 신분, 우리의 수준을 그리스도와 함께, 목자와 함께의 수준으로 끌어 올릴 것을 요청했던 바울은 이제 눈을 돌려 사람의 내면을 깊이 살필 것을 요청한다. 성령님이 오셔서 어떤 방식으로 우리의 내면을 도우시는가?

A 성령님이 우리 마음에 부어져서 사람의 생각과 마음을 돕는다.

[21]우리를 너희와 함께 그리스도 안에서 굳건하게 하시고 우리에게 기름을 부으신 이는 하나님이시니 [22]그가 또한 우리에게 인 치시고 보증으로 우리 마음에 성령을 주셨느니라(고후 1 : 21-22)

[26]또 새 영을 너희 속에 두고 새 마음을 너희에게 주되 너희 육신에서 굳은 마음을 제거하고 부드러운 마음을 줄 것이며 [27]또 내 영을 너희 속에 두어 너희로 내 율례를 행하게 하리니 너희가 내 규례를 지켜 행할지라(겔 36 : 26-27)

'속사람'이란 '겉 사람', 즉 육체(고후 4 : 16)에 대하여 중생한 영성을 말하는 것으로(계 3 : 20), 이는 '새사람'이라고도 바꾸어 표현할 수 있다. '속사람'이 성령으로 강건해질 때 죄와 사탄을 이길 수 있다(요일 2 : 14).[173)]

성령님의 내면 치유 : 성령으로 속사람을 강건하게 하시오며(엡 3 : 16)

그의 영광의 풍성함을 따라 그의 성령으로 말미암아 너희 속사람을 능력으로 강건하게 하시오며(엡 3 : 16)

하나님의 법을 즐거워하는 것은 우리의 속사람이다. 우리의 겉 사람은 날로 낡아지지만 속사람은 날로 새로워지는데 이것은 하나님으로 말미암는다.[174)] 성령님은 오셔서 우리의 내면세계를 정결하게 하시고 성전으로 세우시며 아름다운 열매를 맺게 하신다.

[22]오직 성령의 열매는 사랑과 희락과 화평과 오래 참음과 자비와 양선과 충성과 [23]온유와 절제니 이같은 것을 금지할 법이 없느니라(갈 5 : 22-23)

의지적 결단 : 믿음으로 그리스도께서 마음에 계시게 하시옵고(엡 3 : 17a)

믿음으로 말미암아 그리스도께서 너희 마음에 계시게 하시옵고……(엡 3 : 17a)

주님은 기꺼이 영접하는 자 안에 성령으로 내주하신다. 우리는 이천 년 전 우리를 위해 십자가에서 피 흘리신 그리스도를 봄과 동시에, 지금 우리 가운데 내주하시는 그리스도를 볼 수 있어야만 한다.[175] 그리스도의 영이 없으면 그리스도의 사람이 아니듯이 그리스도께서 그 마음에 머물러 계시면서 그의 삶을 주관하시지 않는다면 그 사람 역시 참된 성도라고 부를 수 없다(계 3 : 20).[176] 구원받은 우리가 예수님을 우리 마음의 중심에 모시는 일은 가만히 있어도 자동으로 되는 일이 아니고 성령님이 우리의 의지를 발동시키셔서 그리스도를 마음의 중심에 모시도록 믿음을 북돋아 주실 때 가능하다. 존 오웬은 성령께서 우리를 성화시켜 나아가시는 데 있어서 인간의 의지를 사용하신다는 사실을 강조한다. 그는 은혜 언약이 본질적으로 인간의 의지를 초월해서 역사하는 것이 아니라는 확신 아래 신자를 성화의 의무로 부른다고 말한다. 무한한 은혜의 공급이 약속되어 있는 신자들이지만 그가 의지를 가지고 성령께 반응하지 않는다면 결코 성화에 이를 수 없다는 사실을 논증한다.[177]

정서적 상태 : 사랑 가운데서 뿌리가 박히고 터가 굳어져서(엡 3 : 17b)

…… 너희가 사랑 가운데서 뿌리가 박히고 터가 굳어져서(엡 3 : 17b)

식물이 땅에 뿌리를 내려 양분을 흡수하는 것처럼, 우리도 주의 사랑에 뿌리를 내리고 굳게 서서 그 사랑을 받으며, 또 집이 터 위에 세워지듯 그리스도의 사랑 위에 덕을 세우고 무한하신 주의 사랑을 실제 경험으로 알아가는 삶을 살아야 한다.[178]

여기서의 사랑은 타락한 인간에게서는 나올 수 없는 사랑이다. 하나님으로부터 오는 사랑, 즉 삼위일체 하나님의 속성적 사랑이다. 성부, 성자, 성령 하나님께서 서로 사랑하심으로 연합된, 즉 삼위일체적 하나가 되시는 능력이 바로 이 지고지순한 사랑이다. 이 하나님의 속성적 사랑이 성령의 역사하심으로 말미암아 하나님의 자녀들에게 전달된다. 이 사랑을 받은 사람들은 이전에 하나님을 향해 거리감과 두려움, 적대감을 가지고 살았지만 이제는 하나님과 친밀감을 가지고 교통하는 존재가 된다.

지성적 접근 : 지식에 넘치는 그리스도의 사랑을 알고(엡 3 : 18)

능히 모든 성도와 함께 지식에 넘치는 그리스도의 사랑을 알고(엡 3 : 18)

하나님을 사랑하기 위해서는 하나님을 향한 참된 지식이 있어야 한다. 참된 지식이 없는 접근은 맹목적이요, 이기적인 사랑을 하게 된다. 그래서 예수님이 이 땅에 오실 때 은혜와 진리가 충만한 모습(요 1 : 14)으로 오셨다. 영생은 곧 하나님과 그의 보내신 자 예수를 그리스도로 아는 것이다(요 17 : 3).

궁극적 목표 : 하나님의 모든 충만하신 것으로 너희에게 충만하게 하시기를 구하노라(엡 3 : 19)

그 너비와 길이와 높이와 깊이가 어떠함을 깨달아 하나님의 모든 충만하신 것으로 너희에게 충만하게 하시기를 구하노라(엡 3 : 19)

속사람이 강건하게 됨, 그리스도의 내주하심, 그리스도의 사랑을 앎, 이 모든 것의 결과는 하나님의 충만하신 것이 교회에 충만하게 채워지는 것이다. 충만의 실제는 사랑에 있다. 그리스도의 넘치는 사랑, 그 너비와 길이와 높이와 깊이를 측량할 수 없는 사랑이 교회 안에 가득할 때 우리는 비로소 그곳에서 하나님의 모든 충만으로 충만하게 되는 것을 볼 수 있다.[179] 바울은 하늘에 속한 모든 신령한 복(엡 1 : 3)으로, 그의 영광의 풍성을 따라(엡 3 : 16), 하나님의 모든 충만하신 것(엡 3 : 19)으로 우리가 채워지기를 기도한다. 교회는 그리스도와 한 가족이요, 한 몸이요, 한 영이기에 그 부요함과 그 질적 상태가 같아지기를 기도하는 것은 당연한 이치이다.

측량할 수 없는 그리스도의 풍성함을 전하는 교회가 되기 위해 바울은 우리에게 그리스도의 충만하심에까지 성장해야 한다고 기도한다. 우리가 구속받았다고 해서 모든 죄의 요소들이 완전히 제거된 것은 아니다. 우리의 내면에 상처와 죄가 남아 있고 세상도 타락한 상태로 점점 더 악화되어 간다. 공중에도 악의 영들이 있다. 따라서 성도들이 하나님과의 영적 교통을 통해 계속 성장하지 않으면 언제든지 죄와 세상에 넘어지게 된다.

적용질문

1. 육신이 연약하거나 병들었을 때 병원을 찾듯, 우리의 마음이 상처를 받아 그 상처가 나를 끌고 갈 때 마음을 치료하는 전문가를 찾아 도움을 받아야 한다. 내게는 이러한 도움을 받고 훈련할 수 있는 멘토나 모임이 있는가?

2. 오늘날 가정과 교회에서 일어나는 많은 분쟁과 마음 상함을 막는 방법 중 하나가 성령님의 내적 치유를 경험하는 일이다. 어떤 공부를 하고 있는가?

3. 우리의 교회나 나 자신의 모습은 지혜롭고 영광스러운 모습인가, 아니면 세상적이고 정욕적인, 이기적인 영광을 탐하는 모습인가?[180]

건강한 그리스도인의 내면 구조 : 그리스도의 장성한 분량의 충만한 수준

마음에 계신 그리스도 : 성막의 구조가 우리의 몸, 마음의 구조여야 한다. 나의 존재 안에, 내 마음 안에 성막의 구조가 있는가?

문	구원과 꼴(요 10 : 9-10), 구원을 받았으나 꼴, 공급을 얻지 못하는 자가 있다.
번제단	죄를 회개할 때 보혈로써 씻음받는다. 은혜가 넘친다(벧전 1 : 18-19, 엡 2 : 1-5).
물두멍	세례, 자기 부인(갈 2 : 20, 엡 4 : 22-24)
떡상	영생의 말씀, 나의 양식, 나의 공급이 되시는 예수님(요 6 : 22-59)
등대	성령의 비추임(롬 8 : 1-17, 요 16 : 7-11)
향단	예배, 찬양, 기도, 존귀함을 드림, 향은 오직 주님만을 위해서 사용(계 5 : 8, 8 : 1-5)
지성소	하나님의 임재, 속죄의 은총과 언약이 있어야 한다. 하나님과 교통, 하나님의 대행자(히 10 : 19-22)

우리의 마음속 지성소에 있어야 할 세 가지 언약은 만나, 아론의 싹 난 지팡이, 두 돌판이다.

어떠한 어려움과 역경 중에 훈련받았든지 주님은 다시금 우리 마음이 건강해져 온전한 사람을 이루어 그리스도의 장성한 분량이 충만한 데까지 이르기를 원하신다(하나님의 형상과 통치권의 완성).

5. 하나님께 무궁한 영광(엡 3 : 20－21)

1) 역사하시는 능력대로(엡 3 : 20a)

Q 앞서 나열한 내면의 5가지 건강한 요소를 조화롭게, 충만하게 갖추기 위한 방법은 무엇인가?

A 우리 가운데서 역사하는 능력을 따라갈 때 가능하다. 주님의 은혜를 좇아 믿음으로 온전히 순종하는 삶을 말한다.

우리 가운데서 역사하시는 능력대로……(엡 3 : 20a)

우리 가운데 역사하시는 능력은 우리를 새롭게 짓는다는 면에서 창조적 능력이라고 할 수 있다. 그것이 바로 그리스도의 구속이다. 하나님의 구속의 새 창조는 새로 지어지며, 낳고 용서만 받는 무능한 구원이 아니며, 내가 생각하고 기대하고 소원하는 것보다 '더 넘치도록 능히 하실' 이의 일이다. 그러한 하나님의 능력으로 구속된 교회는 영광이 대대로 영원무궁할 수 있다.[181)]

우리의 기도와 생각과 꿈을 넘어서 역사하는 하나님의 무한한 능력은 '우리 가운데서', 곧 개인적으로 우리 가운데서(믿음으로 말미암아 우리 안에 있는 그리스도), 그리고 하나님의 백성인 우리 가운데서(그의 성령으로 말미암아 하나님의 거하시는 곳인) '역사하시는 능력'이다. 그것은 그리스도를 죽은 자 가운데서 살리시고 하늘 보좌에 앉히시며 또한 그리스도와 함께 우리를 살리시고 하늘에 함께 앉히시는 능력이다. 그것은 그리스도인들과 교회 안에서 역사하는 능력이다. 바울의 기도는 새롭게 태동한 하나님의 공동체에 대한 그의 환상이 성취되는 것과 관련되어 있다. 그는 그 사회의 구성원들이 사랑하는 데, 그리고 그리스도의 사랑을 아는 데 힘쓰기를 구한다. 그 사랑이 지식을 넘어서는 것이기에 '아는 것'을 능가하는 하나님의 사랑으로부터 '상상'을 능가하는 하나님의 능력으로, 무한한 '사랑'에서 무한한 '능력'으로 주의를 돌린다. 그는 신적인 능력만이 신적 사회 내에서 신적 사랑을 생겨나게 할 수 있다고 확신한다.[182)]

적용질문

1. 하나님의 능력은 지속적으로 우리 자신을 변화시키고 성장시킨다. 최근의 나의 변화와 성장을 간증해 보자.

2. 성령께서 오셔서 우리 내면의 치유를 도우시는데 나는 지, 정, 의 세 영역 중 어느 부분이 가장 약하다고 생각하는가?

3. 나의 내면을 성막의 구조로 이해할 때 특별히 더욱 강화시켜야 할 부분은 어디라고 생각하는가?

2) 바울의 찬양 대상(엡 3 : 20b)

Q 바울이 찬양하는 하나님께서는 어떤 하나님이신가?

A 우리의 구하고 생각하는 온갖 것에 더 넘치도록 능히 하실 하나님이시라고 찬양한다.

……우리가 구하거나 생각하는 모든 것에 더 넘치도록 능히 하실 이에게(엡 3 : 20b)

이전까지는 유대인과 이방인이 한 몸 안에서 같이 있게 될 줄은 전혀 예상하지 못했다(엡 3 : 10). 그런데 이제 바울은 하나님의 능력으로 유대인과 이방인 신자들이 서로 관계를 맺고 사랑할 수 있음을 확신한다. 이것은 우리의 기준에 기이하고 불가능해 보이는 일이지만 하나님께서는 이루실 수 있다. 그러므로 바울은 사랑의 기적이 일어나는 곳인 교회 안에서, 그리고 유대인과 이방인 신자들을 하나로 만드시는 예수 그리스도 안에서 나타나는 영광을 하나님께 돌린다.[183] 그리스도인의 신앙생활 가운데 범하는 오류의 대부분은 하나님께서는 사람과 다르시다는 것을 인지하지 못하는 데 있다. 모든 그리스도인과 대부분의 교회가 범하고 있는 큰 죄는 우리 자신의 지성과 개념과 이해의 잣대로 하나님의 영원하시고 절대적인 능력을 제한하는 것이다. 이스라엘 백성들은 항상 이러한 죄를 지었고 그들은 하나님을 이스라엘의 거룩하신 분으로만 제한하였다. 그러나 하나님께서는 온갖 구하는 것이나 생각하는 것에 더 넘치도록 하실 수 있다. 옛날이나 오늘날이나 동일하게 하나님께서는 한결같이 "네 입을 넓게 열라 내가 채우리라."라고 말씀하신다(시 81 : 10). 전능하시고 한결같으시며 영원하신 하나님께 우리가 기도드릴 때 그 말씀을 기억해야 한다. 우리가 불가능하다고 느낄 때에도 하나님께서는 능히 하실 수 있으시기 때문이다.[184)]

적용질문

1. 나의 영적 생활 가운데 감사, 찬양, 간증이 차지하는 비율은 얼마나 되는가?
2. 하나님께서 나의 기대와 생각보다 더 넘치게 부어 주셨던 경우가 있었다면 간증해 보자.
3. 기도할 때에 어떤 기대와 갈망을 가지고 하나님께 나아가는가? 늘 나의 기도에 인색하게 응답하시는 하나님이신가, 아니면 나의 기대보다 더욱 넘치도록 부어 주시는 하나님이신가?

3) 영광의 무궁함(엡 3 : 21)

Q 바울이 하나님의 영광이 무궁하기를 기원한 두 영역은 어디인가?

A 교회 안에서와 그리스도 예수 안에서이다.

교회 안에서와 그리스도 예수 안에서 영광이 대대로 영원무궁하기를 원하노라 아멘(엡 3 : 21)

교회는 하나님의 갈망이다. 우리가 지체와 연합하여 교회로 세워져 갈 때 하나님께서는 영광을 받으신다.

하나님의 구속 계획은 '그리스도 안에서' 성취되었다. 그리스도는 하늘과 땅을 통일시켜 하나님의 경륜, 구속사를 완성시키실 구세주이시다. 그리스도와 교회는 하나님의 비밀이요 관심사이며 이 두 영역을 통해서 하나님께서는 영광을 받으시고 승리를 선언하신다.

그리스도의 교회는 하나의 기적이다. 에베소 교인들은 이방인, 곧 이스라엘 나라 밖의 사람이요 약속의 언약들에 대하여 외인이었던 사람들이었지만, 하나님의 능력이 유대인과 이방인 사이에 화해를 가져왔고 하나의 몸인 교회가 생겼다. 비록 하나님께서 창조하신 산과 강들이, 하늘이 하나님의 영광을 선포하지만, 그리스도가 머리 되신 그의 몸 된 교회만큼 하나님의 영광을 선포하는 일은 없다. 예수님은 십자가 고통을 당하시기 전에 "내가 저희로 말미암아 영광을 받았나이다"(요 17 : 10)라고 기도하셨다. 주님은 아버지를 영화롭게 하셨다.

'그분 안에' 있는 교회인 우리도 또한 아버지의 영광을 위해 일한다. 이제 바울은 교회 안에서와 그리스도 예수 안에서 영광이 대대로 영원무궁하기를 원한다고 기도한다. 이는 특정 세대뿐만 아니라 무한한 영원의 세계까지 영광이 있기를 바란다고 강조하는 것이다. 교회는 거기에 영원무궁토록 있을 것이며 우리도 그럴 것이다. 우리는 구원의 하나님께 모든 영광과 존귀를 돌릴 것이다.[185]

적용질문

1. 나는 어떤 때 하나님의 능력을 제한하게 되는가? 그 이유가 무엇인가?
2. 내 안에서 내가 역사하고 있는가, 아니면 날마다 나를 쳐 복종시키며 하나님의 뜻을 이루는 삶을 살기 위해 고군분투하고 있는가?
3. 바울의 기도는 에베소 성도들과 교회를 위한 기도였다. 나의 기도의 내용은 나와 내 가족만을 위한 이기적인 기도는 아닌가?

에베소서 3장의 정리

유통의 복음

함께 상속자, 함께 지체, 함께 약속에 참여 : 그리스도의 풍성을 이방인과 나누라

1) 그리스도의 비밀을 맡은 일꾼(엡 3 : 1−4)

2) 교회의 비밀 : 이방인과 함께 상속자, 함께 지체, 함께 약속에 참여(엡 3 : 5−6)

3) 이 복음을 위한 일꾼 : 측량할 수 없는 그리스도의 풍성을 이방인에게 유통하기 위하여(엡 3 : 7−9)

4) 교회를 통한 하나님의 경륜의 성취(엡 3 : 10−13)

5) 교회로서 갖춰야 할 5가지 요소(엡 3 : 14−19)

·성령의 내적 역사 : 속사람을 강건하게 한다.
·의지적 결단 : 믿음으로 그리스도가 마음에 계시게 한다.
·정서적 상태 : 사랑 가운데서 뿌리가 박히고 터가 굳어진다.
·지성적 접근 : 지식에 넘치는 그리스도의 사랑을 안다.
·궁극적 목표 : 하나님의 모든 충만하심으로 채워진다.

6) 하나님께 올려 드리는 무궁한 영광(엡 3 : 20－21)

적용질문

1. 내가 누린 충만한 복음을 흘려보내 생명으로 연결된 양(羊, 멘티)이 있는가?

2. 내가 전달하는, 내게서 흘러가는 복음은 얼마나 풍요로운 내용을 담고 있는가?

3. 그리스도의 몸으로 세워지기 위해 요즈음 나는 어떤 일에 관심을 두고 있는가?

교회의 비밀은 이방인들에게 내가 누리는 지극히 영광스러운 그리스도의 풍요로움을 전달함으로 함께 상속자가 되고, 함께 지체가 되고, 함께 약속에 참여하는 자가 되는 것이다. 이 구속사의 비밀인 교회를 이루기 위해서는 그 몸의 지체인 우리 한 사람 한 사람의 내면세계가 튼실해져야 한다. 이를 위해 바울은 교회가 부패성을 이기고 참된 교회로 성장하기 위해 다음과 같이 제안한다.

·성령으로 속사람이 능력으로 강건해야 한다(엡 3 : 16).
·그리스도를 마음의 중심에 모심으로 사랑 가운데서 뿌리가 박히고 터가 굳어져야 한다(엡 3 : 17).
·하나님의 모든 충만하신 것으로 충만해지기를 구해야 한다(엡 3 : 19).

내리셨던 그가

곧 모든 하늘 위에 오르신 자니

이는 만물을 충만하게 하려

하심이라

엡 4 : 10

제5강

그리스도의 몸을 세우라

에베소서 4 : 1~16

5

그리스도의 몸을 세우라

에베소서 4 : 1~16

1그러므로 주 안에서 갇힌 내가 너희를 권하노니 너희가 부르심을 받은 일에 합당하게 행하여
2모든 겸손과 온유로 하고 오래 참음으로 사랑 가운데서 서로 용납하고 3평안의 매는 줄로 성
령이 하나 되게 하신 것을 힘써 지키라 4몸이 하나요 성령도 한 분이시니 이와 같이 너희가 부
르심의 한 소망 안에서 부르심을 받았느니라 5주도 한 분이시요 믿음도 하나요 세례도 하나요
6하나님도 한 분이시니 곧 만유의 아버지시라 만유 위에 계시고 만유를 통일하시고 만유 가운
데 계시도다 7우리 각 사람에게 그리스도의 선물의 분량대로 은혜를 주셨나니 8그러므로 이르
기를 그가 위로 올라가실 때에 사로잡혔던 자들을 사로잡으시고 사람들에게 선물을 주셨다 하
였도다 9올라가셨다 하였은즉 땅 아래 낮은 곳으로 내리셨던 것이 아니면 무엇이냐 10내리셨던
그가 곧 모든 하늘 위에 오르신 자니 이는 만물을 충만하게 하려 하심이라 11그가 어떤 사람은
사도로, 어떤 사람은 선지자로, 어떤 사람은 복음 전하는 자로, 어떤 사람은 목사와 교사로 삼
으셨으니 12이는 성도를 온전하게 하여 봉사의 일을 하게 하며 그리스도의 몸을 세우려 하심이
라 13우리가 다 하나님의 아들을 믿는 것과 아는 일에 하나가 되어 온전한 사람을 이루어 그리
스도의 장성한 분량이 충만한 데까지 이르리니 14이는 우리가 이제부터 어린아이가 되지 아니
하여 사람의 속임수와 간사한 유혹에 빠져 온갖 교훈의 풍조에 밀려 요동하지 않게 하려 함이
라 15오직 사랑 안에서 참된 것을 하여 범사에 그에게까지 자랄지라 그는 머리니 곧 그리스도
라 16그에게서 온 몸이 각 마디를 통하여 도움을 받음으로 연결되고 결합되어 각 지체의 분량
대로 역사하여 그 몸을 자라게 하며 사랑 안에서 스스로 세우느니라(엡 4 : 1-16)

·에베소서 1장

내 안에 이루신 삼위 하나님의 구원이 결국 만물을 충만하게 하시는 우주적 구원으로까지 연결되어 있음을 본다. 그리스도는 교회의 머리가 되시고 교회는 만물 위에 있다.

·에베소서 2장

우리가 그리스도와 연합하여 우리의 신분, 법적 지위는 하늘 보좌가 되며 더불어 이방인과 연결됨으로 둘이 함께 성전으로 지어져 간다. 십자가로 둘을 한 새사람으로 만들어 교회로 세우실 구속사의 계획이 있기 때문이다.

·에베소서 3장

내 안에 누려진 충만함이 이방인에게 전달되어 같은 수준의 풍요로움을 누리는 한 몸으로서의 교회이다. 교회는 수준과 풍성함에 있어서 한 몸이다. 결국 이러한 몸을 완성해 가시는 하나님의 경륜은 교회를 통하여 하늘의 천사들에게까지 아버지의 각종 지혜를 알린다.

이러한 경륜적인 교회가 되어 가는 나의 내면세계는 어떠해야 하는가?

내 안에 이루어져야 할 영적 상태, 내면에 어떤 요소들로 채워져야 하는 지를 말씀한다.

교회는 그의 몸이니 만물 안에서 만물을 충만하게 하시는 이의 충만함이니라(엡 1 : 23)

그 너비와 길이와 높이와 깊이가 어떠함을 깨달아 하나님의 모든 충만하신 것으로 너희에게 충만하게 하시기를 구하노라(엡 3 : 19)

에베소서의 가장 큰 주제는 그리스도를 통하여 통일되고, 한 몸으로 연합되는 교회의 비밀이다.

그리스도와 교회가(엡 1장), 그리스도와 성도가(엡 2장), 나와 이방인이(엡 3장), 그리스도와 교회와 만물이(엡 4장) 한 몸, 한 영, 한 충만 안에 있다. 우리는 공급하시는 하나님의 은혜를 힘입어 성도를 온전하게 하며 그리스도의 몸을 세우는 일을 해야 한다.

에베소서 3장에는 바울이 받은 특별한 계시가 있고, 성도들에 대한 격려와 기도, 찬양이 있다. 하나님의 능력은 현재도 성도들 가운데서 역사하고 있으며 교회 안에서 하나님의 능력이 역사하고 있음을 아는 것은 매우 격려가 되는 일이다.[186] 이제 바울은 지위적으로 이방인과 유대인 신자들이 '한 새사람', 곧 그리스도의 몸임을 설명하고 그들이 경험적으로 하나가 되기를 기도한다. 바울은 이들이 그리스도의 사랑을 진심으로 알고 경험함으로 서로에게 그 사랑을 나타내기를 원했다.[187] 우리는 그리스도가 우리 마음에 그분의 거처를 세우시는 일에 동의하고 협력해야 한다.

1. 부르심에 합당하게 행하라(엡 4 : 1-6)

한 몸, 한 성령, 한 소망, 한 주, 한 믿음, 한 세례, 한 하나님-만유를 통일하시려는 하나님의 의지

1) 바울의 권면 : 부르심에 합당하게 행하라(엡 4 : 1)

Q 에베소 교인들을 향한 부르심의 내용은 무엇인가?

A 부르심에 합당한 생활을 할 것을 권면한다. 하나 됨을 기대하는 아버지의 갈망이다.

그러므로 주 안에서 갇힌 내가 너희를 권하노니 너희가 부르심을 받은 일에 합당하게 행하여 (엡 4 : 1)

바울의 인생을 가두고 있는 감옥, 그를 끌고 가는 부르심 : 주 안에, 부르심의 목적 아래

바울이 감옥에 갇힌 자신의 상황을 반복해서 말하는 이유는 자기가 죄 때문에 갇힌 것이 아니라 복음을 위해 갇혔음을 강조하기 위함이다. 바울은 복음으로 인한 고난은 충분히 받을 만한 가치가 있다고 말한다(행 5 : 41 참고).[188] 바울은 주 안에 갇혀 있으며 부르심의 목적 아래 갇혀 있다. 바울의 삶을 끌고 가는 것은 하나님의 부르심과 사명, 복음과 하나님의 경륜이다. 그리스도의 몸으로서의 연합이다. 교회 그리고 구속사이다. 바울은 "그러므로…… 너희를 권하노니……"라고 하며 우리에게도 동일하게 갇힐 것을 요청한다.

'합당하다'는 것은 '조화롭고 어울린다'는 뜻이다. 무엇에 어울려야 하는가? 하나님의 부르심이다. 우리가 하나님을 부른 것이 아니라 하나님께서 우리를 부르셨기에 그 부르심으로부터 우리의 삶이 출발해야 한다. 하나님께서 우리를 향한 뜻을 갖고 계신 것이지 우리의 뜻을 위해 하나님을 필요로 하는 것이 아니다. 그러므로 하나님의 부르심에 어울리는 삶을 살아야 한다.[189]

하나님께서는 우리에게 목적을 두시고 죄악과 세상에서 나오도록 부르셨다. 이 부르심은 하늘에 속한 부르심으로, 죄 사함을 통해 생명을 얻고 새롭게 변화되는 과정을 거쳐 그리스도의 배필로서의 몸으로 건축되기 위한 부르심이다. 우리는 세상에 속한 사람들이 아니다. 비

록 이 땅에 살고 있다고 할지라도 죄악되고 사탄적인 것, 그리고 세상적인 것으로부터 구원받고 부르심을 받은 사람들이요, 하나님의 목적을 이룰 자들이다. 결국 주된 목적은 그리스도의 몸에 이르는 것이다.[190)]

적용질문

1. 내 마음과 생각을 제한시키고 나를 불편하게 하는 것은 무엇인가? 그리스도를 위해서 스스로를 제한하는 것이 있는가? 내 스스로 나를 가두는 감옥이 있다면 어떤 것을 들 수 있겠는가?

2. 하나님께서는 처음부터 끝까지 한 방향, 한 목적으로 역사를 이끄셨고, 또 사람들을 부르고 계신다. 내 인생의 가치와 행복, 의미는 무엇인가?

3. 출애굽의 과정을 보면 같은 부르심을 받았어도 그 명을 받들어 끝까지 신실하게 따르는 사람은 극소수였다. 오늘 우리 시대에 구속사를 위해 그런 헌신자를 찾으신다면 나는 어떻게 응답하겠는가?

2) 부르심에 합당한 생활(엡 4 : 2)

Q 부르심에 합당한 공동체가 하나 되기 위해 지켜야 할 것은 무엇인가?

A 사랑으로 너그럽게 용납하기 위한 필수 덕목으로 바울이 언급한 것은 겸손, 온유, 오래 참음이다.

모든 겸손과 온유로 하고 오래 참음으로 사랑 가운데서 서로 용납하고(엡 4 : 2)

한 몸으로의 부르심 : 성도들의 인간관계의 출발 – 한 몸

함께 구원받고 함께 돕고, 함께 헌신하며 살아야 할 사람들과의 인간관계를 은혜롭게 유지하기 위해 각자 어떤 사람이 되어야 하는가를 강조하고 있다. 교회 생활은 성도 간의 인간관계에서 시작된다. 그 안에 나의 위치와 역할이 있는데, 나 중심의 개인주의를 고집하는 것은 옳지 않다.[191] 겸손, 온유, 오래 참음은 모두 사랑의 속성이다(고전 13장). 하나님께서 우리를 자녀로 부르시고 우리 가운데 사랑을 부어 주셨다(롬 5 : 5). 그 이유는 우리를 통해 하나님 나라가 세워지고, 우리의 섬김으로 연약한 자들이 그리스도의 몸 안으로 연합되게 하기 위함이다.

부르심에 합당한 삶을 사는 교회 공동체가 갖추어야 할 속성

• 모든 겸손 : 자만과 교만의 반대[192] – 피조물임을 인정

하나님 앞에서 자신이 피조물이라는 사실을 인정하는 태도를 가리키는 단어로[193] 주님이 곧 겸손의 모델이시다(빌 2 : 3, 5).

• 모든 온유 : 복종된 권력, 현명한 주인의 통제 아래에 있는 권력[194]

어떤 힘이 올바른 일을 위해서 길들여지고 사용될 때 온유하다고 말한다. 하나님께 복종함으로 비로소 온유함이라는 인격적인 그리스도인의 자질을 형성해 나가기 시작한다.[195] 자신의 생각과 마음을 자제하고 타인의 허물을 용납하며 이해하는 마음을 의미한다. 모세는 지면에서 가장 온유한 자라고 하는 인정을 받았다(민 12 : 3).

• 오래 참음 : 죄인을 대하시는 하나님의 성품(롬 2 : 4, 9 : 22, 벧전 3 : 20, 벧후 3 : 15)

복수할 수 있음에도 불구하고 결코 복수하지 않는 정신이다. 주님이 우리를 향해 일체의 오래 참음의 모범을 보이셨던 것처럼 우리도 오래 참음의 덕을 나타내 보여야 한다.[196]

• 사랑 가운데서 서로 용납하라 : 오래 참음의 실제적 표현[197]

용납한다는 것은 상대방을 자기에게 맞춰 바꾸려는 의도 없이, 있는 그대로를 받아들이는 것이다. 상대방을 자꾸 나에게만 맞추려다 보면 속상하고 실망하며 좌절감만 느끼게 된다. 그러나 하나님께서 그 사람을 그렇게 만드셨다면, 그 사람을 변화시키려고 할 권리가 우리에게는 없다.[198]

적용질문

1. 나는 하나님께 주권을 올려 드리고 피조물의 한계를 인정하면서 이웃들을 겸손과 사랑, 오래 참음으로 섬길 준비가 되어 있는가?

제5강

2. 나의 성품은 하나님께서 쓰실 수 있도록 길들여져 있는가? 주께서 말씀하실 때 온유한 마음으로 복종할 준비가 되어 있는가?

3. 교회를 이루어 가는 지체들에게 이러한 성품이 필요한 것은, 이러한 성품들이어야 부르심의 소망 밖에 있는 자들까지도 품고 한 몸으로 세워 갈 수 있기 때문이다. 그리스도의 몸을 세워 가는 자, 킹덤 빌더로서 나는 어떤 자격, 준비를 갖추어 가고 있는가?

3) 한 몸, 한 성령, 한 소망 안에서 부르심(엡 4 : 3－6)

Q 우리 모두는 서로 자라 온 환경이 다르고 처한 문화가 다른데도 하나가 되어야만 하는 이유가 무엇인가?

A 하나 됨을 위하여 부르심을 받았기 때문이다. 하나님께서는 태초부터 하나 됨을 계획하셨다.

3평안의 매는 줄로 성령이 하나 되게 하신 것을 힘써 지키라 4몸이 하나요 성령도 한 분이시니
이와 같이 너희가 부르심의 한 소망 안에서 부르심을 받았느니라 5주도 한 분이시요 믿음도 하
나요 세례도 하나요 6하나님도 한 분이시니 곧 만유의 아버지시라 만유 위에 계시고 만유를 통
일하시고 만유 가운데 계시도다(엡 4 : 3－6)

삼위 하나님의 생명의 특성 : 하나 됨

• **"몸이 하나요"**

분열은 하나님의 영이 아니다. 우리는 몸을 해치는 일에 각별히 주의를 기울여야 한다.

12몸은 하나인데 많은 지체가 있고 몸의 지체가 많으나 한 몸임과 같이 그리스도도 그러하니라
13우리가 유대인이나 헬라인이나 종이나 자유인이나 다 한 성령으로 세례를 받아 한 몸이 되었
고 또 다 한 성령을 마시게 하셨느니라(고전 12 : 12－13)

• **"성령도 한 분이시니"**

성령은 하나 되게 하시는 영이다. 힘써 따라가며 지켜야 한다.

• **"한 소망 안에서 부르심을 받았느니라"**
모든 성도는 동일한 기업을 약속으로 받은 사람들이다.

• **"주도 한 분이시요"**
주인이 둘일 수 없으며 재물과 하나님을 겸하여 섬길 수 없다.

한 사람이 두 주인을 섬기지 못할 것이니 혹 이를 미워하고 저를 사랑하거나 혹 이를 중히 여기고 저를 경히 여김이라 너희가 하나님과 재물을 겸하여 섬기지 못하느니라(마 6 : 24)

• **"믿음도 하나요"**
불신자들에게 믿음의 대상은 너무 많다. 믿는 대상이 다르면 하나 될 수 없다.

• **"세례도 하나요"**
세상, 자아, 사탄으로부터 자신을 분리시키는 결단이다(롬 6 : 1-11).

3무릇 그리스도 예수와 합하여 세례를 받은 우리는 그의 죽으심과 합하여 세례를 받은 줄을 알
지 못하느냐 4그러므로 우리가 그의 죽으심과 합하여 세례를 받음으로 그와 함께 장사되었나니
이는 아버지의 영광으로 말미암아 그리스도를 죽은 자 가운데서 살리심과 같이 우리로 또한 새
생명 가운데서 행하게 하려 함이라(롬 6 : 3-4)

• **"하나님도 한 분이시니 곧 만유의 아버지시라 만유 위에 계시고 만유를 통일하시고 만유 가운데 계시도다"**
만유, 만물의 회복이 하나님의 구속사의 마지막 정점이다.

9올라가셨다 하였은즉 땅 아래 낮은 곳으로 내리셨던 것이 아니면 무엇이냐 10내리셨던 그가 곧
모든 하늘 위에 오르신 자니 이는 만물을 충만하게 하려 하심이라(엡 4 : 9-10)

우리 생명의 근원이시요, 본질이신 하나님께서는 세 인격을 가지고 있으시면서도 한 분이신 삼위일체 하나님이시다. 타락하기 전 인간은 하나님을 사랑하고 이웃을 사랑하며 살도록

창조되었다. 그러나 인간은 죄로 말미암아 하나님과의 관계가 깨지고 에덴동산(하나님의 영광)으로부터 추방당하였으며 인간과 인간, 인간과 피조물 사이가 분열되었다. 구원은 개인으로부터 출발하여 깨지고 분열된 것들을 다시 연합시키고 회복시키며 막힌 담을(엡 2 : 14) 허무는 하나 됨의 작업으로 발전해 간다. 하나 되게 하시는 성령님이 가져오신 사랑의 능력으로 우리는 하나가 된다. 그러므로 교회는 계속적으로 교회의 몸에 이방인들을 접붙임으로써 머리이신 그리스도의 생명을 같이 누리게 해야 하며, 만유까지 이 생명의 물줄기가 흘러가도록 해야 한다(사 11 : 6-9). 이것이 교회의 사명이요 교회를 하나 되게 하신 이유이다. 성도들이 세상 사람들 앞에서 눈에 보이도록 하나가 되려 노력해야 하는 이유는, 그것이 하나님의 계획이기 때문이다. 하나님께서는 한 몸, 한 성령, 한 주님, 한 믿음, 한 소망, 한 세례를 주셨다. 그는 한 분 하나님이시다. 이런 하나 됨이 몸 된 교회의 교리적 기초이다.[199]

……우리와 같이 그들도 하나가 되게 하옵소서(요 17 : 11b)

내게 주신 영광을 내가 그들에게 주었사오니 이는 우리가 하나가 된 것같이 그들도 하나가 되게 하려 함이니이다(요 17 : 22)

이 땅의 많은 족속과 민족들 가운데 믿는 이들이 있을지라도 머리는 오직 한 분 그리스도요, 몸은 오직 하나 교회이다. 우리 모든 믿는 이들은 이 몸 안에서 한 지체들이다. 그러므로 그 어떤 것으로도 이 한 몸을 나눌 수 없다. 그렇기 때문에 갈보리 십자가의 피로 죄 사함을 받고 성령으로 인 치심을 받은 우리 각 지체들은 서로 온전한 몸을 이룰 수 있도록 하나가 되어야 한다. 이 몸의 모든 지체를 하나가 되게 하시는 분은 성령님이시다. 많은 믿는 이들이 한 분 성령을 모시고 있다. 나누어진다면 육체로 말미암은 것이지 성령님으로 인한 것이 아니다.[200]

부르심에 합당하게 행하는 것은 바로 그리스도 예수 안에서 하나가 되는 통일성을 지키는 것이다. 바울은 그리스도 예수 안에 있는 통일성을 지키되 대충이 아니라 힘써 지키라고 강조한다. 이는 그리스도 예수 안에서의 통일성이 성부 하나님의 예정에 의하여 계획되었으며, 성자 예수님의 죽음과 부활로 성취되었고, 성령 하나님을 통해 완성되었기 때문이다. 바울은 성부, 성자, 성령, 삼위 하나님의 확실한 계획과 집행과 확인이 된 통일성을 성도들도 '힘써' 지켜야 한다고 말한다.[201]

교리적 형태로 '성령으로 하나 되게 하심의 의미' 도식화[202]

- **하나인 몸(교회) :** 하나인 주님(교회의 머리)
- **하나의 성령(그리스도를 주로 고백함으로) :** 하나인 믿음(고전 12 : 3)
- **하나의 희망(세례 받음으로) :** 하나인 세례(고전 12 : 13)

| 성도를 연합시키는 12가지 요소[203] |

항목	내용
한 신(성부)	유일신 하나님 아버지(신 6 : 4)
한 주(성자)	독생자 예수 그리스도(고전 12 : 5)
한 영(성령)	교제, 역사하는 성령(고전 12 : 4)
한 몸	주 예수와 연합된 몸(고전 12 : 12–13)
한 세례	그리스도와 합한 세례(롬 6 : 3–4)
한 마음	주를 사랑하는 마음(마 22 : 37)
한 믿음	주의 복음에 대한 믿음(갈 1 : 23)
한 사랑	사랑을 통한 용서와 이해(엡 4 : 2)
한 소망	영생에 대한 소망(엡 4 : 4)
한 도(길)	천국 구원에 이르는 길(빌 3 : 14)
한 교리	정통 교리에 의한 교리(딤전 6 : 3)
한 생각	생명과 평안을 위한 생각(롬 8 : 6)

| 에베소서에 나오는 삼위일체적 표현과 접근들[204] |

관련 성구	성부	성자	성령
엡 1 : 3	찬송하리로다 하나님 곧 ……아버지께서	우리 주 예수 그리스도의	모든 신령한 복
엡1 : 11–13	모든 일을 그의 뜻의 결정대로 일하시는 이	그리스도 안에서……바라던	약속의 성령으로 인 치심을 받았으니
엡 1 : 17	하나님, 영광의 아버지	우리 주 예수 그리스도	지혜와 계시의 영

엡 2 : 18	아버지께 나아감을	그로 말미암아	한 성령 안에서
엡 2 : 22	하나님께서 거하실 처소	그리스도 예수 안에서	성령 안에서
엡 3 : 2-5	하나님의 그 은혜의 경륜	그리스도의 비밀	성령으로 나타내신
엡 3 : 14-19	그의 영광의 풍성함……하나님의 모든 충만하신 것으로	그리스도께서 너희 마음에 계시게 하시옵고	성령으로 말미암아
엡 4 : 4-6	하나님도 한 분이시니……아버지시라	주도 한 분이시요	성령도 한 분이시니
엡5 : 18-20	아버지 하나님께 감사하며	우리 주 예수 그리스도의 이름으로	성령으로 충만함을 받으라

적용질문

1. 나는 문제를 일으키는 자(Trouble maker)인가, 아니면 화해자(Peace maker)인가? 나는 하나님의 부르심에 얼마나 합당한 삶을 살고 있는가? 하나 됨의 리더(제사장)가 되기 위해 어떤 공부, 훈련을 하고 있는가?

2. 처리되지 않은 우리 내면의 감정은 관계들을 쉽게 버성겨지게 만든다. 분노가 잘 조절되지 않는가? 그 이유가 무엇이라고 생각하는가?[205)]

3. 가정이, 교회가 하나가 되어야 하는 이유가 확실함에도 불구하고 우리가 계속 나뉘는 이유가 무엇이라고 생각하는가?

2. 만물을 구원하시려는 하나님의 계획(엡 4 : 7-10)

1) 선물의 분량대로 은혜를 주신다(엡 4 : 7)

Q 은사와 은혜의 관계는 어떠한가?

A 은사는 선물이며 재능, 장점, 주특기, 달란트이다. 선물의 방향과 분량대로 은혜가 온다.

우리 각 사람에게 그리스도의 선물의 분량대로 은혜를 주셨나니(엡 4 : 7)

은혜는 하나님의 도우시는 힘이며 내게 주신 사명을 감당할 수 있도록 지속적으로 역사한다.

은사의 분량대로 은혜를 주심 : 몸은 하나이지만 은사의 다양성-성도를 온전하게 하기 위함이다

3내게 주신 은혜로 말미암아 너희 각 사람에게 말하노니 마땅히 생각할 그 이상의 생각을 품지
말고 오직 하나님께서 각 사람에게 나누어 주신 믿음의 분량대로 지혜롭게 생각하라 4우리가 한
몸에 많은 지체를 가졌으나 모든 지체가 같은 기능을 가진 것이 아니니 5이와 같이 우리 많은 사
람이 그리스도 안에서 한 몸이 되어 서로 지체가 되었느니라(롬 12 : 3-5)

은혜는 그리스도를 누리는 수준이요, 은사는 직분, 사역을 위한 것인데 동일한 분량으로 주셨다고 말씀한다. 그렇기 때문에 은혜와 사명은 항상 조화를 이루며 같이 간다. 몸은 하나이지만 우리에게 베푸시는 은혜는 그리스도의 선물의 분량대로 각자에게 주어진다. 즉, 몸은 하나이지만 다양성이 있다는 말은, 그리스도의 은사의 분량에 따라 얻은 은혜가 각각 다르기 때문이다. 그러므로 몸이 하나라고 해서 은사의 다양성을 무시하고 한 가지를 강조하다 보면 모든 지체를 분별 없이 획일화시키는 위험에 빠뜨리게 된다.[206] 저마다에게 주시는 은혜와 은사는 성도를 온전하게 하기 위해 그리스도로부터 온 것이다. 그러므로 하나님께서 주시는 지혜대로 이기적이거나 욕심을 내지 말고 서로 돕고 섬기고 겸손해야 한다.[207]

적용질문

1. 몸인 교회를 섬기기 위한 나의 은사는 무엇인가? 은사와 사역을 지원하는 은혜의 공급은 어떠한가?
2. 나의 은사는 무엇이며, 그 은사와 사역을 지원하는 은혜의 공급은 어디에서 오는가?
3. "마땅히 생각할 그 이상의 생각을 품지 말고 오직 하나님께서 각 사람에게 나누어 주신 믿음의 분량대로 지혜롭게 생각하라"라는 말씀은 교회 안에서 사역을 하다가 오는 갈등이나 위기를 극복할 수 있는 원칙과 기준이 된다. 실제 개인의 사역에 어떻게 적용할 수 있는가?

2) 사로잡힌 자, 포로 된 자들을 교회를 세우는 자로 세우심 : 영혼들을 얻게 하신다(엡 4 : 8-9)

Q '사로잡힌 자들'이 누구인가? 이들에게 베푸신 은혜는 무엇인가?

A 그리스도께서 자신에게 대적한 자를 정복하신 후 하나님 보좌에 오르셔서 자기 백성에게 은사를 주심을 의미한다.[208]

8그러므로 이르기를 그가 위로 올라가실 때에 사로잡혔던 자들을 사로잡으시고 사람들에게 선
물을 주셨다 하였도다 9올라가셨다 하였은즉 땅 아래 낮은 곳으로 내리셨던 것이 아니면 무엇
이냐(엡 4 : 8-9)

에베소서 4 : 8~9은 승리의 찬송인 시편 68 : 18의 인용으로, 시편을 그리스도께 적용한 것이다.

주님이 승천하시면서 얻은 전리품들

• **"우리 각 사람에게 그리스도의 선물(은사)의 분량대로 은혜를 주셨나니"**
사역을 위한 은사는 그리스도를 누리는 은혜만큼 주어진다.

• **"그가 위로 올라가실 때 사로잡혔던 자들을 사로잡으시고"**
사로잡혔던 자들 : 구원받기 이전에 사탄에게 사로잡혀 있던 사람들
소속, 주인이 달라짐 : 우리 인생 속에서 주인 노릇했던, 사탄과 사망과 죄를 이기시고 우리를 되찾아 오신다.
빼앗아 낸 그들을 그리스도의 몸인 교회를 세우는 일에 사용하신다.

• **"사람들에게 선물을 주셨다 하였도다"**
포로였던 자가 이제는 은사를 가진 사람이 된다.
시편 말씀의 인용(시 68 : 18)은 그리스도가 교회에 주신 그분의 선물이 그 시편 말씀의 성취임을 말해 주고 있다.[209]

주께서 높은 곳으로 오르시며 사로잡은 자들을 취하시고 선물들을 사람들에게서 받으시며 반역자들로부터도 받으시니 여호와 하나님께서 그들과 함께 계시기 때문이로다(시 68 : 18)

- **"올라가셨다 하였은즉 땅 아래 낮은 곳으로 내리셨던 것이 아니면 무엇이냐 내리셨던 그가 곧 모든 하늘 위에 오르신 자니"**

성육신, 십자가, 부활, 승천 사건을 통해 아담이 범죄함으로 잃어버렸던 하늘과 땅의 모든 권리를 되찾으셨다.

- **"이는 만물을 충만하게 하려 하심이라"**

구속사의 경륜의 완성을 위하여 이 일을 이루셨다.

'사로잡혔던 자들'은 구원받기 이전에 사탄에게 사로잡혀 있던 사람들을 말한다. 주님이 십자가에서 우리의 죄 값을 모두 지불하신 후 부활, 승천하심으로 우리에 대한 모든 법적 권리를 획득하시고 하늘과 땅의 모든 통치의 권리를 얻으셨다. 이 일로 우리 인생을 노예화시키고 주인 노릇을 했던 사탄과, 그의 무기인 사망과 죄를 이기시고 우리를 빼앗아 내셨고 우리를 이 땅의 모든 사람들과 땅의 권리를 되찾는 일에 사용하신다. 이때로부터 이 땅에 그리스도의 몸인 교회가 출발한다. 바울은 이와 같은 일련의 과정을 설명하기 위해 정복자가 패잔병들에게서 얻은 공물과 전리품을 자신의 병사들에게 나누어 주는 개념을 사용하고 있다.[210]

교회의 은사들은 머리이신 그리스도의 승천 과정을 통하여 한 무리의 사람들을 포로로 사로잡으시고(십자가에서 이미 사람들을 사로잡고 있는 사탄을 패배시키셨다.) 그들 가운데서 한 무리를 교회를 위한 은사로 삼으시어 교회에게 선물로 주셨다.[211]

하나님께서 사탄에게 사로잡혀 있던 우리들을 건져 내시기 위해 예수님을 이 땅에 보내셔서 십자가(땅 아래 낮은 곳으로 내리셨던 것)에 달려 죽게 하시고 부활, 승천(올라가셨다)하게 하셨다. 궁극적인 목적은 구원받은 백성들을 교회로 세워 만물을 충만하게 하기 위함이다.

※ 네비게이토 창설자 도슨 트로트맨의 삶의 목표 : "그리스도를 알자, 그리스도를 알리자"[212]

적용질문

1. 우리 주님의 십자가가 우리에게 주는 혜택이 무엇인가?(벧전 2 : 24)

친히 나무에 달려 그 몸으로 우리 죄를 담당하셨으니 이는 우리로 죄에 대하여 죽고 의에 대하여 살게 하려 하심이라 그가 채찍에 맞음으로 너희는 나음을 얻었나니(벧전 2 : 24)

2. 우리 주님의 부활이 우리에게 주는 혜택이 무엇인가?(벧전 1 : 3)

우리 주 예수 그리스도의 아버지 하나님을 찬송하리로다 그의 많으신 긍휼대로 예수 그리스도를 죽은 자 가운데서 부활하게 하심으로 말미암아 우리를 거듭나게 하사 산 소망이 있게 하시며(벧전 1 : 3)

3. 우리 주님의 승천이 우리에게 주는 혜택이 무엇인가?(히 2 : 9－12)

9오직 우리가 천사들보다 잠시 동안 못하게 하심을 입은 자 곧 죽음의 고난받으심으로 말
미암아 영광과 존귀로 관을 쓰신 예수를 보니 이를 행하심은 하나님의 은혜로 말미암아 모
든 사람을 위하여 죽음을 맛보려 하심이라 10그러므로 만물이 그를 위하고 또한 그로 말미
암은 이가 많은 아들들을 이끌어 영광에 들어가게 하시는 일에 그들의 구원의 창시자를 고
난을 통하여 온전하게 하심이 합당하도다 11거룩하게 하시는 이와 거룩하게 함을 입은 자들
이 다 한 근원에서 난지라 그러므로 형제라 부르시기를 부끄러워하지 아니하시고 12이르시
되 내가 주의 이름을 내 형제들에게 선포하고 내가 주를 교회 중에서 찬송하리라 하셨으며
(히 2 : 9－12)

3) 만물의 충만을 위하여 왔다 가심(엡 4 : 10) : 성육신, 십자가, 부활, 승천

Q 주께서 성육신, 십자가, 부활, 승천하신 이유가 무엇인가?

A 만물에게까지도 신성의 모든 충만하심을 전달하기 위함이다.

내리셨던 그가 곧 모든 하늘 위에 오르신 자니 이는 만물을 충만하게 하려 하심이라(엡 4 : 10)

하늘과 땅의 통일 : 만물을 충만하게 하심－만물을 주권 아래 두심

9그 안에는 신성의 모든 충만이 육체로 거하시고 10너희도 그 안에서 충만하여졌으니 그는 모든
통치자와 권세의 머리시라(골 2 : 9－10)

하늘에 있는 것이나 땅에 있는 것이 다 그리스도 안에서 통일되게 하려 하심이라(엡 1 : 10)

영원부터 하늘에서 하나님 아버지와 함께 사셨던 예수님이 하늘에 오르셨다면 그분은 베들레헴의 마구간에 오셔서 십자가에 죽으시고 무덤에 들어가셨다가 부활, 승천한 사건을 의미한다(눅 23 : 43-46). 시편 68 : 18에 있는 승천에 대한 예언과 그 예언이 암시하는 이 땅에 내려오심에 대한 예언은 주 예수 그리스도의 성육신과 죽으심, 그리고 묻히심으로 정확하게 이루어졌다. 하늘로부터 이 땅에 내려오신 예수님은 또한 죄와 사탄, 마귀들, 그리고 죽음을 이기신 분이시며, 또한 만물을 충만하게 하기 위하여 하늘 위에 오르셨다. 예수님은 모든 복의 근원이시며 모든 덕의 집합체가 되시고 모든 것 위에 뛰어나시다는 의미에서 만물을 충만하게 하시는 분이시다. Grant는 "낮은 십자가에서 높은 영광의 자리까지 그분이 점유하지 않은 곳은 없다."라고 말한다.[213)]

그리스도께서 만물을 충만하게 하신다는 말은 우주의 전 영역에 당신의 편재를 실현하신다는 뜻이 아니라, 만물을 당신의 주권 아래 두신다는 의미이다. 즉, 그리스도께서 온 우주를 통치하는 통치자가 되셔서 모든 존재들의 생명을 주관하시며 영향력을 행사하신다. 더욱이 구속받은 무리들을 당신의 목적하신 바에 맞게 각자의 삶으로 인도하시며 결국에 가서는 그 모든 무리들이 당신 안에서 하나가 되게 만드신다. 이처럼 우리들은 만물을 충만하게 하시는 예수 그리스도의 역사를 신뢰하며 나 또는 내가 속한 집단에 대해 지나치게 집착하지 말고 모든 사건과 인격이 그리스도의 손 안에 있으며 그 모든 것이 나 자신과 분리될 수 없는 것임을 인정해야 한다.[214)]

우리는 보통 구원을 편협하게 생각하여 천국과 지옥으로만 국한시킨다. 그러나 그리스도께서 각 사람에게 분량대로 선물을 주시는데, 만물의 충만으로 풍성하게 주신다는 것을 잊지 말아야 한다. 우리가 예수님의 사역을 생각할 때 이 땅에서의 사역을 많이 생각하지만 올라가신 일도 매우 중요하다. 예수님은 내려오셔서 하신 일이 중단되지 않도록 우리에게 성령을 보내셨고 또 하늘과 땅의 모든 권세를 가지고 우리의 모든 발걸음을 인도하시며 세상 끝까지 지키신다.[215)]

적용질문

1. 하나님께서 그리스도의 선물의 분량대로 은혜를 주신다. 다른 지체와 비교하며 나와 다름을 불평하거나 지체를 시기, 질투, 하대하는 일은 없었는가? 나는 나의 은사, 사역, 공급하시는 은혜에 만족하고 있는가? 혹 더 원하는 것이 있다면 무엇인가?

2. 요즈음 나를 지배하는 생각이나 비전은 무엇인가? 10년 후에 있을 나의 구속사적 사역을 위해 지금 나는 무엇을 준비하고 있는가? 어떻게 쓰임받기를 원하는가?

3. 하나님의 영원한 경륜, 구속사, 시대, 만물을 충만하게 하시는 일, 그리스도의 몸인 교회와 같은 개념들을 들을 때 나와 어떤 관련이 있다고 생각하는가?

3. 사명(직분)의 목적 (엡 4 : 11－16)

1) 사람 : 성도를 세운다(엡 4 : 11)

Q 우리에게 주시는 은사(직임)의 종류는 어떠한 것이 있는가?

A 사도와 선지자, 복음 전하는 자, 목사와 교사를 주셨다.

그가 어떤 사람은 사도로, 어떤 사람은 선지자로, 어떤 사람은 복음 전하는 자로, 어떤 사람은 목사와 교사로 삼으셨으니(엡 4 : 11)

[4]은사(카리스마)는 여러 가지나 성령은 같고 [5]직분(디아코니아)은 여러 가지나 주는 같으며 [6]또 사역(에네게마타)은 여러 가지나 모든 것을 모든 사람 가운데서 이루시는 하나님은 같으니 [7]각 사람에게 성령을 나타내심(파네로시스)은 유익하게 하려 하심이라(고전 12 : 4－7)

모든 은사는 여러 방면에서 가르침과 관련되어 있음을 발견한다. 오늘날에는 원래 의미에서의 사도와 선지자는 없지만 복음을 전파하는 자, 양떼를 치는 목사, 말씀을 해설하는 교사들이 있으며, 실로 그런 사람들이 긴급히 필요하다.[216] 사도, 선지자, 복음 전하는 자, 목사, 교사 등의 직분은 다 성도들을 온전하게 하고 봉사의 일을 하게 하며 그리스도의 몸을 세우기 위함이다. 여기서 훈련의 방향, 순서에 주목해야 한다. '사람(성도) → 일(봉사) → 교회(그리스도의 몸)'이다. 사람이 신앙의 인격이 성숙한 후에 일을 맡아야 그 일이 그리스도의 몸을 세워 온전히 한 공동체를 이루는 것이다.[217] 사도행전의 사도들은 사회를 향한 사역을 목회 사역보다 열등하게 여기거나 사도의 존엄성 아래에 있는 일로 여기지 않았다(행 6 : 2). 왜냐하면 전적으로 소명의 문제이기 때문이다. 사도들은 오직 말씀 사역에 전념하고자 사회봉사 사역에 대해서는 스데반과 빌립을 포함한 일곱 집사들에게 일임을 했다. 한 사람이 모든 일을 다 할 수는 없다. 모든 사람의 부르심에 대한 원리는 다음과 같다.

·하나님께서는 자신의 모든 백성을 사역으로 부르신다.
·하나님께서는 사람마다 서로 다른 사역으로 부르신다.
·하나님께서는 말씀 사역으로 부름받은 사람들이 어떤 경우에도 사회적 관리 업무로 산만해지지 않고 그들의 소명에 집중하기를 기대하신다.[218]

적용질문

1. 그리스도의 몸을 세우는 데 가장 우선되어야 할 기초 사역은 무엇인가?[219]

2. 은사나 사역, 성령의 나타내심을 주심은 몸을 유익하게 하기 위함이다. 나는 몸의 유익을 위해서 어떤 사역을 감당하고 있는가? 나는 맡은바 직분을 가지고 몸을 위하여 제 역할을 감당하고 있는가?

3. 몸인 교회는 머리 되신 그리스도를 섬기고 예배하는 일이 중요하다. 머리의 지시를 따라가기 위하여 내게 주신 영적 위계질서는 어떠한가? 누구와 함께 하나님 나라를 도모하고 있는가?

2) 사역 : 봉사의 일을 하게 한다(엡 4 : 12)

Q 교회가 일꾼을 세우는 목적은 무엇인가?

A 성도를 온전하게 하여 성장하게 하고 그리스도의 몸인 교회를 세우기 위함이다.

이는 성도를 온전하게 하여 봉사의 일을 하게 하며 그리스도의 몸을 세우려 하심이라(엡 4 : 12)

우리 모두는 제사장으로 살아야 한다 – 그리스도의 몸을 세우는 일에 쓰임받음

모든 성도들은 목양 사역을 도와 성도들을 온전하게 하고 준비시키는 일에 쓰임받아야 한다. 은사를 가진 사람들은 다른 사람들을 위해 말씀을 바르게 가르쳐 그들로 다시 다른 사람들을 섬기는 데 참여하도록 도와야 한다. 이 모든 것의 목표는 바로 그리스도의 몸을 세우는 데 있다. 이는 모든 성도들과 지도자들이 목회에 포함됨을 보여 주며 모든 성도들은 영적으로 다른 성도에게 봉사하도록 은사를 받았기 때문이다.[220]

은사는 교회의 유익과 교회에 속한 우리들이 하나님 나라의 유업을 얻을 수 있도록 하기 위해 주어졌다.[221] 우리 모두는 하나님 나라를 위하여 부름을 받았기에 구속사의 흐름을 잘 보고 적절하게 쓰임받아야 한다. 이는 우리가 다 택하신 족속으로, 그의 소유된 백성으로, 왕 같은 제사장으로 부름을 받았기 때문이다.

- **"성도를 온전하게 하여" : 하나님의 부르심에 합당하게 행하도록 한다. -신앙 인격 훈련**

교회의 직분자는 성도가 하나님의 부르심에 합당하게 행할 수 있도록 온전하게 해야 한다. 온전하게 한다는 말은 '강력하게 만듦'(strengthening)을 의미한다.[222] 사도 바울은 모든 그리스도인들이 자신의 사역에서 효과적으로 봉사하려면 필요한 모든 장비를 갖추고 철저히 준비해야 한다고 생각했다. 바울의 설명에 대하여 윌리엄 바클레이는 이렇게 말하고 있다.

바울이 사용한 '온전하게 하다'(Equipped)의 의미는, 마치 외과 의사가 환자의 부러진 팔다리를 바로 잡거나, 제자리를 이탈한 관절과 인대를 이어 붙여서 제자리로 돌려보내는 것과 같다. 이를 정치학으로 설명하자면 정부가 제대로 운영되기 위해서 반대하는 분파들을 회유하여 한 데로 모으는 것과 같은 의미이다. 마가복음 1 : 19에서는 '그물을 수선하는 것'과 같다는 의미로, 갈라디아 6 : 1에서는 교회의 교제권 내에서 '범죄한 자를 제대로 될 때까지 훈련시키는 것'을 일컫는 말로 사용되었다(The Daily Study Bible, p. 176-177).[223]

'온전하게 하다'는 '충분히 준비를 갖춘다'(Equipping)는 의미이다. 자기 위치에서 맡은 일을 잘할 수 있도록 그 인격과 자질을 철저하게 갈고닦는 '신앙 인격 훈련'이라 할 수 있다. 13절은 이 점을 다시 부연하여 설명하고 있는데, 우리가 교역자의 가르침과 그의 모범을 통해 갖추어야 할 내용은 무엇이며, 목표로 삼아야 할 표준은 어디에 있는가 생각하게 해준다.[224]

- **"봉사의 일을 하게 하며" : 구속사를 위한 일**

성도를 온전하게 훈련하고 무장시키는 이유는 봉사의 일을 하도록 하기 위함이다. 하나님께서는 사람을 통해 구속사를 이루신다.

각각 은사를 받은 대로 하나님의 여러 가지 은혜를 맡은 선한 청지기같이 서로 봉사하라(벧전 4 : 10)

하나님께서 직접 하시지 않고 사람을 들어서 하나님의 사랑과 예수 그리스도의 은혜와 성령의 교통하심이 흘러가게 하신다. 성도는 이러한 일을 위해 부름받았다. 그렇기 때문에 성숙하게 되면 반드시 사람과 교회를 섬기는 봉사자로 세워져야 한다.

- **"그리스도의 몸을 세우려 하심이라" : 교회－하늘과 땅이 통일됨에 사용**

이러한 성도들의 봉사를 통해 그리스도의 몸, 교회가 세워진다. 이렇게 세워진 건강한 교회는 만물에게까지 영향력을 전달함으로써 하늘과 땅이 통일되는 일을 위해 쓰임받는다.

제5강

적용질문

1. 가정도, 교회도 그리스도의 몸을 이루는 일이 우선적인 목표가 되어야 한다. 부부간에도 감정과 이해(利害)관계로 사는 부부가 있고, 그리스도의 몸을 만들기 위하여 구속사적으로 서로 애쓰는 부부가 있다. 일대일 성경공부나 소그룹 모임도 지식 전달이나 친교 모임이 아니라 몸을 이루기 위한 수고와 의도를 가져야 한다. 나는 누구와 몸을 이루기 위해 애쓰고 있는가?

2. 나는 누구를 세워 주고 있는가? 그의 성숙도는 얼마나 되는가? 그는 교회에서 어떤 봉사의 일을 감당하고 있는가? 그의 성숙을 위한 다음 단계의 목표는 무엇인가? 어떻게 돕고 있는가?

3. 에베소서적인 관점에서 볼 때 나와 나의 셀(구역, 속)과 나의 교회는 바른 방향, 올바른 목적으로 가고 있다고 말할 수 있는가? 몸을 이루기 위하여 더 필요한 것이 있다면 무엇인가? 나의 신앙은 구속사 지향적인가, 기복적인가?

3) 사랑 : 그리스도의 몸을 세우기 위함이다(엡 4 : 13-16)

Q 그리스도는 머리이시고 교회는 그의 몸이다. 몸은 어디까지 자라 가야 하는가?

A 온전한 사람을 이루어 그리스도의 장성한 분량이 충만한 데까지 도달하고 범사에 그에게까지 자라 가야 한다.

13우리가 다 하나님의 아들을 믿는 것과 아는 일에 하나가 되어 온전한 사람을 이루어 그리스도
의 장성한 분량이 충만한 데까지 이르리니 14이는 우리가 이제부터 어린아이가 되지 아니하여
사람의 속임수와 간사한 유혹에 빠져 온갖 교훈의 풍조에 밀려 요동하지 않게 하려 함이라 15오
직 사랑 안에서 참된 것을 하여 범사에 그에게까지 자랄지라 그는 머리니 곧 그리스도라 16그에
게서 온 몸이 각 마디를 통하여 도움을 받음으로 연결되고 결합되어 각 지체의 분량대로 역사하
여 그 몸을 자라게 하며 사랑 안에서 스스로 세우느니라(엡 4 : 13-16)

그리스도의 장성한 분량이 충만한 데까지 이르라

- **"우리가 다 하나님의 아들을 믿는 것과 아는 일에 하나가 되어 온전한 사람을 이루어"**

하나님의 아들과 연합된다.

- **"그리스도의 장성한 분량이 충만한 데까지 이르리니"**

그리스도의 장성한 수준에 도달한다.

- **"어린아이가 되지 아니하여 사람의 속임수와 간사한 유혹에 빠져 온갖 교훈의 풍조에 밀려 요동하지 않게 하려 함이라"**

어린아이의 미숙한 상태를 벗어나 성숙하기를 갈망한다.

- **"사랑 안에서 참된 것을 하여 범사에 그에게까지 자랄지라"**

범사에 그리스도를 닮아간다. 그리스도는 교회의 머리이시며 성도가 도달해야 할 목표이다.

그에게서 온 몸이 각 마디를 통하여 도움을 받음으로 연결되고 결합되어 각 지체의 분량대로 역사하여 그 몸을 자라게 하며 사랑 안에서 스스로 세우느니라(엡 4 : 16)

- **"그에게서 온 몸이 각 마디를 통하여 도움을 받음으로 연결되고 결합되어 각 지체의 분량대로 역사하여 그 몸을 자라게 하며"**

각 마디가 연결 고리의 역할을 제대로 해 줌으로 머리의 부요함이 전달된다.

- **"사랑 안에서 스스로 세우느니라"**

받은바 사랑으로 스스로 서는 게 중요하다.

그리스도는 믿는 모든 사람들의 성장의 원천이고 목적이며 목표이다. 바울은 모든 성도가 하나님의 아들을 믿는 것과 아는 일에 하나가 되어 온전한 사람을 이루고 그리스도의 장성한 분량이 충만한 데까지 이르러야 할 것을 요청한다. 이는 하나님의 부르심을 받아 구원받았을지라도 아직 어린아이와 같은 신앙에 있기에 계속해서 성장하여야 함을 말한다. 우리는 몸의 지체이다. 지체들은 서로 도와주고 서로 합하여 하나가 되며 각자에게 주어진 일들을 통해 서로 깊은 사랑의 관계를 맺는다. 이는 하나 된 아름다운 모습으로 교회인 몸의 질서이다. 에베소서 가운데 우리가 깨달을 수 있는 복된 사실은, 하나님께서 우리를 예수 그리스도로 말미암아 그의 자녀 삼으신 후에 교회를 세우시고 그리스도를 머리로 허락하시며 우리를 그 몸 된 지체로 부르시는 과정을 완성하신다는 것이다. 교회 안에서 우리는 서로 지어져 가며 서로 만들어져 가는 중요한 과정을 겪게 되는데, 이 모든 일들은 궁극적으로 온전한 사람이 되는 일에 필요한 과정이다. 즉, 완성될 훈련을 하는 것이다.[225]

'온전한 사람'이 되는 일이 중요하다. 구원받은 우리가 이 땅에서 그리스도의 장성한 생명으로 살아가는 일이 우리를 부르신 목적이다. 우리는 이 땅에서 그리스도의 얼굴로, 그의 대행자로 살아야 한다. 그의 몸을 세우며 아담이 저질렀던 실수를 그 아들이신 예수님과 연합하여 복구시켜야 한다. 이를 위하여 교회가 중요하다. 교회 안의 마디와 힘줄들이 머리 되신 그리스도께 연결되어 그 부요함을 유통해야 한다. 교회가 이 시대의 희망이다. 교회가 역사를 책임지고 만물을 주께로 돌아오게 해야 한다. 교회를 통하여 주님은 구속사의 완성을 기대하신다.

머리를 붙들지 아니하는지라 온 몸이 머리로 말미암아 마디와 힘줄로 공급함을 받고 연합하여 하나님께서 자라게 하시므로 자라느니라(골 2 : 19)

몸 안에서 마디와 힘줄 역할을 하는 사역자들이 중요한데, 몸과 머리의 연합, 장성한 수준에 이르도록 돕고 공급하는 일은 사역자들의 책임이다. 은사를 받은 사역자들은 그들 자신의 사변적이거나 기이한 가르침이 아닌 그리스도에 중심을 둔 말씀을 선포하고 가르침으로 교회가 열망해야 할 성숙의 기준인 예수 그리스도의 장성한 분량에 이르게 해야 된다. 그리스도의 충만이란 그리스도의 신적이고 인간적인 완전하심에 대한 최대한의 표현이다.[226]

적용질문

1. 그리스도의 장성한 분량이 충만한 데까지 자라 가라고 하셨다. 나는 얼마나 자랐다고 생각하는가?

2. 그러한 지속적인 성장을 위하여 내가 계획하고 실천하고 있는 것은 무엇인가?

3. 머리의 부요함은 마디와 힘줄의 역할과 밀접한 연관을 맺고 있다. 나의 교회 안에서의 역할, 구속사 안에서의 역할은 무엇이라고 생각하는가?

이제 복음은 하나님에게서 그리스도께로, 그리스도에게서 바울에게로, 바울에게서 에베소 교회로, 에베소 교회의 지체들은 자신들이 받은 모든 신령함과 풍성함을 이방인에게 전달하여 그 축복의 물줄기가 만물에게까지 이어져 간다. 바울은 예수님이 왔다 가신 이유, 곧 성육신하셔서 구원의 역사를 이루시고 승천하신 이유가 만물을 충만하게 하여 하늘과 땅을 통일시키려는 하나님의 경륜 때문이라고 말한다.
결국 그리스도와 만물 사이에서 충만을 전달하는 역할은 교회가 감당하는 것으로, 한 사람이 다른 사람에게, 그 둘이 셀을 이루고, 교회를 이루고 이 교회가 시대와 역사를 책임지고, 그 충만함이 채워지면 만물에게 흘러가도록 하는 것이다. 그러기 위해 마디와 힘줄의 역할이 중요하다. 사도, 선지자, 복음 전하는 자와 목사와 교사 모두가 다 말씀을 전달하는 역할을 감당한다. 말씀의 전달을 통하여 충만함이 흘러간다. 예수님 → 목자 → 교회 → 나 → 이방인 → 만물의 순서로 복음이 흘러갈 수 있도록 우리는 마디와 힘줄의 역할을 잘 감당해야 한다. 하늘과 땅의 수준이 통일되는 일은 교회의 몫이다. 바울은 이 놀라운 복음을 위하여 그리스도 예수의 일로 이방인을 위하여 감옥에 갇히고(엡 3 : 1), 주님 안에 갇혔다(엡 4 : 1)고 고백한다. 나의 감옥은 무엇인가, 나는 무엇에 갇혀 사는가?

이러한 만유를 구원하실 하나님의 경륜의 성취를 위해 부름받은 교회는 이러한 유통의 흐름이 막히지 않도록 모든 오염된 옛 사람의 찌꺼기를 버려야 할 뿐 아니라 근원이신 하나님과 코드를 맞추어 하나가 되어야 한다.

오직 너희의 심령이 새롭게 되어

하나님을 따라

의와 진리의 거룩함으로

지으심을 받은 새사람을 입으라

엡 4 : 23-24

제6강

새사람을 입으라

에베소서 4 : 17~32

6

새사람을 입으라

에베소서 4 : 17~32

의와 진리의 거룩함으로 지으심을 받은 새사람

22너희는 유혹의 욕심을 따라 썩어져 가는 구습을 따르는 옛 사람을 벗어 버리고 23오직 너희의
심령이 새롭게 되어 24하나님을 따라 의와 진리의 거룩함으로 지으심을 받은 새사람을 입으라
(엡 4 : 22-24)

바울은 교회의 지체들이 그리스도의 몸을 세우는 방식에 대해 실례들을 제시하고 그리스도인이 자신이 탐구한 진리를 어떻게 실천해야 하는지를 구체적으로 보여 준다.[227]

1. 하나님의 생명에서 떠난 사람의 특징(엡 4 : 17－19)

1) 바울의 권면(엡 4 : 17)

Q 부르심에 합당한 생활을 하는 사람은 어떤 일에 주의해야 하는가?

A 이방인들처럼 허망한 것에 마음을 주어 행하지 말아야 한다.

그러므로 내가 이것을 말하며 주 안에서 증언하노니 이제부터 너희는 이방인이 그 마음의 허망한 것으로 행함같이 행하지 말라(엡 4 : 17)

허망한 일을 버리라 : 허망한 일－방향과 목표가 없다(하나님의 생명을 떠난 자의 상태)

'허망하다'는 말은 '방향과 목표가 없다'는 말이다. 현대 문화는 잘살기 위한 수단과 방법은 개발하지만 왜 그렇게 살아야 하는지의 목표를 가르쳐 주지 못하고 있다. 바울은 성도들에게 이방인의 허망한 것으로 행하지 말라고 명하였다. 우리는 이방인들처럼 헛된 일과 우상을 섬기는 일과 그들의 영혼에 아무런 도움이 되지 못하고 그들의 기대를 기만하는 세상적인 것들에 관한 생각으로 살아서는 안 된다.[228] 이는 하나님을 떠난 자들의 죄악된 삶의 모습을 가리킨다. 그들은 마음에 하나님께서 계시지 않으므로 무지함과 완악함으로 행하며, 하나님의 생명에서 떠나 있으므로 사망의 길로 행한다. 하나님께서는 저희의 완악함을 인하여 방탕과 죄악의 길로 행하도록 '방임'하여 두셨다. 그러므로 그들은 하나님의 진노를 받을 수밖에 없다. 하나님께서는 그들의 행한 대로 보응하시기 위하여 진노의 불을 예비하고 계신다.[229]

적용질문

1. 영적 이방인(불신자)들의 삶의 가치관은 무엇인가?

2. 이방인들은 왜 허망한 것에 마음을 두고 행하는가? 그리스도인들이 그런 이방인과 차별화되려면 어떻게 해야 하는가?

3. 회심하고 하나님의 자녀가 되기를 결단하고 신앙생활을 하면서도 이방인처럼 허망한 삶

의 가치를 따라 살아가게 되는 이유가 무엇인가? 때로 나의 마음을 흔드는 허망한 것들에는 어떤 것들이 있는가?

2) 옛 사람(이방인)의 상태(엡 4 : 18)

Q 이방인들의 영적 상태는 어떠한가?

A 총명이 어두워지고 무지와 강퍅함이 그들을 지배한다. 이러한 모습은 하나님의 생명의 속성이 아니다.

그들의 총명이 어두워지고 그들 가운데 있는 무지함과 그들의 마음이 굳어짐으로 말미암아 하나님의 생명에서 떠나 있도다(엡 4 : 18)

이방인의 특징 : 마음이 굳어지고 허망한 삶을 산다

그들은 신령한 삶과는 무관한 사람들로서 어둠 속에서 목적 없이 방황하고 있다. '허망하다', '무익하다'는 단어 그대로 '목적의 부재' 또는 '어떤 참된 목적에도 달성하지 못함'을 의미한다. 목적의 부재는 인생을 허망함으로 이끌고 죄인의 비극은 마음이 굳어짐이다. 이는 모든 민감성을 상실하는 것으로 예수님을 자기 삶의 주인으로 받아들이기를 거절한 사람의 마지막 상태이다. 단순히 나쁜 사람은 자신의 죄를 숨기려 할 뿐이지만 영혼이 방탕한 사람은 자신의 욕망을 채우기 위해서 사람들에게 상처를 주고 무시하고 모욕하는 일에 개의치 않는다.[230] 여기에 쓰인 '굳어짐'이란 단어는 원래 대리석보다도 더 굳은돌을 말하는 단어에서 유래된 것으로, 의학에서는 관절 속에 생겨 관절의 원활한 동작을 마비시키는 통풍(通風)석을 의미한다. 이 단어는 너무 굳어져서 아무것도 느끼지 못하고 반응할 수 없는 상태를 가리킨다. 이런 면에서 죄는 인간의 양심을 무디게 만들어 범죄의 수치심을 마비시키는 무서운 능력을 지니고 있다. 그러므로 신앙인은 죄에 대한 감각을 상실하지 않도록 언제나 양심의 고삐를 늦추지 말고 죄에 대항하는 칼날이 무뎌지지 않도록 경성할 필요가 있다.[231]

그러나 이 사람들은 본래 잡혀 죽기 위하여 난 이성 없는 짐승 같아서 그 알지 못하는 것을 비방하고 그들의 멸망 가운데서 멸망을 당하며(벧후 2 : 12)

그러므로 너희 마음의 허리를 동이고 근신하여 예수 그리스도께서 나타나실 때에 너희에게 가져다주실 은혜를 온전히 바랄지어다(벧전 1 : 13)

적용질문

1. 생각이 허망해지고 감각 기능이 둔해지면 어떤 결과가 나타나는가?

2. 나에게 있어서 혹시 아직 해결되지 않은 이런 이방인적인 성품은 없는가?

3. 내게는 어떤 신령한 삶이 있는가?

3) 무지와 마음이 굳어짐의 결과(엡 4 : 19)

제6강

Q 무지와 마음이 굳어짐으로 인해 초래된 결과가 무엇인가?

A 자신의 죄를 깨닫지 못하는 무감각한 상태로 하나님과 원수가 되고, 하나님의 생명에서 떠나 있게 된다.

그들이 감각 없는 자가 되어 자신을 방탕에 방임하여 모든 더러운 것을 욕심으로 행하되(엡 4 : 19)

옛 사람의 상태

• 마음에 영적 긴장이 없는 자 : 욕망대로, 충동대로 – 하나님의 생명에서 떠났다.

인격적인 기준이나 사회적인 제재, 가치의 원칙이 없이 욕망대로, 충동대로 살아간다. 그들은 마음이 허망하여 인생의 목적을 발견하지 못하고 이 허망함으로 말미암아 인생의 진정한 의미를 알지 못하는 어두움의 상태에 빠진다. 이 어두움은 그들에게 영적인 무지를 가져오고 마음을 굳게 하여 생각과 가치관이 비뚤어지고 양심이 마비되어 버리게 한다. 결과적으로 이것들은 하나님의 생명에서 분리되는 참혹한 결과를 초래한다. 하나님 없는 사람, 하나님과 관계없는 삶을 사는 이방인들의 삶이 바로 이런 삶의 모습이다.[232)]

• 하나님의 생명에서 떠나 있는 자 : 죄에 대한 무지와 양심의 무감각－죽음

'하나님의 생명'은 모든 피조물에게 생명을 부여하는 근원이다(Bruce, Lincoln). '하나님의 생명에서의 떠남'은 곧 하나님으로부터의 소외를 의미하는 것으로 '죽은'(엡 2 : 1, 5), '하나님께서 없는'(엡 2 : 12) 상태를 가리킨다. 이처럼 하나님으로부터 소외된 이유는 다음 두 가지이다.

무지함－이에 해당하는 헬라어 '아그노이안'은 선천적인 죄에 대한 무지를 가리킨다(Lenski).

마음이 굳어짐－'굳어짐'의 헬라어 '포로신'은 돌같이 딱딱한 상태를 묘사하는 것으로, '마음이 굳어짐'이란 말은 자신의 잘못에 대해서 양심(良心)의 가책을 느끼지 못하는 무감각한 상태를 가리킨다. 이것은 하나님에 대해 완고해지는 것으로 하나님과 원수가 되고 하나님으로부터 멀어지게 된다(골 1 : 21, Lincoln).[233] 육체에서 영혼이 떠나가면 사람이 죽는 것처럼, 우리 영혼은 생명의 근원이신 하나님에게서 떨어지면 죽는다. "나는 포도나무요 너희는 가지라"(요 15 : 5)라는 예수님의 말씀처럼 하나님과의 교통에서 끊어지지 않도록, 그 은혜의 공급이 멈추지 않도록 조심해야 한다.

• 영적 감각이 없는 자 : 하나님의 도에 무감각, 무질서

마음이 굳어짐으로 말미암아 하나님과 하나님의 도에 대해 무감각해졌다. 세상 문화에 마음을 줘 버리면 영적인 감각은 무뎌져서 하나님에 대해서, 영적인 것들에 대해 반응하지 못한다. 피리를 불어도 애곡하지 않고 기뻐할 때 기뻐하지 못하는 세대, 더러운 것에 민감하게 반응하고 가치관이 전도되어 버린 세대, 이것이 성경이 진단하는 죄악 속에 빠져 있는 이방인의 삶의 모습이다. 삶에 기준이 없어서 무질서, 상대화의 어둠 속에 빠진 채 저마다 자기가 원하는 더러운 욕심을 행하며 살아간다. 예수님, 성령님, 하나님께서 계시지 않는 사람들의 삶이다.[234]

• 모든 더러운 것을 욕심으로 행하는 자 : 그릇된 행위로 스스로 썩어져 간다.

너희는 유혹의 욕심을 따라 썩어져 가는 구습을 따르는 옛 사람을 벗어 버리고(엡 4 : 22)

옛 사람은 행위가 그릇되어 있다. 유혹을 좇아 살고 구습을 좇아 스스로 썩어져 간다. 하나님께서 계시지 않는 사람들의 특징은 욕심을 따라 사는 생활이며 그 삶은 더럽다. 하나님도 없고, 내세도 없고, 소망도 없고, 욕망의 세계만 있어 먹고 마시는 것이 전부이다. 그리고 욕심대로 즐기고 살다가 죽는다.

"그들이 감각 없는 자가 되어"라는 말씀은 사람이 마땅히 하나님께 반응하면서 살아야 하는데 영적인 것에 둔감해져서 신령한 세계, 하나님에 관하여는 느낌도, 응답도 없다는 말씀이다.

적용질문

1. 허망한 것에 마음을 두고, 마음이 강퍅해질 때 따라 오는 결과는 무엇인가?

2. 나는 영적 세계를 어떻게 느끼는가? 예배 때, 말씀을 들을 때, 기도할 때, 찬양할 때 하나님의 임재와 그 음성을 어떻게 느끼는가?

3. 마음의 굳어짐은 한 번에 오지 않는다. 조금씩, 차츰 내가 알지 못하는 사이에 마음은 굳어지며 죄에 대해, 나의 습관에 대해 무디어 진다. '이것쯤이야' 하고 쉽게 생각하는 기준과 행동은 없는가? 지금 바꾸기를 원하는 생각, 감정, 행동, 습관에는 무엇이 있는가?

| 로마서 1 : 18–32과 에베소서 4 : 17–19 비교[235] |

로마서 1 : 18–32	에베소서 4 : 17–19
1단계 : 완악함	
불의로 진리를 막는 사람들(18절)	그들의 마음이 굳어짐으로(18절)
하나님을 알되 하나님을 영화롭게도 아니하며(21절)	
그들이 마음에 하나님 두기를 싫어하매(28절)	
2단계 : 어두움	
오히려 그 생각이 허망하여지며(21절)	그 마음의 허망한 것(17절)
미련한 마음이 어두워졌나니(21절)	그들의 총명이 어두워지고(18a절)
어리석게 되어(22절)	그들 가운데 있는 무지함(18b절)
상실한 마음(28절)	

3단계 : 죽음 혹은 심판	
그러므로 하나님께서 그들을……내버려 두사(24절)	그들……하나님의 생명에서 떠나 있도다(18절)
이 때문에 하나님께서 그들을……내버려 두셨으니(26절)	
하나님께서 그들을……내버려 두사(28절)	
4단계 : 무모함	
더러움(24절)	그들이 감각 없는 자가 되어 자신을 방탕(이는 파렴치한 종류의 추잡한 행위)에 방임하여 모든 더러운 것을 욕심으로 행하되(19절)
부끄러운 욕심(26절)	
부끄러운 일(27절)	
합당하지 못한 일(28절)	
모든 불의……(29–31절)	

2. 새사람을 입으라(엡 4 : 20–24)

1) 스승 되신 그리스도(엡 4 : 20–21)

Q 새사람을 입은 사람은 어떤 모델을 따르고 배우는가?

A 그리스도이다. 구원은 그분의 제자가 되기 위해 그분의 인격과 사역을 배우는 일이 포함된다.[236)]

[20]오직 너희는 그리스도를 그같이 배우지 아니하였느니라 [21]진리가 예수 안에 있는 것같이 너희가 참으로 그에게서 듣고 또한 그 안에서 가르침을 받았을진대(엡 4 : 20–21)

우리는 무덤(영적 죽음의 자리)에서부터 예수 그리스도를 받아들이고 새 생명을 얻었다. 그러나 우리는 아직도 썩고 냄새나는 옷을 걸치고 있다는 사실을 잊지 말아야 하며 계속 새로운 사람으로 변화되어야 한다. '변화되어 간다'는 것은 '지속적으로 옛 사람에게 속한 것들을 버리는 작업'이 계속 되어가야 함을 의미한다. 이것이 바로 성화의 사건으로 그리스도인이 거룩해져 가는 체험이다. 옛 사람을 버리고 새사람이 되는 성화는 하나님을 따라 하나님의 인격을 닮아가는 것으로 하나님의 인격의 초점은 의와 진리의 거룩함이다. 따라서 하나님의 인격을 닮아 새사람이 된다는 것은 의로운 사람이 되고 거룩한 사람이 되는 것을 말한다. 의롭고, 참되고, 거룩한 사람이 되어가는 것, 하나님의 인격을 내 속에서 이루어 가는 삶을 계속 추구해 나가야 한다.[237)]

적용질문

1. 우리 교회의 설교자는 누구인가? 나는 설교 말씀을 들을 때 목사님의 말로 듣는가, 그리스도의 음성으로 듣는가?(엡 4 : 20－21)[238)]

2. 나의 삶에 중요한 일을 결정해야 할 때 나는 누구에게 자문을 구하는가? 실제적인 삶의 가르침을 받는 스승(멘토)은 누구인가? 그는 나를 그리스도께로 인도하는 스승이라고 말할 수 있는가?

3. 나에게 나타난 성화의 증거들은 무엇인가? 남들이 나의 변화를 알아보고 증거해 주는 사례가 있었는가?

2) 옛 사람을 벗고(엡 4 : 22)

Q 우리에게 있는 옛 사람의 특성은 무엇인가?

A 유혹의 욕심을 따르고 썩어져 가는 구습을 따른다.

너희는 유혹의 욕심을 따라 썩어져 가는 구습을 따르는 옛 사람을 벗어 버리고(엡 4 : 22)

옛 사람의 특성 : 하나님의 형상을 잃어버린 자－육적인 본성, 아담

3무릇 그리스도 예수와 합하여 세례를 받은 우리는 그의 죽으심과 합하여 세례를 받은 줄을 알
지 못하느냐 4그러므로 우리가 그의 죽으심과 합하여 세례를 받음으로 그와 함께 장사되었나니
이는 아버지의 영광으로 말미암아 그리스도를 죽은 자 가운데서 살리심과 같이 우리로 또한 새

생명 가운데서 행하게 하려 함이라 5만일 우리가 그의 죽으심과 같은 모양으로 연합한 자가 되었으면 또한 그의 부활과 같은 모양으로 연합한 자도 되리라 6우리가 알거니와 우리의 옛 사람이 예수와 함께 십자가에 못 박힌 것은 죄의 몸이 죽어 다시는 우리가 죄에게 종노릇하지 아니하려 함이니 7이는 죽은 자가 죄에서 벗어나 의롭다 하심을 얻었음이라 8만일 우리가 그리스도와 함께 죽었으면 또한 그와 함께 살 줄을 믿노니 9이는 그리스도께서 죽은 자 가운데서 살아나셨으매 다시 죽지 아니하시고 사망이 다시 그를 주장하지 못할 줄을 앎이로라 10그가 죽으심은 죄에 대하여 단번에 죽으심이요 그가 살아 계심은 하나님께 대하여 살아 계심이니 11이와 같이 너희도 너희 자신을 죄에 대하여는 죽은 자요 그리스도 예수 안에서 하나님께 대하여는 살아 있는 자로 여길지어다(롬 6 : 3-11)

너희가 서로 거짓말을 하지 말라 옛 사람과 그 행위를 벗어 버리고(골 3 : 9)

'옛 사람'은 죄로 인해 하나님의 형상을 잃어버린 채, 그리스도를 알지 못하는 자이다(Calvin). 중생하기 이전의 행실, 성격, 태도를 총칭하는 말로서 옛 생활을 되풀이하려는 육적인 본성이기도 하며(Moffatt, Bruce) 악이나 그 세력의 지배하에서 살아가는 삶을 의미하기도 한다. 한편 '벗어 버리고'는 에베소서 4 : 24의 '입으라'와 대조적 개념으로 죄로 물든 옛 생활방식에서 떠나는 것을 의미한다.[239)]

바울의 권면은 옛 사람을 대표하는 '아담'과 새사람을 대표하는 '그리스도'를 극명하게 대조시킴으로써 그 절정을 이루고 있다. 이것은 분명히 옛 창조와 새 창조의 대비이다. 옛 창조의 대표인 아담이 본래 받았던 하나님의 형상을 잃었다는 것은 그리스도의 새 창조를 통해 그 형상이 새로 지음받아야 함을 의미한다. 옛 질서는 아담 안에 존재한다. 반면에 새 질서는 재창조된 사회로 상징되는 '그리스도' 안에 있다. 이와 같은 전이는 세례를 받을 때 나타난다. 이것은 성령의 인 치심이라는 관점에서 '벗고-입고', '어두움-빛', '죽음-생명'이라는 대비로 표현된다(Ralph p. Martin). 그들(옛 사람, 불신자, 이방인)이 하나님으로부터 소외된 것은 그들의 '무지함' 때문이며, 그들은 공허한 마음, 어두워진 총명, 내적 무지로 무정해지고 방탕해졌으며 만족할 줄 모르게 더러워졌다고 말한다. 그러나 대조적으로 성도들은 그리스도를 '배우고', 그에게서 '듣고', 그 안에서 '가르침'을 받음으로 예수 안에 있는 '진리'를 따른다. 바울은 이렇게 이교도들의 어둠과 무지, 그리고 그리스도인들이 배운 그리스도의 진리를 대조시킨다.[240)]

적용질문

1. 나의 옛 사람은 어떤 모습이고, 새사람은 어떤 모습인가? 무엇이 바뀌었는가?

2. 그리스도 안에서 매일 새 창조가 진행되고 있는가? 요즈음 주님이 치료하시고 만지시는 부분은 어떤 부분인가?

3. 생명을 좇는 삶은 하루아침에 이루어지지 않는다. 나의 변화와 성장을 위하여 내가 힘쓰고 애써 노력하는 부분은 무엇인가?

3) 새사람을 입으라(엡 4 : 23－24)

Q 옛 사람을 벗고, 새사람을 입으라고 말씀했는데 벗고, 입는다는 개념을 어떤 방법으로 접근할 수 있는가?

A 옛 사람을 벗고 : 세례받을 때 삼위 하나님의 이름으로 드렸던 결단
새사람을 입으라 : 의와 진리의 거룩함을 따라감, 진리의 영이신 성령님의 인도를 따라 이끄시는 광야의 훈련들(하나님, 진리의 거룩함)을 받아들임

23오직 너희의 심령이 새롭게 되어 24하나님을 따라 의와 진리의 거룩함으로 지으심을 받은 새
사람을 입으라(엡 4 : 23－24)

생각의 변화 : 구원－옛 사람에서 새사람으로의 상태 변화

너희는 하나님으로부터 나서 그리스도 예수 안에 있고 예수는 하나님으로부터 나와서 우리에게 지혜와 의로움과 거룩함과 구원함이 되셨으니(고전 1 : 30)

그런즉 누구든지 그리스도 안에 있으면 새로운 피조물이라 이전 것은 지나갔으니 보라 새것이 되었도다(고후 5 : 17)

'심령'이란 말은 '너희의 생각의 영으로'라고 직역할 수 있다. 영의 기능은 지식과 감정과

의지이며 생각은 사람에게 있어서 매우 중요하다. 구원은 생각의 변화이고 옛 사람의 상태에서 새사람의 상태로 옮겨지는 것이다. 우리가 구원받을 때 우리의 생각이 새롭게 되었다. 계속성을 내포하고 있는 '새롭게 되어'는 우리의 구원은 우리의 생각의 변화에서 시작되지만, 그 생각의 변화는 한 번으로 끝나지 않고 계속적으로 진행됨을 이야기한다. '입으라'는 '회개하고 돌이켜서 새사람이 된다'는 뜻이다. 우리는 그리스도의 구속(救贖)으로 말미암아 그리스도의 의의 옷을 입고 하나님의 은혜로 의롭다 하심과 법적으로 완전한 의와 거룩을 얻었다.

예수님은 우리의 의(義)가 되신다. 옛 사람을 벗어 버리고 새사람을 입은 자들이 실제로 새사람답게 사는 것이 성화(聖化)이다. 그러나 성화도 하나님의 은혜로 가능하다.[241)]

적용질문

1. "그리스도 안에 있으면 변화된다."라고 말씀한다. 그리스도 안에 있다는 말씀을 설명해 보자.[242)]

2. '심령이 새롭게 되어' 우리의 마음을 바꾸기 위해서 우리가 할 수 있는 훈련이나 프로그램들은 어떤 것들이 있는가?[243)]

3. 그리스도인의 삶을 살기로 결단한 우리는 이 세상 가운데 살아가면서 많은 도전과 유혹을 받는다. 죄, 유혹, 시험 앞에 섰을 때 지혜롭게 거절했었던 사례가 있었다면 나누어 보자.

3. 새사람의 특징(엡 4 : 25-32)

1) 거짓을 버리라(엡 4 : 25)

Q 성경은 이웃과 더불어 거짓말을 하지 말아야 할 이유를 무엇이라고 말하는가?

A 우리가 서로 지체이기 때문이다. 몸 안에 있는 지체는 서로 보완하고 협력해야 건강하게 살 수 있다.

그런즉 거짓을 버리고 각각 그 이웃과 더불어 참된 것을 말하라 이는 우리가 서로 지체가 됨이라(엡 4 : 25)

거짓말을 하지 말고 참말을 하라 : 소통 – 건강한 몸의 질서

몸의 질서는 소통이다. 거짓은 서로의 마음을 상하게 하여 교통을 막아 버린다. 바울이 여기에서 제시하는 여러 윤리적 가르침들은 단순한 도덕적 가치로서의 윤리가 아니고 몸을 위한, 소통을 위한 덕목들이다. 우리가 거짓을 버리고 참말을 해야 하는 것은 서로 지체이기 때문이다. 옛 사람의 특징 중 하나는 '거짓'이다(골 3 : 9). 반면 '새사람'의 특징은 '참말을 하는 것'이다. 진실을 통한 상호 간의 신뢰감 대신에 거짓으로 인해 생겨난 불신은 유기체를 분열시키고 파괴시키기 때문이다(Lincoln). 바울은 성도들에게 거짓을 버리고 이웃으로 더불어 참된 것을 말하라고 명했다. 거짓은 마귀의 속성이다(요 8 : 44). 하나님께서는 거룩하시어 거짓과 함께하지 않으신다. 하나님의 자녀들은 하나님의 거룩하심을 따라 항상 참된 것만을 말하고 행하여야 한다.[244)]

적용질문

1. 그리스도인의 최고의 가치는 몸의 질서이다. 머리 되신 우리 주님의 뜻이 교회를 통하여 이 땅에 완성되는 일이 하나님의 경륜이다. 내게 있어서 교회의 의미는 무엇인가? 내가 생각하는 건강한 교회상은 무엇인가?

2. 나의 부족함이나 연약함으로 인하여 교회 안에 교통이 방해받은 경우는 없었는가? 지금 나의 도움을 필요로 하는 몸의 요구에는 어떤 것이 있는가?

3. 그리스도인은 믿은 후에 내가 좋아하는 것, 취미 생활, 사귀는 친구, 투자하는 일, 말버릇에 이르기까지 모든 일에서 옛 습관을 버려야 한다. 심령으로, 즉 마음속으로부터 바꾸어야 한다. 사람들이 나를 보고 딴 사람(새사람)이 되었다고 평가하는 소리를 들어 본 적이 있는가?[245)] 무엇이 바뀌었는가?

2) 새사람의 실천 법칙 1(엡 4 : 26–32)

Q 하나님의 성령을 근심하게 하는 죄들에는 어떤 것들이 있는가?

A 도둑질, 더러운 말, 모든 악독, 노함, 분 냄, 떠드는 것, 비방하는 것, 모든 악의

30하나님의 성령을 근심하게 하지 말라 그 안에서 너희가 구원의 날까지 인 치심을 받았느니라
31너희는 모든 악독과 노함과 분 냄과 떠드는 것과 비방하는 것을 모든 악의와 함께 버리고(엡 4 : 30-31)

자신에 대한 덕목들

• 언어생활(엡 4 : 25, 29) : 거짓말을 하지 않는다.

25그런즉 거짓을 버리고 각각 그 이웃과 더불어 참된 것을 말하라 이는 우리가 서로 지체가 됨이라
29무릇 더러운 말은 너희 입 밖에도 내지 말고 오직 덕을 세우는 데 소용되는 대로 선한 말을 하여 듣는 자들에게 은혜를 끼치게 하라(엡 4 : 25, 29)

더러운 말은 입 밖에도 내지 말라. 덕을 세우는 데 유익한 말만 하라. 선한 말을 하여 듣는 자들에게 은혜를 끼치라. 추하고 더러운 말은 썩어 냄새나는 고기와 같이 독이 있고 다른 사람까지 오염시킨다. 더러운 말은 더러운 마음에서 나오며 그 말을 듣는 다른 사람들의 마음과 태도에도 악한 영향을 주게 되므로 그런 언어는 삼가야 한다. 모든 사람들이 다른 사람의 격정과 욕망을 자극하기 위하여 더러운 말을 하는 것이 일반적이지만, 더러운 대화를 버릴 뿐만 아니라 '덕을 세우는 데 소용이 되는 선한 말'을 선택해야 한다. 대화가 지닌 가장 유용한 점은 그것으로 우리가 상대방을 교화시킬 수 있다는 점이다. 그리스도인들이 마땅히 유익한 대화를 함으로 듣는 자에게 은혜를 끼치게 해야 한다(엡 4 : 29). 그리스도인들은 입술로 범죄하지 않도록 주의하고 타인들의 유익을 위하여 할 수 있는 대로 언행을 개선해 나가는 것이 크나큰 의무이다.[246]

• 바른 노동관(물질관, 엡 4 : 28)

도둑질하는 자는 다시 도둑질하지 말고 돌이켜 가난한 자에게 구제할 수 있도록 자기 손으로 수고하여 선한 일을 하라(엡 4 : 28)

도둑질하지 않고 구제할 수 있도록 열심히 일하고 선한 일을 해야 한다. 이 구절의 배경

은 유대인과 헬라인들의 사고에서 비롯된 것으로, 유대인은 자기 손으로 수고하는 것과 나누는 것을 귀중하게 생각했지만 헬라 장인들이 자신들의 일에 대한 자부심이 있었음에도 불구하고, 지중해 전역의 헬라 귀족 계층은 손으로 하는 일을 낮은 계층의 의무로 여겨 멸시하였다.[247]

바울은 회개가 한 사람의 생활 방식에 어떻게 영향을 끼치는지를 보여 주기 위해 도둑질한 자를 예로 들고 있다. 회개는 멈추는 것(소극적 측면)과 시작하는 것(적극적 측면), 둘 다를 포함한다. 도둑은 도둑질을 멈추고 선한 일을 하기 시작해야 한다. 도둑질은 게으름과 탐욕에서 비롯되므로 회개한 도둑은 그와 정반대되는 부지런한 수고와 기꺼이 구제하려는 마음을 보여 주어야 한다.[248]

이웃에 대한 덕목들

• 감정 조절(분노, 엡 4 : 26)

분을 내어도 죄를 짓지 말며 해가 지도록 분을 품지 말고(엡 4 : 26)

19내 사랑하는 형제들아 너희가 알지니 사람마다 듣기는 속히 하고 말하기는 더디 하며 성내기도 더디 하라 20사람이 성내는 것이 하나님의 의를 이루지 못함이라(약 1 : 19–20)

악독, 노함, 분 냄, 떠드는 것, 비방하는 것을 모든 악의와 함께 버리라. 분을 내지 않기는 어렵지만 분을 내더라도 죄를 짓지는 말아야 한다. 분을 내면 죄를 짓기가 쉽다는 뜻이다. 즉, 그 '분' 자체는 죄가 아닐 수도 있지만, 분을 내다 보면 죄를 짓기가 쉽기 때문에 분을 내더라도 죄로 이어지게 해서는 안 된다. 그러기 위해서는 생명의 문제로 돌아갈 수밖에 없다. 분을 계속 품고 있으면 마음이 굳어지고 그럴 때 하나님의 생명에서 떠나게 된다. 분을 내면 부드러운 마음을 유지할 수 없고 사탄에게 틈을 주어 이용당할 수 있다.[249]

• 이웃관(엡 4 : 32)

서로 친절하게 하며 불쌍히 여기며 서로 용서하기를 하나님이 그리스도 안에서 너희를 용서하심과 같이하라(엡 4 : 32)

친절하게 하며 불쌍히 여기고 용서하는 태도는 하나님께서 먼저 우리를 용서하셨고, 주기도문(우리가 우리에게 잘못한 사람을 용서하여 준 것같이 우리 죄를 용서하여 주시고, 마 6 : 12, 눅 11 : 4)이 우리에게 상기시키듯이 우리에게 하나님의 용서가 매일 필요하다는 점을 끊임없이 상기시키는 데서 나온다.[250]

적용질문

1. 이웃과의 사이에서 실천해야 하는 새사람의 특징들을 열거하고 있다. 나의 변화를 의한 덕목들을 열거해 보자.

2. 나에게 악하게 대하는 사람들조차도 그리스도의 사랑으로 품을 수 있는 용서의 마음이 나에게 있는가? 그 힘은 어디에서 오는가?

3) 새사람의 실천 법칙 2(엡 4 : 26－32)

Q 영적 전쟁에 임하는 자의 마음의 자세는 어떠해야 하는가?

A 마귀에게 틈을 주지 말고 하나님께 대하여 영적으로 깨어 있어야 한다.

마귀에 대한 태도

• 영적 무장(엡 4 : 27, 31)

27마귀에게 틈을 주지 말라
31너희는 모든 악독과 노함과 분 냄과 떠드는 것과 비방하는 것을 모든 악의와 함께 버리고(엡 4 : 27, 31)

마귀가 틈탈 기회를 주어서는 안 된다. 악은 모양이라도 버려야 한다. 모든 악독이란 모든 종류의 악독으로, '모든'이란 말은 노함과 분 냄과 떠드는 것과 비방하는 것과 악의를 버려야 함을 말한다. '악독'이 목록의 첫머리에 오는 것은 아마도 악독이 종종 바울이 거론하는 나머지 죄들로 귀결되기 때문일 것이다. 악독은 하나님 앞에서 바르지 못한 마음에서 나온다(행 8 : 21－23). 악독은 거듭나지 않은 사람의 주된 특징이며(롬 3 : 10－14) 파멸과 더러움을 야기한다(히 12 : 15). 따라서 악독과 분노는 그리스도인의 성품과 양립될 수 없기에 버려야 한다. 혀는 다른 사람들에게 산불과 같이 큰 해를 끼칠 수 있는데도(약 3 : 4－6) 사람들은 종종 말에 있어 매우 부주의하다.[251]

노하기를 더디 하는 자는 용사보다 낫고 자기의 마음을 다스리는 자는 성을 빼앗은 자보다 나으니라(잠 16 : 32)

시험을 받는 것과 죄를 구별해야 한다. 분이 나는 것과 유혹을 받는 것은 죄가 아니다. 그 생각을 가라앉히면 죄가 아니다. 겟세마네 동산의 예수님도 십자가를 지는 것이 너무 힘든 일이어서 피할까 하고 몇 차례나 망설이셨지만 결국 아버지께 순종하셨다. 우리에게도 그런 과정이 온다. 마귀는 예수님을 쓰러뜨리려고 수없이 찾아와서 시험했다. 우리도 시험을 받을 때 하나님의 도우심을 받아 넘어지지 않고 승리하면 죄가 아니다.[252]

하나님께 대한 자세

• 신령한 삶(엡 4 : 30－31) : "하나님의 성령을 근심하게 하지 말라"

30하나님의 성령을 근심하게 하지 말라 그 안에서 너희가 구원의 날까지 인 치심을 받았느니라
31너희는 모든 악독과 노함과 분냄과 떠드는 것과 비방하는 것을 모든 악의와 함께 버리고(엡 4 : 30－31)

성령의 인 치심을 통해 구속의 날까지 보호를 받지만 그렇다고 성령을 근심하게 해서는 안 된다. 에베소서 4 : 25~32은 성령을 근심하게 하는 요소들로 거짓, 분노, 마귀에게 틈을 주는 행위 등을 말한다. 신령하지 못한 세속의 삶은 성령을 근심시키는 일이 된다. 성령께서 우리 안에 내주하고 계시므로 성령을 자꾸 근심하게 하면 성령을 따르는 삶의 능력이 소멸된다. 우리 모두는 성령님의 인 침을 받은 자들이기 때문이다. 그분은 우리의 기업에 보증이시며, 그분이 우리 속에 계시다는 사실은 우리가 바로 지금 하늘의 삶을 살아야 함을 의미한다. 하나님 앞에서라고 해서 이 모든 일이 저절로 이루어지는 것은 아니다.[253]

적용질문

1. 도둑질하지 말고 수고하여 선한 일에 힘쓰라는 말씀은 그리스도인의 직업관을 보여 준다. 나의 직업관, 사명관은 어떠한가?

2. 성령이 근심하시는 이유가 무엇인가? 성령이 근심하지 않도록 우리가 해야 할 일은 무엇인가?

"성령을 근심하게 하지 말라"라는 말씀이 소극적 명령이라면, "술 취하지 말라 이는 방탕한 것이니 오직 성령으로 충만함을 받으라"(엡 5 : 18)라는 말씀은 적극적인 명령이다. 나는 매일의 삶 속에서 무엇에 취해 살아가고 있는가?

제6강

에베소서 4장의 정리

하나 된 그리스도의 몸(교회)을 통하여 하늘과 땅이 통일됨

내리셨던 그가 곧 모든 하늘 위에 오르신 자니 이는 만물을 충만하게 하려 하심이라(엡 4 : 10)

1) 부르심에 합당하게 행하라(엡 4 : 1-6)

한 몸, 한 성령, 한 소망, 한 주, 한 믿음, 한 세례, 한 하나님 : 만유를 통일하기 위함이다.

2) 그리스도를 통하여 만물을 구원하시려는 하나님의 계획(엡 4 : 7-10)

선물의 분량만큼 은혜 주셔서 영혼들을 얻게 하신다.

예수 그리스도는 만물의 충만을 위하여 왔다 가셨다.

3) 사명(직분)의 목적(엡 4 : 11-16)

사도, 선지자, 복음 전하는 자, 목사, 교사를 통해 '성언운반일념'을 가진 성도를 세우시고 봉사의 일을 하게 하신다. 그리스도의 몸을 세우려 하심이다.

4) 이런 사명이 있는 자(엡 4 : 17－32)

이방인처럼 살지 말고 옛 사람을 벗고 새사람을 입으라. 곧, 영광스러운 교회로서 현장에서 살아가는 삶을 말한다.

적용질문

1. 마디와 힘줄의 역할을 통하여 몸인 교회를 잘 세워 가고 있는가?
2. 옛 사람을 벗어 버리고 심령이 새롭게 되어 하나님을 따라 지으심을 받은 새사람을 입었는가?
3. 한 몸, 한 믿음, 한 주로 연합되기 위하여 시도하고 있는 최근의 구속사적인 수고를 말해 보자.

하늘과 땅을 통일되게 하시려는 하나님의 경륜을 위해 예수님이 이 땅에 오셔서 죽으시고 부활, 승천하셨다. 그리스도의 은혜와 성령의 하나 되게 하심으로 세워진 교회는 이제 이 경륜을 위해 이방인들을 넘어 만물에게까지 구속의 물줄기를 흘려보내야 한다. 이 사명을 감당하기 위해 하나님께서는 교회 안에 직분자들을 세우셨다. 온 몸을 이어 주는 각 마디가 되는 직분자들은 머리 되신 그리스도의 풍성함을 지체들에게 흘려보내어 그들을 온전하게 하며, 봉사의 일을 하게 하고, 그리스도의 몸으로 세워 가야 한다. 이러한 일들을 감당하기 위해서는 복음의 유통을 막는 모든 더러운 것들을 버리고 새사람으로서의 삶을 살아가야 한다. 겸손, 온유, 오래 참음, 사랑은 우리를 한 몸, 한 영, 한 소망, 한 주, 한 믿음, 한 세례, 한 하나님으로 묶는 중요한 덕목들이다.

너희가 전에는 어둠이더니

이제는 주 안에서 빛이라

빛의 자녀들처럼 행하라

엡 5 : 8

제7강

구속사를 위해 빛의 자녀가 되라

에베소서 5 : 1~33

7

구속사를 위해 빛의 자녀가 되라

에베소서 5 : 1~33

기업을 상실하게 하는 옛 사람의 성품을 벗고 빛의 자녀들이 되라

너희가 전에는 어둠이더니 이제는 주 안에서 빛이라 빛의 자녀들처럼 행하라(엡 5 : 8)

하나님께서는 타락한 이 땅을 다시 구원하실 계획을 가지셨다. 그 일은 창조 시에 삼위 하나님의 합작품으로 사람을 창조하셨듯이 육신을 입고 오신 아들이신 예수 그리스도와 성령님을 통하여 이 땅에 아버지의 신성을 다시 충만하게 전달하는 일이다.

하나님께서는 아들을 십자가, 부활, 승천으로 하늘 통치의 보좌에 앉게 하시고, 그가 머리가 되고, 교회가 그의 몸이 되어서 둘이 연합함으로 한 몸이 되어 이 땅의 문제를 풀어 가는 구속사의 계획을 가지고 계신다. 따라서 우리 교회는 구속사의 마지막 희망이다.

에베소서에 보여 준 교회를 통해 이루시는 구속사의 흐름

에베소서 1장 : 만물의 충만함을 통하여 완성되는 그리스도의 몸인 교회, 교회는 만물 안에서 만물을 충만하게 하시는 그리스도의 충만(구속사를 위한 하나님의 경륜에 대한 전체 그림)

에베소서 2장 : 한 새사람, 가족, 성전, 거처로서의 교회

에베소서 3장 : 우리 안에 거하셔서 우리의 지, 정, 의를 채우시는 하나님의 모든 충만하심으로서의 교회

에베소서 4장 : 장성한 그리스도의 수준까지 성장한 주님의 몸으로서의 교회

에베소서 5장 : 신랑을 위해 단장하는 영광스러운 신부로서의 교회

에베소서 6장 : 하나님의 전신 갑주로 무장하여 악한 영들과 싸우는 군사로서의 교회

때문에 이 교회를 그리스도의 장성한 분량이 충만한 수준으로 성숙시키기 위하여서는 마디와 힘줄의 역할이 대단히 중요하다.

1. 신성의 충만이 예수님으로부터 만물까지 흘러갈 것이다(엡 1 : 20－23).
2. 마디와 힘줄 역할을 감당하는 교회의 사역자(항존직, 리더)들은 그 충만함이 온 몸, 모든 지체에 흘러가도록 먼저는 자신이 그리스도와 동일시되어야 한다(엡 2 : 5－6).
3. 이방인, 내가 섬기는 지체에게 그 풍성함을 그대로 전달해야 한다(엡 3 : 6).
4. 마디와 힘줄이 되어 그리스도의 장성한 분량이 충만한 수준에까지 도달한 성숙한 몸을 만들어야 한다(엡 4 : 11－16).
5. 부부가 그리스도의 몸이 되기, 부모와 자식, 직장에서의 만남, 교회 안에서 목자와 양의 만남이 그리스도의 몸을 만들기 위한 수고가 되어야 한다(엡 5－6장).
6. 이러한 수고들은 결국 우리 주님이 왔다 가신 구속사의 전체 프로세스를 도와서 땅에서 먼저 연합, 통일이 이루어지고, 더 나아가 만물이 하늘과 통일되고(엡 1 : 10), 충만하게 되는(엡 4 : 10) 구속사의 완성에까지 도달할 것이다.

교회가 타락한 이 역사를 하나님 나라로 바꾸는 구속사를 완성시키기 위해서는 그리스도의 충만함을 전달할 통로로서의 자질을 갖춰야 한다. 죄, 세상의 문화, 옛사람에 대하여 정결해야 한다. 그것은 마치 신부가 신랑을 위해 순결을 준비해야 하는 것과 같은 이치이다.

하나님의 아들, 장자, 이 땅을 책임지는 상속자, 원수와 싸우는 군인, 신랑 되시는 그리스도를 맞이하기 위하여 준비하는 신부로서의 자격을 잃지 말아야 한다. 바울은 "이 비밀이 크도다"(엡 5 : 32)라고 말한다. 곧, 그리스도와 교회의 관계는 하나님 안에서 크고 중대한 비밀이다. 이 땅에서 가정이 중요한 것은 이러한 하늘의 관계를 지상에서 실습하는 현장이기 때문이다. 바울은 남편과 아내의 관계를 통해서 그리스도와 교회의 비밀을 실제적으로 설명한다.

에베소서 5장은 먼저 1~21절에서는 개인의 내면적 관리를 요청하고, 22~33절에서는 신부로서의 교회와 그리스도의 관계를 말한다.

1. 사랑받는 자녀로서 하나님을 본받으라(엡 5 : 1-7)

1) 사랑이신 하나님을 본받음(엡 5 : 1-2)

Q 죄인 된 사람들이 감히 하나님을 본받을 수 있다고 말한다. 그 동인이 어디에 있는가?

A 우리가 사랑받는 자녀이기 때문에 가능하다. 사랑하게 되면 하나님을 닮아 갈 수 있다.

1그러므로 사랑을 받는 자녀같이 너희는 하나님을 본받는 자가 되고 2그리스도께서 너희를 사랑하신 것같이 너희도 사랑 가운데서 행하라 그는 우리를 위하여 자신을 버리사 향기로운 제물과 희생 제물로 하나님께 드리셨느니라(엡 5 : 1-2)

하나님께서는 사랑이시다 : 아들을 내어 주심-교회와 성도의 자기희생을 요구

하나님의 사랑이 우리 마음에 성령으로 말미암아 부은 바 되었다(롬 5 : 5). 하나님 아버지는 곧 사랑이시다. 자녀이면 아버지를 사랑하는 일은 본능적이고 사랑하고 좋아하면 자연스레 닮아 간다. 또한 그리스도께서 우리를 사랑하셨다. 교육에서 가장 중요한 원리는 모범의 원리인데 그리스도께서 우리에게 훌륭한 모본이 되셨다. 또 그리스도께서 우리를 위해 자신을 버리시고 향기로운 제물로 하나님께 드리셨다. 그러하기에 바울은 주께 속한 모든 자녀들에게 이 사랑을 요구하면서 "너희도 사랑 가운데서 행하라"라고 말한다.[254]

기독교 윤리의 핵심은 사랑이다. 하나님께서는 사랑 안에서 우리를 선택하사 아들로 삼으셨고 교회 공동체는 사랑 안에서 하나로 연합되고 성장한다.[255] 사랑을 입은 자녀가 그 아버지를 닮아 가는 것은 당연한 것이며, 사랑하는 자녀가 하나님을 본받아야 하는 요구는 사랑에 기초한다.[256] 그 사랑은 단순한 사랑이 아니라 아들을 주신 사랑이며, 십자가에서 목숨까지도 아끼지 않으신 사랑이다. 교회 안에서 구제와 교제에 머무는 사랑은 단순히 인간적인 사랑일 수 있다.[257] 삶에서 하나님을 본받아 나타나는 사랑의 특징은 자기희생적이다.[258] 우리는 그리스도와 같이 향기로운 희생 제물이 되어 하나님을 예배하여야 하고 그의 사랑을 본받아 범사에 사랑으로 행해야 한다.[259] 본받고 행하는 것이 먼저가 아니다. 먼저 사랑을 받고 그 사랑에 응답하여 사랑을 하면 우리는 자연스럽게 그리스도를 닮아 갈 수 있다. 사랑받으면 우리도 자연히 사랑할 힘을 얻는다.

적용질문

1. 우리가 나면서부터 죄인이며, 본질상 악한 본성을 가졌음에도 불구하고 사랑할 수 있는 근본 가능성이 어디에 있는가?[260)]

2. 하나님 나라의 자녀로 살아가면서 하나님의 원칙이 아닌 내가 세운 원칙, 내가 살아왔던 기준에 맞추어 옳고 그름, 좋고 나쁨을 설정할 때가 많다. 지나온 삶 속에서 내가 좋아했던 사람과 싫어했던 사람을 다섯 사람씩 설정해 놓고 그 기준이 무엇이었는지 정리해 보자.

3. 나는 어떤 방식으로 그리스도의 사랑을 나누고 있는가? 내가 가족들을 돌보듯 영적으로 품고 양육하는 사람들을 정리해 보자. 내가 섬기고 있는 사람은 누구인가? 어떤 방법으로, 어떤 내용으로 그를 섬기고 있는가?

2) 하나님의 자녀로서의 행동(엡 5 : 3-4)

Q 주님을 만난 이후 하나님 나라의 백성으로서 우리가 버려야 할 것들과 취해야 할 것은 무엇인가?

A 버려야 할 것 : 옛 사람의 습성들, 곧 음행, 온갖 더러운 것, 탐욕, 누추함, 어리석은 말, 희롱의 말

취해야 할 것 : 감사하는 말[261)]

[3]음행과 온갖 더러운 것과 탐욕은 너희 중에서 그 이름조차도 부르지 말라 이는 성도에게 마땅한 바니라 [4]누추함과 어리석은 말이나 희롱의 말이 마땅치 아니하니 오히려 감사하는 말을 하라(엡 5 : 3-4)

기업을 잃게 하는 것들 : 우상 숭배, 마음속의 정욕과 탐심 ⇨ 감사의 말을 하라

구약 시대 때는 우상 숭배로 하나님의 복을 잃어버렸고 지금은 마음속의 정욕과 탐심으로 하나님의 복을 놓치며 살아간다. 그러므로 성도는 기업을 상실하게 하는 옛 사람의 찌꺼기들을 버려야 한다. 망한 이스라엘 백성들처럼 하나님의 부르심의 소망과 받을 기업들을 바라보

지 않고 욕망을 따라 가다가 기업을 상실하는 어리석은 자들이 되어서는 안 된다. 그리스도인의 언어생활에 있어서 최선의 태도는 우리가 이미 그리스도 안에서 경험한 하나님의 은혜에 대해 감사하는 말을 하는 것이다(Lincoln). 그리스도인들은 그 입에서 하나님을 향한 감사의 말이 항상 흘러넘쳐야 한다.[262]

현재의 행동이 영원에 미치는 영향 : 하나님과의 관계 ⇨ 하나님의 아들 vs 불순종의 아들들 ⇨ 영원의 관계에 적용

이 세상에서 우리가 가지는 모든 행동은 세 가지의 위대하고 영원한 이유들 때문에 중요하다. 첫째, 우리의 행동이 우리와 하나님과의 관계에 영향을 미친다는 점이다. 둘째, 하나님과의 관계에 있어서 두 가지 가능성만이 있다. 우리는 그리스도와 하나님 나라에 속하여 있든지 아니면 그 나라 밖에 있다. 곧, 하나님의 아들로서 하나님의 은혜 가운데 거하든지, 불순종의 아들들로서 하나님의 진노 아래 있다는 이야기이다. 셋째, 우리가 하나님과 가진 이 관계가 이 땅에서의 시간에만 적용되는 것이 아니라 영원까지 적용되어, 우리가 행복하게 영원을 보낼 것인가 불행하고 비참한 가운데 보낼 것인가를 결정하게 된다. 불신앙적인 세계는 이런 세 가지 원리에 대해 전혀 생각하지 않는다. 사탄은 처음부터 헛된 말로 속여 왔다. 헛된 말에 속아서 죄, 형벌, 범행이라는 말들의 개념을 약화시키고 그런 이유로 하나님의 진노는 자신들과 별 상관없다고 생각하게 한다. 하지만 하나님의 진노는 악과 죄에 대한 하나님의 태도이며 죄를 미워하시는 하나님의 행동이다. 그리고 하나님의 진노는 지금 임하는 현재적 사실이며 미래적으로 장차 세상 끝 날, 그리스도의 재림의 날에 나타나게 될 것이다. 그러므로 우리는 죄와 하나님의 진노에 관심이 없거나 조롱하는 태도를 가진 사람들의 삶에 동참하지 말고, 하나님 앞에 겸비함으로 하나님의 자비를 구하며 속임을 당하고 있는 사람들에게 그들이 믿고 있는 것의 허무함을 보여 주어야 할 사명이 있음을 기억해야 한다.[263]

적용질문

1. 나의 신분은 하나님의 자녀이다. 나의 행동은 어떠한가? 누구에게 이끌림을 받고, 누구의 명령에 순종하고 있는가? 하나님의 말씀 앞에 긍정으로 "아멘" 하는 사람인가, 사탄의 유혹에 더 호의적인 사람인가?

2. 오늘날 우리가 그리스도인으로서 해서는 안 되는 일들에는 어떤 것들이 있는가? 내가 꼭 해야 할 일과 하지 말아야 할 일 열 가지를 십계명으로 적어 보자.

3. 나는 사람을 살리는 하나님의 도구인가, 혹 사람을 절망하게 하고 힘들게 하며 파괴하는 도구인가? 내가 살린 사람의 이름을 적어 보자. 내가 상처를 주었거나 나로 인하여 피해를 입은 사람의 이름을 적어 보자. 도저히 용서가 안 되는 사람의 이름을 적고 그들을 위해 기도하자.

3) 기업을 상실하게 하는 죄들(엡 5 : 5−7)

Q 해서는 안 되는 일들로 그리스도와 하나님의 나라에서 기업을 상실하는 사람들은 누구인가?

A 음행하고 더럽고 탐하는 자, 곧 우상 숭배자는 하나님 나라의 기업을 상실하게 된다.

[5]너희도 정녕 이것을 알거니와 음행하는 자나 더러운 자나 탐하는 자 곧 우상 숭배자는 다 그리
스도와 하나님의 나라에서 기업을 얻지 못하리니 [6]누구든지 헛된 말로 너희를 속이지 못하게 하
라 이로 말미암아 하나님의 진노가 불순종의 아들들에게 임하나니 [7]그러므로 그들과 함께하는
자가 되지 말라(엡 5 : 5−7)

기업을 잃게 될 사람들 : 우상 숭배(음행, 더러움, 탐하는 자)−중생이 답

이는 그들이 하나님의 진리를 거짓 것으로 바꾸어 피조물을 조물주보다 더 경배하고 섬김이라 주는 곧 영원히 찬송할 이시로다 아멘(롬 1 : 25)

그러므로 땅에 있는 지체를 죽이라 곧 음란과 부정과 사욕과 악한 정욕과 탐심이니 탐심은 우상 숭배니라(골 3 : 5)

부도덕한 자들에 대한 하나님의 마음에 대해서는 의심의 여지가 없고 그들에게는 그리스도와 하나님의 나라에서 기업이 없다. 사람들은 부도덕을 '병'이라고 말하지만 하나님께서는 '죄'라고 말씀하신다. 사람들은 이를 묵과하지만 하나님께서는 이를 심판하신다. 사람들은 이에 대한 답이 '심리학'이라고 말하지만 하나님께서는 '중생'이라고 하신다. 여러 가지 죄악 중 우상 숭배자는 하나님에 대한 잘못된 생각을 가지고 있는 사람이다. 바울이 인간의 탐욕을 품는 자가 우상 숭배자라고 말한(골 3 : 5) 이유는 하나님의 뜻보다는 자기의 뜻을 먼저 생각하

기 때문이며, 경배를 통해 이득을 탐하고 결국 이를 통해 창조주보다 피조물을 섬기는 결과를 가져오기 때문이다. 우상 숭배의 바탕에는 바로 옛 사람의 습성인 욕심이 있다. 바울은 바로 이러한 자들은 하늘 나라에서 기업이 없다고 말한다.[264]

기업을 상실하게 하는 죄악들

• 더러운 죄 : 음행, 온갖 더러운 것, 탐욕, 언행의 불결은 생각과 마음의 불결에서

죄악된 것을 보고 들음으로 생각과 감정이 더러워지는 것부터 말이나 행위의 불결함까지 모든 더러운 악들을 포함한다. 언행의 불결은 생각과 마음의 불결에서 나오므로,[265] 주께서는 마음이 청결한 자가 복이 있다고 말씀하셨고(마 5 : 8), 또 잠언은 "모든 지킬 만한 것 중에 더욱 네 마음을 지키라"고 말씀한다(잠 4 : 23).[266]

영광스러운 존재로 변화된 성도는 하나님께서 주신 사랑과 생명을 전하고 번식해야 하는 존재로 부름을 받았다. 하나님을 본받고, 그리스도를 본받아 주님이 이 땅에서 하셨던 일들을 영광스럽게 위탁받은 존재들이기에 이제는 과거의 더러운 삶과는 절대 어울릴 수 없다는 것을 기억해야 한다. 세례의 다른 표현은 '돌아갈 수 없는 강을 건너다'이다. 출애굽 공동체를 의도적으로 돌려서 홍해를 건너게 했던 하나님의 의도이시다.

• 언어의 죄 : 누추하고 어리석은 말, 희롱의 말, 헛된 말－감사의 말을 하라

'누추함'이란 '경건한 사람의 절제'와 더불어 '함께할 수 없거나 어울리지 않는 모든 것'을 포함한다. '어리석은 말'은 '적당하지 않고 목적이 없으며 열매 없는 대화' 또는 '무지에서 나오는 모든 불경건한 대화'를 의미한다. '희롱하는 말'이란 마치 겉으로는 재치 있어 보이지만 그 안에는 타인을 비꼬거나 인격을 비하하는 악의가 담겨 있는 말을 의미한다(Calvin). 성도들은 이러한 악한 것들로부터 자신을 분리하여 하나님의 선택된 백성으로서의 언어의 본질적인 특성을 발휘해야 한다. 그것이 바로 감사하는 말이다.[267] 성도는 더러운 것들의 이름조차도 불러서는 안 될 구별된 존재임을 알아야 하고 그리스도 안에서 내가 누구인지를 인식해야 한다.

가나안 땅을 정탐했던 정탐꾼 중 10명의 부정적인 이야기는 이스라엘 백성의 대다수를 오염시켰다. 10명뿐 아니라 그들과 함께 부화뇌동(附和雷同)했던 백성들이 하나님의 진노의 심판을 받았다. 악은 곁에 가지도 말아야 한다.

적용질문

1. 구약 시대에서 가나안 땅이 이스라엘의 약속의 기업이었던 것처럼 신약 시대에는 그리스도가 우리의 기업이다. 그리스도를 통해서 우리가 얻는 기업들은 무엇인가?[268)]

[12]우리로 하여금 빛 가운데서 성도의 기업의 부분을 얻기에 합당하게 하신 아버지께 감사하게 하시기를 원하노라 [13]그가 우리를 흑암의 권세에서 건져 내사 그의 사랑의 아들의 나라로 옮기셨으니 [14]그 아들 안에서 우리가 속량 곧 죄 사함을 얻었도다(골 1 : 12－14)

2. 우리 하나님 아버지의 사랑이 나를 본받게 한다고 말한다. 내가 아버지께 받은 사랑을 한 마디로 묘사한다면 뭐라고 표현할 수 있겠는가? 내가 경험한 그 사랑이 그대로 이웃에게로 흘러가고 있는가?

3. 내가 오늘 감사의 말을 전달해야 할 사람은 누구인가? 지나온 날들 중 가장 감사하고 싶은 사건이나 사람을 기억해 내서 감사 일기를 써 보자.

2. 빛 가운데 행하라(엡 5 : 8－14)

1) 빛의 열매(엡 5 : 8－9)

Q 빛의 자녀로서 맺어야 할 빛의 열매에는 어떤 것이 있는가?

A 모든 착함과 의로움과 진실함

[8]너희가 전에는 어둠이더니 이제는 주 안에서 빛이라 빛의 자녀들처럼 행하라 [9]빛의 열매는 모든 착함과 의로움과 진실함에 있느니라(엡 5 : 8－9)

빛의 열매들 : 착함(희생), 의로움(약한 것을 돌봄), 진실함(진리에 속함)

선을 행하고 선한 사업을 많이 하고 나누어 주기를 좋아하며 너그러운 자가 되게 하라(딤전 6 : 18)

• **착함**

우리 생활 속에서 다른 사람을 위해 뭔가 희생하고 또 할 수 있는 대로 섬기고 유익을 주려 하는 것을 말한다.

• **의로움**

의로운 삶은 신앙 양심과 성경 말씀을 따라서 사는 삶이다. 우리의 행동 가운데 남의 권리를 침해하는 불의가 없어야 한다. 성경에는 의로운 삶에 대해서 많이 나온다. 특히 신명기를 읽어 보면 강자는 약자를 보호하는 사람이다. 의로운 사람은 가난한 자, 과부, 고아, 나그네를 돌봐 주는 사람이요 날아오는 새 한 마리까지 귀히 여기는 사람이며 뇌물을 받지 않고 말이나 저울의 추를 속이지 않는 사람이다. 또 원수의 짐승이라도 길을 잃었을 때 그 길을 찾아 주는 사람이요 살인하지 않고 도적질하지 않고 간음하지 않는 사람이며, 무엇보다 하나님을 경외하며 하나님의 말씀에 순종하는 사람이다.

• **진실함**

허위와 외식에 반대되는 개념으로 도덕적 진실을 의미하는데, 진리에 속하는 참된 것이다.[269] 그리스도인들은 범사에 있어 참되어야 하는데 특히 말에 있어서 그렇다. 자신 안에 있는 말들, 참된 생명의 느낌들을 이야기하는 것이다. 진실한 삶은 속의 생각과 겉으로 나타나는 말과 행동이 일치하는 것이고 과거와 현재의 삶에 일관성이 있는 것이다. 진실한 삶은 진리 되신 하나님 편에 서는 것이며 우리는 진실할 때 회개할 수 있고 순교도 할 수 있다. 사탄은 거짓이기에 거짓된 사람은 사탄의 자식이다. 하나님의 자녀인 우리는 진실한 삶을 살아야 한다.[270]

이상의 세 가지는 빛이신 하나님께서 자녀들과 공유하시는 신적 속성으로 어두움의 열매(엡 4 : 31)와 대조되어 하나님의 자녀들의 삶 속에서 당연히 나타나야 할 행함의 열매들이다.[271]

그리스도의 사랑 안에서 그분의 기준에 따라 하나님을 닮는 자가 되어 살도록 하신 것은 높은 차원의 부르심이지만 성령님을 알지 못하고는 불가능한 삶이다. 빛과 어두움이 별개의 것이듯 우리는 이 세상과 다르게 살아야 한다. 주님의 빛을 따라 살아가는 우리를 어두움을 사랑하는 사람들은 미워할 수도 있다. 그럼에도 불구하고 우리가 하나님의 자녀로 당당하게 살아갈 수 있는 이유는 존귀하신 하나님께서 우리를 높이시기 때문이다.[272]

적용질문

1. 나의 내면의 빛깔은 어떠한가? 어두움인가, 빛인가? 어두운 부분은 어떤 부분이며, 밝은 부분은 어떤 부분인가? 이것을 빛의 구도로 바꿀 수 있는 방법은 무엇인가?

2. 지금 나의 삶 가운데 자원하여 기쁨으로 감당하는 주님의 일은 무엇인가? 혹 억지로, 심판이 두려워서, 책임감 때문에 하는 일은 없는가? 이런 마음을 바꿀 수 있는 방법이 있는가?

3. 내 삶 가운데 빛의 열매인 착함과 의로움, 진실함의 열매들을 찾아서 적어 보자.

2) 주님을 기쁘시게 하는 일(엡 5 : 10-13)

Q 열매 없는 어두움의 일에 대해 우리는 어떤 태도를 취해야 하는가?

A 주를 기쁘시게 할 행동이 무엇인지 헤아려 어두움의 일에 참여하지 말고, 도리어 책망하고 다 바꿔야 한다.

10주를 기쁘시게 할 것이 무엇인가 시험하여 보라 11너희는 열매 없는 어둠의 일에 참여하지 말
고 도리어 책망하라 12그들이 은밀히 행하는 것들은 말하기도 부끄러운 것들이라 13그러나 책
망을 받는 모든 것은 빛으로 말미암아 드러나나니 드러나는 것마다 빛이니라(엡 5 : 10-13)

빛과 어두움의 대비 : 빛(그리스도, 성도)은 어두움을 드러낸다

19그 정죄는 이것이니 곧 빛이 세상에 왔으되 사람들이 자기 행위가 악하므로 빛보다 어둠을 더
사랑한 것이니라 20악을 행하는 자마다 빛을 미워하여 빛으로 오지 아니하나니 이는 그 행위가
드러날까 함이요 21진리를 따르는 자는 빛으로 오나니 이는 그 행위가 하나님 안에서 행한 것임
을 나타내려 함이라 하시니라(요 3 : 19-21)

5우리가 그에게서 듣고 너희에게 전하는 소식은 이것이니 곧 하나님은 빛이시라 그에게는 어둠
이 조금도 없으시다는 것이니라 6만일 우리가 하나님과 사귐이 있다 하고 어둠에 행하면 거짓말
을 하고 진리를 행하지 아니함이거니와(요일 1 : 5-6)

빛은 어두움과 믿지 않는 자들의 악을 폭로한다. 이것은 믿지 않는 자들이 어두움의 일을 행하는 것에 대한 경고이다. 또한 폭로될 어두움의 일에 동참하지 말라는 경고이기도 하다. 이 빛은 하나님의 온전하신 의와 같다. 당신이 이 빛을 받으면 이 빛은 당신의 삶에서 다시 의로운 열매로 나타난다. 당신이 죄를 짓는다면 이 의의 빛은 당신의 행위가 어두움의 행위라는 것을 폭로할 것이기에(엡 5 : 11－13) 빛은 잠자는 성도들을 깨운다. 그리스도인의 윤리의 중심은 그리스도이시다. 그리스도는 참된 빛으로 그분 안에 있는 자들은 그분과 같이 빛이 된다. 바울은 성도들을 빛이라고 불렀으나 그들이 무엇을 행하든지 빛이라고 말하는 것이 아니다. 행동이 빛으로 나온 것이 아니라면 그들은 이미 빛이 아니다(엡 5 : 13).[273)]

고린도후서 6 : 14은 "빛과 어두움이 어찌 공존할 수 있는가?"라고 묻는다. 우리는 빛의 자녀이므로 빛 가운데서 행해야 한다. 어두움은 죄와 거짓말을 만들어 내며, 빛의 열매는 착함과 의로움과 진실함을 산출한다. 빛은 어두움과 타협할 수 없고 다만 드러낼 뿐이다.[274)]

그리스도를 고백하는 사람들은 불신자들에게 참여하지 말고 빛 안에서 행해야 한다. 불신자들의 삶은 빛의 열매와 대조되는 열매 없는 어두움의 일뿐이다. 죄인들은 열매를 맺지 못하기 때문에 그들은 다른 사람은 물론 자신에게 조차 유익을 주지 못한다.[275)]

적용질문

1. 빛의 자녀로서 살아가는 나의 삶의 최고의 목표, 최고의 기대는 무엇인가?
2. 주님을 기쁘시게 하기 위해서, 매일, 매 사건마다 어떤 결단과 행위를 드리고 있는가?
3. 지난 세월 동안 내게서 드러났던 빛의 열매들은 무엇이었는가? 아직도 투쟁하고 싸우고 있는 어두움의 일은 무엇인가?

3) 주님의 명령(엡 5 : 14)

Q 잠자는 상태, 죽은 자의 상태는 어떤 상태인가? 깨어 일어난다는 의미는 또 어떤 상태를 말하는가?

A 잠자고 죽은 자의 상태 : 행위가 옛 사람의 습관에서 벗어나지 못한 상태
깨어 일어난 자의 상태 : 빛으로, 열매로 변화된 상태

그러므로 이르시기를 잠자는 자여 깨어서 죽은 자들 가운데서 일어나라 그리스도께서 너에게 비추이시리라 하셨느니라(엡 5 : 14)

주님의 도우심으로 깨어나라 : 비그리스도인이 어두움에서 깨어나 생명의 빛 속으로 들어가는 것이다

우리는 단순히 빛 안에 있는 사람들이 아니라 곧 빛이다. 어둠의 일들은 열매를 맺지 못하게 하고 그 누구에게도 유익을 끼치지 못한다. 그리스도인들은 자기 주위의 어둠을 벗겨 내고 그의 삶으로써 그것을 빛으로 바꾸어 주며 그리스도 안에서 용서와 회복을 전해 준다.[276)]

낮과 밤, 빛과 어두움은 누구든지 분간할 수 있듯이, 영적 세계에서도 의와 불의, 선과 악, 진실과 거짓은 밝히 분간할 수 있다.[277)] 어두움의 일에 참여하지 말고 도리어 책망하라는 말씀은 어두움의 일을 하고 있는 그가 처한 전체 상황을 알 수 있도록 빛을 보여 주는 것이다. 그 순간만 보지 않고 앞뒤를 다 볼 수 있도록, 그래서 본인이 가는 방향, 하고자 하는 것이 무엇인지 밝히 보여 주라는 것이다.[278)] 빛으로 오신 그리스도께서 어두움 속에 있는 자들에게 생명의 빛을 비추신다(요 1 : 9). 이것은 비그리스도인이 어두운 잠에서 깨어나 생명의 빛 속으로 들어감으로 새로운 탄생을 체험하는 것을 의미한다(사 60 : 1). 그러므로 어두움에서 빛으로의 변화가 인간 자신의 힘이 아니라 그리스도의 주권적인 능력으로 말미암아 이르어진다(Hendriksen).[279)]

적용질문

1. 빛과 어두움의 갈등으로 고민해 본 적이 있는가? 극복했다면 어떻게 극복했는가?

2. 그리스도인은 자기 주위의 어둠의 정체를 벗겨 내고 그의 삶으로서 그것을 바꾼다(엡 5 : 13). 나의 일상생활에 적용하여 보자.[280)] 내가 벗겨 내어야 할 어둠은 무엇인가?

3. 우리나라의 기독교인 인구가 20~25% 정도인데, 2013년 기준 국제 청렴도 순위는 39위(10점 만점에 5점)라고 한다. 이런 이유가 무엇이라고 생각하는가?[281)]

3. 빛의 자녀들의 삶 (엡 5 : 15−21)

1) 시간을 아껴 사는 지혜 있는 사람이 되라(엡 5 : 15−17)

Q 지혜 있는 사람은 어떤 사람인가?

A 세월을 아끼고 주의 뜻을 분별하여 그렇게 살려고 노력하는 사람이다.

15그런즉 너희가 어떻게 행할지를 자세히 주의하여 지혜 없는 자같이 하지 말고 오직 지혜 있는
자같이 하여 16세월을 아끼라 때가 악하니라 17그러므로 어리석은 자가 되지 말고 오직 주의 뜻
이 무엇인가 이해하라(엡 5 : 15−17)

시간을 아끼는 지혜의 삶 : 그리스도의 메시지를 세상과 나눌 기회에 민감한 삶

'지혜'란 이론적 지식이 아니고 실제 생활로 적용시키는 슬기를 말한다. 이 점에 있어서 칼빈은 구체적으로 말하기를 "하나님을 인도자로 모시는 것이 참 지혜이다."라고 하였다. 주님의 뜻은 언제나 지혜이다.[282] 비록 시간을 헛되이 낭비하는 일이 없을지라도 주의 뜻을 알지 못하면 모든 노력과 수고가 헛된 데로 돌아가고 만다. 주님의 뜻을 알아야 땀을 흘려도 가치가 있고 눈물을 뿌려도 의미가 있다. 주님의 뜻을 모르면 지식이 많을 지라도 어리석게 행할 수밖에 없음에 주의하고 주님의 뜻을 알도록 힘써야 한다.[283] '행위'를 주의하여 행하는 일에 어둠의 일, 유혹의 일, 기업을 잃게 하는 일이 없는지 살펴서 피하는 지혜가 필요하다. '아낀다'는 것은 안 쓴다는 것이 아니라 제한이 있는 것을 사용하면서도 가장 적절한 소비로 최상의 성과를 거두는 것이다. 그러나 시간을 아끼는 것은 돈을 아끼는 것과는 차원이 다르다. 돈은 안 쓸 수 있지만 시간은 안 쓴다고 가만히 있는 것이 아니라 흘러가 버리기 때문이다. 그래서 바울은 어떻게 행할 지를 주의하여 세월을 아끼는 지혜로운 자가 되라고 말한다. 좋은 비전이 있고 그것을 이룰 수 있는 계획이 있으며 그 일을 실행할 수 있는 헌신된 마음이 있어 그것을 실행에 옮길 수 있는 자원이 있다고 할지라도 우리에게 쓸 수 있는 세월이 없으면 주님을 섬길 수 없기 때문이다. 시간 활용은 결국 기회를 놓치지 말라는 말씀이다. 배울 수 있는 기회, 선을 행할 수 있는 기회, 충성할 수 있는 기회를 놓치지 않는 지혜가 필요하다. '시간을 구속하다'라는 말이 '세월을 아끼라'라고 번역되었다. 시간(카이로스)은 알맞은 상황, 기회, 특별한 상황에 의해 구별된 시간을 뜻한다. 본문은 일반적인 의미에서 시간을 사는 것이 아니라 때가

악하고 하나님을 대적하기 때문에 가능한 모든 기회를 살 것을 말한다. '구속'(redeemed)이란 단어는 거래의 기회를 잡기 위해 신중하라는 시장 용어이며, NIV에서는 '모든 기회를 최대한 활용하라'로, NASB에서는 '너의 시간을 최대한 선용하라'라고 번역되었다. 여기서 주된 생각은 시간을 낭비하지 말고 절제하고 부지런하게 사용하라는 일반적인 의미가 아니라, 오히려 그리스도의 메시지를 세상과 나눌 모든 기회에 '민감하라'라는 강조이다.[284] 특별히 범죄와 부도덕이 성행하는 이 세상에서 영적, 도덕적 긴장을 풀지 말고 어떻게 살아야 가장 지혜로운가를 살펴야 한다고 권면하고 있다. 조금만 긴장을 풀면 부패한 세상의 악한 영향을 받게 될 것이기 때문이다. 그러므로 기회를 찾으면 희생이 따르더라도 놓치지 말고 생을 다하는 순간까지 부지런히 주의 뜻을 분별하는 최선의 삶을 살아가야 한다.[285]

적용질문

1. 하나님의 자녀로서 거룩한 삶(구별)을 어떻게 실천할 수 있는지 생각해 보자. 지금 현재 나의 삶 속에서 하나님께로 구별시켜야 할 부분은 어떤 것이 있는가?[286]

너희는 나에게 거룩할지어다 이는 나 여호와가 거룩하고 내가 또 너희를 나의 소유로 삼으려고 너희를 만민 중에서 구별하였음이니라(레 20 : 26)

2. 성경은 세속의 흐름, 일상의 많은 부도덕과 악을 이길 수 있는 지혜가 무엇이라고 말하는가?[287]

3. 어리석은 사람과 지혜로운 사람의 차이가 무엇인가?(엡 5 : 16-17) 나는 어떤 사람인가?[288]

2) 성령 충만을 받으라(엡 5 : 18)

Q 술 취함과 성령 충만을 비교한 이유가 무엇인가?

A 술 취한 사람은 그 술기운이 그를 끌고 가고, 성령에 충만하고 성령에 취한 사람은 성령이 그를 이끌어 간다. 우리는 성령이 아닌 다른 것에 취해서는 안 된다.

술 취하지 말라 이는 방탕한 것이니 오직 성령으로 충만함을 받으라(엡 5 : 18)

명령형 : 성령 충만은 하나님의 명령

"오직 성령으로 충만함을 받으라"라는 말씀은 문법적으로 명령형이며 현재형이고 수동태이다. 성령 충만은 무조건 받아야 하는 하나님의 명령이다. 전에 우리는 더러운 것에 취했고 악한 것, 죽음에 이를 것에 취해 살았다. 그러나 이제는 그런 옛 사람의 문화에 취하지 말고 하나님의 경륜을 완성하기 위해 오신 성령께 취해야 한다. 더불어서 성령 충만은 과거에 충만했던 것이 중요한 게 아니라 현재진행형으로 계속 충만해져야 함을 말한다. 또한 수동태는 성령 충만이 인위적인 체험이 아니라 성령님에 의해서 이루어지는 인격적인 체험임을 의미한다.

성령에 취해 살라 : 자발적 복종 ⇨ 성령의 영향력 아래 놓임 ⇨ 성령의 열매, 기쁨의 삶

성령과 신부가 말씀하시기를 오라 하시는도다 듣는 자도 오라 할 것이요 목마른 자도 올 것이요 또 원하는 자는 값없이 생명수를 받으라 하시더라(계 22 : 17)

술에 취하는 것을 술기운에 산다고 말하는 것처럼 '성령에 취하라'는 것은 '성령의 기운으로 살라'는 의미이다. '충만하다는 것'은 '~의 기운으로(감화로) 산다'는 말이며, 이는 우리의 지, 정, 의, 전인격이 다른 영향과 다른 세력에 의해서 조종을 받고 있다는 것을 의미한다. 술기운으로 사는 사람은 전적으로 그 영향 가운데 있다. 그러나 성령에 충만한 사람은 성령님의 영향 가운데 살아가는 사람이며, 성령 충만을 받기 위해서는 우리의 삶 자체, 곧 성령 하나님께서 우리를 다스리실 수 있도록 마음과 뜻과 정성을 다해 자발적으로 복종하는 것이 필요하다. 그러면 우리는 성령의 열매가 우리 안에 확증이 되어 나타남을 보게 될 것이다.[289]

인생은 어떤 힘에 붙잡히기 위해 애를 쓰는데, 어떤 힘에 붙잡히지 않고서는 이 세상을 이겨 낼 수 없기 때문이다. 그래서 사람이 자기의 약함을 이겨 보려고 술에 취하지만 이것은 어리석은 행위일 뿐이다. 사람은 성령에 충만해야 된다. 하나님께서는 우리에게 성령님을 보내 주시기를 원하시는데(눅 11 : 13), 원하는 자는 이 선물을 받게 된다(계 22 : 17). 성령에 충만한 자라야 기쁘게 살 수 있다.[290]

적용질문

1. 성령에 취하지 않으면 세상에 취할 수밖에 없다. 나는 무엇에 취해 사는가?

2. 성령 충만한 삶은 그 풍성한 열매를 제공한다. 내게 어떤 열매들이 있는가?

[22]오직 성령의 열매는 사랑과 희락과 화평과 오래 참음과 자비와 양선과 충성과 [23]온유와 절제니 이 같은 것을 금지할 법이 없느니라(갈 5 : 22－23)

3. 성령 충만하기 위해서 내가 할 수 있는 일은 무엇이 있는가?

[9]내가 또 너희에게 이르노니 구하라 그러면 너희에게 주실 것이요 찾으라 그러면 찾아낼 것
이요 문을 두드리라 그러면 너희에게 열릴 것이니 [10]구하는 이마다 받을 것이요 찾는 이는
찾아낼 것이요 두드리는 이에게는 열릴 것이니라 [11]너희 중에 아버지 된 자로서 누가 아들이
생선을 달라 하는데 생선 대신에 뱀을 주며 [12]알을 달라 하는데 전갈을 주겠느냐 [13]너희가 악
할지라도 좋은 것을 자식에게 줄 줄 알거든 하물며 너희 하늘 아버지께서 구하는 자에게 성
령을 주시지 않겠느냐 하시니라(눅 11 : 9－13)

3) 성령 충만한 삶의 특징(엡 5 : 19－21)

Q 성경은 성령에 충만한 사람들의 삶 속에 나타나는 특징을 무엇이라고 말하는가?

A 시, 찬송, 신령한 노래들, 마음으로 주께 노래하고 찬송하며 범사에 감사하고 그리스도를 경외함으로 피차 복종하는 삶

[19]시와 찬송과 신령한 노래들로 서로 화답하며 너희의 마음으로 주께 노래하며 찬송하며 [20]범사
에 우리 주 예수 그리스도의 이름으로 항상 아버지 하나님께 감사하며 [21]그리스도를 경외함으
로 피차 복종하라(엡 5 : 19－21)

기쁨과 감사가 넘치는 삶 : 성령 충만의 결과－서로 존중하고 복종한다

한밤중에 바울과 실라가 기도하고 하나님을 찬송하매 죄수들이 듣더라(행 16 : 25)

주 안에서 항상 기뻐하라 내가 다시 말하노니 기뻐하라(빌 4 : 4)

그리스도의 말씀이 너희 속에 풍성히 거하여 모든 지혜로 피차 가르치며 권면하고 시와 찬송과 신령한 노래를 부르며 감사하는 마음으로 하나님을 찬양하고(골 3 : 16)

성령 충만은 노래와 찬송을 통한 즐거운 찬양으로 귀결된다. 구약의 시편에서 발견되는 다양한 종류의 시와 찬송들은 신령한 노래들을 가리킬 수도 있지만, 다윗의 시편과 당대에 지어진 찬양들을 지칭할 가능성도 있다. 성도의 찬양 행위는 성령 충만의 영향으로 신령한 것이다.[291] 정상적인 그리스도인의 생활은 서로 찬양하고 화답하는 삶이며 우리의 찬양은 오직 주님을 향한 것이어야 함을 기억해야 한다. 성령 충만하면 찬송이 많아지고 범사에 감사가 많아진다.[292] 성령 충만의 상태는 특별한 사람만이 누릴 수 있는 신비주의적이고 종교적인 경지이거나 열광적인 흥분이 아니다. 성령으로 충만한 사람은 그 생각이나 감정에 있어서 더욱 깊은 통찰력과 기쁨 속에서 하나님의 뜻을 온전히 이해하여 말씀대로 순종하는 참된 신앙의 열매를 맺게 된다.

술 취함의 결과가 방탕으로 드러나듯 성령 충만은 여러 면에서 그것과는 대조적으로 나타난다. 일상생활의 모든 교제에서 성령께서 제공하시는 기쁨과 평강 때문에 찬양과 찬미의 열매를 맺는다. 또한 그러한 찬양은 어떠한 경우에도 끊임없는 감사를 수반한다. 더 나아가서는 궁극적으로 교회 공동체에 속한 모든 지체들이 신뢰와 돌봄을 통해 상호 복종하는 태도를 갖게 된다. 성도는 성령 충만의 증표를 환상이나 신유 등에서만 찾기보다는 내면적인 신앙의 성숙에서 찾아야 한다. 궁극적으로 교회 공동체에 속한 모든 지체들이 신뢰와 돌봄을 통해 일방적인 관계가 아니라 서로 존중하고 복종하는 관계가 된다.[293]

적용질문

1. 우리 삶 속에 하나님께로 구별시키기가 어려운 영역들은 어떤 부분이 있는가? 그러한 삶을 극복한 사례들을 나누어 보자(예 : 직장에서 구별된 삶을 살기, 가정생활을 그리스도의 몸을 만들기 위한 수고로 목적을 바꾸기).

2. 매일, 매 순간 성령을 따라 행하는 일이 매우 중요하다. 어떻게 해야 성령님의 인도하심을 놓치지 않고 그 인도하심을 따라 살 수 있는가?(중병을 앓고 있는 환자가 약 복용을 잊지 않듯)

3. 항상 기뻐하며 모든 일에 감사하는 삶을 실천하고 있는가? 무엇이 감사와 기쁨의 삶을 가로막고 있는가?

4. 현장 1 : 부부 관계(엡 5 : 22－33)－그리스도인의 윤리 1(가정에서 그리스도의 몸 만들기)

자기 앞에 영광스러운 교회로 세우사 티나 주름 잡힌 것이나 이런 것들이 없이 거룩하고 흠이 없게 하려 하심이라(엡 5 : 27)

바울은 에베소서에서 '교회'를 '머리와 몸'의 관계로, '신랑과 신부'의 관계로 설명한다. 에베소서 5 : 22~33은 그리스도와 교회의 관계를 '남편과 아내'의 관계로 설명한다. 이 부분은 에베소서 5 : 22~24, 25~32, 33으로 구분되며, 에베소서 5 : 22~24에서 바울은 아내들에게 그리스도께 하듯 남편들에게 복종하라고 권면하고 또 남편들은 그리스도께서 교회를 사랑하는 것처럼 아내를 사랑하라고 권면한다. 바울은 교회에 대한 그리스도의 사랑의 모델을 남편과 아내에게 적용한다. 에베소서 5 : 26~27은 에베소서 5 : 25b의 연장으로 그리스도의 죽음의 세 가지 목적을 진술한다. 그의 죽음은 교회를 정결하게 하기 위한 것이며, 교회를 영광스런 모습으로 자기 앞에 세우기 위한 것이며, 교회를 거룩하고 흠이 없게 하기 위한 것이라고 말한다.[294)]

24이러므로 남자가 부모를 떠나 그의 아내와 합하여 둘이 한 몸을 이룰지로다 25아담과 그의 아내 두 사람이 벌거벗었으나 부끄러워하지 아니하니라(창 2 : 24－25)

이 부분은 부부 사이, 부모와 자녀 사이, 종과 상전과의 윤리를 이야기하고 있다. 부부 사이에도, 부모와 자녀 사이에도 올바른 인간관계가 필요하다. 사람들 사이에서 살아가는 그리스도인들은 공동체 속에서 하나님의 이름을 드러내야 하기 때문이다. 우리는 서 있는 그곳에서 하나님의 자녀답게 행동하며 삶의 현장에 하나님의 나라를 건설하는 주역들이어야 한다.

내가 주님과 건강한 관계를 맺고 구속사를 위하여 주님의 부르심을 받았다고 한다면, 구체적으로 우리의 부부 관계, 부모와 자녀의 관계, 직장생활 등에서도 동일하게 주님을 섬기듯 해야 하고 그곳을 구속사를 펼치는 사명의 장, 하나님의 통치가 실현되는 하나님 나라로 건설하는 일에 우리 모두가 쓰임받아야 한다. 내가 사는 삶의 현장에 하늘과 땅의 통일이 나타나야 하는데 그것은 곧 그리스도의 몸을 만드는 일을 통하여 실현될 수 있다.

1) 아내는 남편에게 복종하라(엡 5 : 22-24)

Q 아내가 남편에게 복종해야 하는 이유가 무엇인가?

A 교회에 대한 그리스도의 머리 되심이 남편이 아내의 머리 됨과 같기 때문이다.

22아내들이여 자기 남편에게 복종하기를 주께 하듯 하라 23이는 남편이 아내의 머리 됨이 그리스
도께서 교회의 머리 됨과 같음이니 그가 바로 몸의 구주시니라 24그러므로 교회가 그리스도에게
하듯 아내들도 범사에 자기 남편에게 복종할지니라(엡 5 : 22-24)

복종과 사랑의 관계 : 머리-몸의 지탱과 성장을 위한 공급자, 교회가 그리스도를 섬기듯 섬긴다

교회의 머리이자 몸의 구주이신 그리스도의 지위가 문화마다 달라지지 않듯이, 부부의 관계에서 남편의 머리 됨과 아내가 범사에 자기 남편에게 복종해야 할 의무도 이와 마찬가지이다. 여기서 머리는 남편의 권위를 가리킬 뿐 어떤 원천을 의미하지는 않는다. 남편이 육적으로나 영적으로 아내의 원천이 되는 것이 아니기 때문이다.[295] 또한 서열의 위, 아래의 의미도 아니다. 머리에 대한 정확한 개념은 예수님이 교회의 머리 되심이 지배와 복종과 권세에 있지 않으며(막 10 : 42-45), 오히려 생명의 근원이 되어 온 몸의 지탱과 성장을 위해 모든 것을 공급하여 돕는데 있는 것을 통해 알 수 있다. 머리이신 그리스도를 모시는 교회는 머리이신 그리스도가 의도하는 대로 움직인다. 바울은 하나님께서 세우신 교회의 아름다운 질서가 아내와 남편 사이에도 존재한다는 사실을 우리에게 말하고 있다.[296] 교회가 그리스도를 섬기고 따르듯 아내도 남편을 그렇게 섬기고 따라야 한다. 즉, 그리스도의 구속으로 얻은 새 창조에서 부부는 그리스도를 경외함으로 피차 복종하라고 말하며 이를 통해 갈라디아서 3 : 28의 원칙인 동등성과 상호주의를 부부 관계에도 동시에 적용하고 있다. 이 명제를 근거로 아내의 복종과 남편의 사랑을 가르친다. 여기서 '복종'이란 '자신의 권리, 의지를 자발적으로 포기하고 내어 주며 기탁한다'는 의미로 볼 수 있다. 따라서 남편과 아내는 서로의 몸과 마음을 자발적으로 모두 내어 주는 하나 됨의 관계이다. 이 본문을 바르게 이해하려면 예수님의 '머리 됨'의 기능을 아는 것이 중요하다. 예수님은 교회를 사랑하시고 그를 위해 자신을 내어 주시어 구주가 되셨으며 자기 앞에 거룩하게 하시고 양육하고 보양하사 영광스러운 교회로 세우셨다.[297]

적용질문

1. 그리스도인들의 부부 관계에 있어서 아내가 남편에게 복종에 앞서 생각해야 할 것은 무엇인가? 참된 복종의 의미는 무엇인가?[298)]

2. 나의 배우자(남편)에게 복종할 수 있을 만큼 그를 신뢰하고 사랑하는가? 나는 아내에게 생명을 줄 만큼 희생하고 사랑하는가?(복종과 희생은 그리스도의 몸인 교회를 만들기 위한 하나의 수단으로 가르쳐 준 것이다. 부부의 만남의 궁극적인 목적은 그리스도 안에서 머리 되신 그리스도와 연결되어 한 몸이 되는 것이다.)

3. 하나님께서 나에게 주신 배우자가 나에게 꼭 맞도록 하나님께서 허락하신 축복의 결과라고 생각하는가? 만약 내게 만족을 주지 못하는 만남이라면 어떻게 해야 하는가?

2) 남편은 아내를 사랑으로 대하라(엡 5 : 25－29)

Q 남편들에게 요구되는 명령은 무엇인가? 그리스도께서 교회를 어떻게 사랑하셨는가?

A 남편은 아내를 자신과 하나로 일치시키고 그리스도가 교회를 사랑하고 교회를 위해 자신을 주심같이 아내를 사랑하라고 말씀하신다.

25남편들아 아내 사랑하기를 그리스도께서 교회를 사랑하시고 그 교회를 위하여 자신을 주심같
이 하라 26이는 곧 물로 씻어 말씀으로 깨끗하게 하사 거룩하게 하시고 27자기 앞에 영광스러운
교회로 세우사 티나 주름 잡힌 것이나 이런 것들이 없이 거룩하고 흠이 없게 하려 하심이라 28이
와 같이 남편들도 자기 아내 사랑하기를 자기 자신과 같이 할지니 자기 아내를 사랑하는 자는
자기를 사랑하는 것이라 29누구든지 언제나 자기 육체를 미워하지 않고 오직 양육하여 보호하기
를 그리스도께서 교회에게 함과 같이 하나니(엡 5 : 25－29)

둘이지만 하나인 사랑의 비밀 : 교회를 위해 자신을 주심같이－자기를 사랑하듯 사랑하라

자기 아내를 사랑하는 자는 사실 자기를 사랑하는 것과 같다. 그런데 아내를 사랑하는 모범

은 그리스도께서 교회를 위하여 자신을 주심같이 아내를 사랑하는 것이다. 자기 몸인 모든 지체를 미워하지 않으시고 양육하시고 보호하신다. 이처럼 남편은 아내를 양육하고 보호해야 한다. 그리스도는 교회의 머리이며 교회는 그리스도의 몸이기에 이 둘은 나눌 길이 없다. 그러므로 교회이기만 하면 실질적인 문제는 모두 해결된다. 사랑받고 보호받는 위치가 교회이며, 교회로 부르심을 받은 사람들이 그 위치에 있어야만 그리스도의 몸으로 사랑받고 보호를 받는다.[299)]

아내의 복종은 남편이 종에게 명령하는 것처럼 배우자의 주인 됨을 암시하는 것이 아니다. 남편은 자기 생명을 주어 아내를 사랑해야 하고 아내는 이 남편에게 복종해야 한다. 복종과 사랑의 관계는 결혼에 있어 조화로운 파트너십의 아름다움이다.

적용질문

1. 머리와 몸의 관계가 유통의 관계라면 부부의 관계는 소통의 관계이다. 우리 부부의 대화는 서로의 마음을 공감하고 지지, 격려하는 차원의 대화인가? 아니면 의사전달, 혹은 조종, 지시, 명령의 대화인가?

2. 배우자에게 사랑이라는 명목 아래 군림, 속박, 강요를 하고 있지 않는가? 어떤 방법으로 경직된 가정의 구조를 바꿀 수 있는가?[300)]

3. 가정은 영적 전쟁의 장이면서 하나님 나라를 건설하는 현장이다. 가정의 회복과 성장을 위해 내가 할 수 있는 일은 무엇인가?

제7강

3) 부부 연합, 그리고 교회의 비밀(엡 5 : 30－33)

Q 결혼을 통해 알 수 있는 그리스도와 교회의 비밀은 무엇인가?

A 결혼한 부부는 남편과 아내가 서로 합하여 둘이 하나가 되는 것처럼 그리스도와 교회의 비밀은 복종의 사랑과 희생의 사랑을 통한 연합함이다.

30우리는 그 몸의 지체임이라 31그러므로 사람이 부모를 떠나 그의 아내와 합하여 그 둘이 한 육체가 될지니 32이 비밀이 크도다 나는 그리스도와 교회에 대하여 말하노라 33그러나 너희도 각각 자기의 아내 사랑하기를 자신같이 하고 아내도 자기 남편을 존경하라(엡 5 : 30－33)

그리스도와 교회의 관계 : 그리스도의 죽으심으로 교회를 깨끗하게 하사 자신의 소유로 삼으시고 연합하셨다

성경에 부부가 하나라고 하는 이유는 그것이 상징하는 예수 그리스도와 교회의 하나 됨이 그 속에 녹아 있기 때문이다. 이 하나 됨은 맨 처음 부부 아담과 하와에게 요구되었던 '순종' 이다. 그러므로 예수님이 교회를 자기 몸으로 삼았다는 말은 예수님이 우리를 그 뼈 중의 뼈로, 살 중의 살로 인정하셔서 우리가 없다면 예수님 혼자서 존재하지 않으시기로 작정하신 것같이 우리에게 요구하시는 것을 말한다. 존재론적 차원에서 아담과 하와가 서로 돕는 배필인 것처럼 우리가 그런 존재이다. 그러므로 이 존재를 둘로 나눈다면 각각의 절반이 아니라 없는 존재가 되어 버린다.[301]

그리스도의 죽음의 목적은 교회를 물로 씻어 말씀으로 깨끗하게 하시고 자신을 위해 우리를 거룩하게 구별하여 영원한 소유로 삼으시기 위함이다. 그리스도의 죽음은 자신을 주어 찬란하고 영광스러운 교회를 세우시려는 것이다. 그러므로 그리스도는 교회의 완성을 위하여 자신을 교회에 주신다.[302]

그리스도께서 하나님 곧 우리 아버지의 뜻을 따라 이 악한 세대에서 우리를 건지시려고 우리 죄를 대속하기 위하여 자기 몸을 주셨으니(갈 1 : 4)

이제는 그의 육체의 죽음으로 말미암아 화목하게 하사 너희를 거룩하고 흠 없고 책망할 것이 없는 자로 그 앞에 세우고자 하셨으니(골 1 : 22)

그리스도의 교회에 대한 사랑은 당신의 몸을 인간의 구속을 위해 값없이 드리신 자기희생적 사랑이었다. 이러한 사랑으로 자신의 교회를 죄에서 건져 내어 그리스도의 정결한 신부로 하나님께 드린다. 교회의 머리 되신 그리스도께서는 교회를 자신의 몸과 같이 지속적으로 돌보시며 양육하시어 서로 간의 연합을 이루신다. 교회는 스스로 존재하지 못하고 또 확실히 그 자신을 위해서도 존재하지 않는다. 메시야가 스스로 그리고 자신을 위해 존재하지 않은 것과 같은 이치이다. 교회는 세상과 공존(co-existence)하는 것이 아니고, 다른 사람을 위한 존재(pro-existence), 곧 세계를 위해 존재한다. 교회는 다른 사람을 위해 생명을 내준다. 교회는 자기 자신을 완전히 잃을 태세가 되어 있을 때에만 온전한 역할을 할 수 있다. 교회가 자신을 위한 일에 애쓸 때에는 벌써 자신의 생명을 잃은 것과 같다.[303]

신부 된 교회의 의무[304)]

- **성별 :** 온갖 더러운 것들을 멀리하는 삶(엡 5 : 1－13)
- **봉사 :** 세월을 아껴 사는 삶(엡 5 : 14－16)
- **분별 :** 주의 뜻이 무엇인지 이해하려 애쓰는 삶(엡 5 : 17)
- **성령 충만 :** 방탕을 버리고 성령 충만을 받는 삶(엡 5 : 18)
- **찬양의 삶 :** 노래와 감사가 넘치는 삶(엡 5 : 19－20)

교회에 대한 신랑의 헌신[305)]

- **결혼을 통해 예시된 신랑의 헌신 :** 하나님께서 예비하신 하나 됨(엡 5 : 22－24)
- **십자가 위에서 보여진 신랑의 헌신 :** 사랑으로 자신을 주심(엡 5 : 25)
- **재림 때 성취될 그의 헌신 :** 물로 씻어 말씀으로 깨끗하게 하사 거룩하게 하시고, 티나 주름 잡힌 것이 없는 거룩하고 흠이 없는 영광스러운 교회로 세우심(엡 5 : 26－27)

영광스러운 교회

- **물로 씻어 말씀으로 거룩하게 하심(엡 5 : 26) : 세례(자기 부인), 말씀(정결하게 함)**

영광스러운 교회로 세우시기 위해 물로 씻으시고 말씀으로 깨끗하게 하시고 거룩하게 하신다. 물로 씻음은 세례를 의미하고 말씀은 복음을 의미한다.[306)] 그리스도는 지금 교회에 어떤 사역을 하고 계신가? 부딪치는 환경을 통하여 자기를 깨뜨리는 세례의 삶을 살게 하시고 하나님의 말씀을 통하여 성결하게 하시며 깨끗하게 하신다. 말씀은 교회를 정결하게 하실 뿐만 아니라 교회를 양육하신다(엡 5 : 29). 이것은 성도들의 새로운 본성을 위한 영적인 음식이다.[307)]

- **자기 앞에 영광스러운 교회로 세우기를 원하신다(엡 5 : 27). : 교회－정결한 신부**

그리스도께서 십자가 위에서 자기를 희생하신 목적은 교회를 '거룩하고 흠이 없게 하시기 위함'이다. 교회는 신부로서의 단장을 해야 한다. 그리스도께서 그의 교회를 영광으로 인도해 가실 때 교회는 완전하며 점도, 흠도 없을 것이다(요 17 : 22－24). 우리는 교회가 하나님 앞에서 정결한 신부로서 영광스러운 교회임을 깨닫고 스스로의 품위를 유지해야 한다.

- **"이 비밀이 크도다"(엡 5 : 28－33) : 그리스도와 교회－남편과 아내－생명의 전달**

그리스도께서 교회를 위하여 행하신 것처럼 남편도 이와 똑같은 원리로 아내를 돌보고 보호하여 성숙하게 자라날 수 있도록 인도해야 한다. 하나님께서는 부부의 관계에 있어서 단순히 인간적인 애정의 차원이 아니라, 그리스도와 교회의 관계처럼 깊은 영적 차원으로의 성숙을 요구하신다(고전 6 : 15－17).[308]
둘이 연합하여 교회가 됨으로 그리스도의 생명을 만물에게 전달하는 그 신비로운 비밀이 크다. 이 비밀을 깨달은 자로서 성도들은 남편과 아내뿐만 아니라 모든 관계 속에서 교회를 이루어야 하며 머리이신 그리스도에게로 접붙여진 몸의 삶을 살아야 한다.

적용질문

1. 오늘날 많은 가정들이 무너지고 위기 가운데 있다. 어떤 문제가 가장 큰 원인이라고 생각하는가?[309]

2. '영광스러운 교회'라는 칭호를 듣는 수준이 되려면 어떤 모습들이 더 회복되고, 변화되어야 한다고 생각하는가?

3. 주님은 교회를 풍성하게 하시고 온전하게 하시기 위해 자신을 주셨다. 그리스도를 만나서 풍요로운 사랑을 누리고 살고 있는가? 그 풍성함과 넉넉함을 자랑해 보자.

제7강

에베소서 5장의 정리

영광스러운 교회 : 상속자, 정결한 신부로서의 교회

기업을 상실하게 하는 옛 사람의 성품을 벗고 빛의 자녀들이 되라(엡 5 : 5-9).

1) 사랑받는 자녀로서 하나님을 본받으라(엡 5 : 1-7)

기업을 상실하게 하는 죄들을 지으면 상속권이 박탈된다.

2) 빛의 자녀들의 삶(엡 5 : 8-21)

주를 기쁘시게 하는 삶을 살라.

성령에 취한 삶을 살라.

3) 현장 1 : 부부 관계(엡 5 : 22-33)

아내는 교회가 그리스도께 하듯 : 그 권위를 인정하고 복종하라.

남편은 그리스도가 교회에게 하듯 : 희생적인 사랑을 하라.

하나님 나라를 회복하는 교회를 이루기 위해 성도는 기업을 상실하게 하고 진노를 가져오는 모든 옛 모습들을 버리고 빛의 자녀다운 삶을 살아야 한다. 언제나 성령 충만한 성도가 되어 예수님을 본받는 삶을 살고 신부가 신랑을 맞이하기 위해 단장하는 것처럼 신랑이신 그리스도를 머리로 모시고 그분의 뜻에 순종하며 생명으로 하나가 되어야 한다.

우리가 예수님을 이 땅에 보내신 우리 주님의 보내심의 목적을 잃어버리고 현실의 삶에 취해서 살거나, 주의 뜻을 행하지 못하고 그릇된 행동 속에 살아간다면 구원받은 주의 자녀라 할지라도 축복의 땅 에덴에서 쫓겨난 아담처럼 많은 권리들을 상실하게 될 것이다. '구원'은 지옥에서 건져 내는 것만을 말하지 않는다. 그리스도의 신부로서의 교회, 영광스러운 교회가 우리의 목표가 되어야 한다.

적용질문

1. 빛의 자녀답게 주를 기쁘시게 하는 삶을 살고 있는가?

2. 세상에 취하지 않고 성령에 취하여 살고 있는가?

3. 거룩하고 정결한 신부로서 단장해 가고 있는가?

마귀의 간계를

능히 대적하기 위하여

하나님의 전신 갑주를 입으라

엡 6 : 11

제8강

영광스러운 교회

에베소서 6 : 1~24

8

영광스러운 교회

에베소서 6 : 1~24

하늘에 있는 악의 영들을 상대하여 싸우라

11마귀의 간계를 능히 대적하기 위하여 하나님의 전신 갑주를 입으라 12우리의 씨름은 혈과 육을 상대하는 것이 아니요 통치자들과 권세들과 이 어둠의 세상 주관자들과 하늘에 있는 악의 영들을 상대함이라(엡 6 : 11－12)

이전까지 교회를 그리스도의 신부로 설명하던 바울은 이제 전신 갑주로 무장한 군사로 설명하고 있다. 군사인 우리는 삶이라는 현장 속에서 훈련을 통해 하나님의 군대로 세워진다. 군대는 영적 전쟁에서 악한 영들과 싸워 이기기 위해서 전신 갑주를 입고 악한 영들의 궤계를 파하고 그리스도를 섬기기 위해 무장되어야 한다. 이제 사도 바울은 에베소서를 마감하면서 우리가 어떻게 승리 가운데서 행할 수 있는 가를 말해 준다(엡 6 : 10－24). 하나님께서 사탄을 정복하고 승리를 얻기 위해 마련해 놓으신 대비책을 모른다는 것은 슬픈 일이다. 그리스도는 완전히 사탄과 그의 무리를 정복해 놓으셨는데(골 2 : 13－15, 엡 1 : 19－23), 그의 승리는 믿음으로 말미암아 우리의 것이 된다.[310] 교회는 원수와의 전쟁에서 중요한 역할을 감당해야 한다. 십자가에서 이미 사탄의 머리는 깨어졌으나 그 잔존 세력을 퇴치하는 일은 교회의 몫으로 남아 있다. 사탄의 공격들을 막고 승리하기 위하여 우리는 영적 무장을 해야 한다. 우리는 혈과 육의 세계 속에 살지만 환경이나 사람과의 관계가 전부는 아니다. 그러므로 그 내면에 깊고 신령한 세계의 비밀을 볼 수 있어야 한다고 말한다. 부부 관계, 부모와 자녀의 관계, 직장 생활, 사회생활, 교회 생활, 곧 성도와의 관계, 목자와의 관계 등은 사람과의 관계만으로 그치는 것이 아니라 우리가 반드시 정복하고 승리해야 할 영적 전쟁터라고 말한다. 이 모든 삶의 현장에서 우리는 그리스도의 몸의 역할을 감당해야 하고, 주님의 대행자로서 우리에게 주신 통치권을 가지고 하나님의 주권을 높여드리며 그 영광의 찬송이 되어야 한다.

1. 현장 2 : 자녀와 부모의 관계(엡 6 : 1－4)

1) 자녀의 의무 (엡 6 : 1)

Q 그리스도인 자녀들의 의무가 무엇인가? 주 안에서 순종해야만 하는 이유가 무엇인가?

A 하나님께서 정하신 생명의 전달은 부모, 스승, 목자를 통해 흘러가도록 하셨기 때문에 우리는 그 영적 권위를 인정하고 부모에게 순종해야 한다.

자녀들아 주 안에서 너희 부모에게 순종하라 이것이 옳으니라(엡 6 : 1)

하나님의 대행자로서의 부모 : 가정－교회의 사명－생명을 전달, 양육

부모 공경은 성경이 가르친 엄격한 생활 원리(십계명의 제5계명)로, 부모의 말을 듣지 않는 완악하고 패역한 아들은 부모가 그를 성읍 장로들에게 내어 주고 성읍의 모든 사람은 그를 돌로 쳐 죽임으로써 이스라엘 사회에서 악을 제하라고 규정하고 있다(신 21 : 18－21). 하나님께서는 말씀을 통해서 부모를 공경할 것을 교훈하셨고(신 27 : 16, 잠 30 : 17) 인간 심성에 보편적으로 새겨 주신 자연법으로도 부모에 대한 자녀의 순종이 옳은 일임을 알게 하셨다. 부모에 대한 자녀의 순종과 효는 지극히 당연한 도리이다(요 19 : 26－27).[311]

가정의 질서는 하나님의 경륜 안에 있고, 구속사의 완성을 향하여 나아가는 과정이므로 육신의 혈연적 관계로만 이해해서는 안 된다. 그리스도의 몸으로서 연합을 이룬 부모를 통해 자녀들은 하나님의 형상을 배우고 하나님께서 누구신지 깨닫게 된다. 가정은 교회로서의 사명을 가지고 있다. 부모는 자녀들에게 그리스도 안에 있는 풍성한 생명을 전달해야 할 사명이 있고 자녀는 이러한 부모에게 순종하며 주 안에서 양육되어야 한다. 건강한 가정이 계속적으로 뻗어나가 교회를 이루어 만물을 회복하는 유통의 역사 가운데 참여하게 된다. 이 땅에서 가장 하나님의 사랑을 닮은 존재가 있다면 바로 부모의 자녀 사랑이다. 자녀는 부모가 보여 주고 경험하게 한 사랑을 통하여 하늘 아버지를 인지하고 경험하게 된다. 하나님처럼 사는 법이 무엇이냐고 누군가 묻는다면 "뜨겁게 사랑하라, 자신의 몸을 희생의 제물로 주신 그리스도처럼 사랑하라."라고 말해 줄 수 있다.

• 부모 공경의 축복

하나님께서 이르셨으되 네 부모를 공경하라 하시고 또 아버지나 어머니를 비방하는 자는 반드시 죽임을 당하리라 하셨거늘(마 15 : 4)

만일 어떤 과부에게 자녀나 손자들이 있거든 그들로 먼저 자기 집에서 효를 행하여 부모에게 보답하기를 배우게 하라 이것이 하나님 앞에 받으실 만한 것이니라(딤전 5 : 4)

너희 각 사람은 부모를 경외하고 나의 안식일을 지키라 나는 너희의 하나님 여호와이니라(레 19 : 3)

너는 네 하나님 여호와께서 명령한 대로 네 부모를 공경하라 그리하면 네 하나님 여호와가 네게 준 땅에서 네 생명이 길고 복을 누리리라(신 5 : 16)

8내 아들아 네 아비의 훈계를 들으며 네 어미의 법을 떠나지 말라 9이는 네 머리의 아름다운 관
이요 네 목의 금 사슬이니라(잠 1 : 8-9)

자녀들아 모든 일에 부모에게 순종하라 이는 주 안에서 기쁘게 하는 것이니라(골 3 : 20)

• 불효자에게 오는 저주

자기 아버지나 어머니를 치는 자는 반드시 죽일지니라(출 21 : 15)

만일 누구든지 자기의 아버지나 어머니를 저주하는 자는 반드시 죽일지니 그가 자기의 아버지나 어머니를 저주하였은즉 그의 피가 자기에게로 돌아가리라(레 20 : 9)

18사람에게 완악하고 패역한 아들이 있어 그의 아버지의 말이나 그 어머니의 말을 순종하지 아
니하고 부모가 징계하여도 순종하지 아니하거든 19그의 부모가 그를 끌고 성문에 이르러 그 성
읍 장로들에게 나아가서 20그 성읍 장로들에게 말하기를 우리의 이 자식은 완악하고 패역하여
우리말을 듣지 아니하고 방탕하며 술에 잠긴 자라 하면 21그 성읍의 모든 사람들이 그를 돌로
쳐 죽일지니 이같이 네가 너희 중에서 악을 제하라 그리하면 온 이스라엘이 듣고 두려워하리라
(신 21 : 18-21)

그의 부모를 경홀히 여기는 자는 저주를 받을 것이니라 할 것이요 백성은 아멘 할지니라(신 27 : 16)

자기의 아비나 어미를 저주하는 자는 그의 등불이 흑암 중에 꺼짐을 당하리라(잠 20 : 20)

아비를 저주하며 어미를 축복하지 아니하는 무리가 있느니라(잠 30 : 11)

아비를 조롱하며 어미 순종하기 싫어하는 자의 눈은 골짜기의 까마귀에게 쪼이고 독수리 새끼에게 먹히리라(잠 30 : 17)

적용질문

1. 나는 부모나 목자를 하나님의 대행자로 인정하고, 그 영적 권위에 순종하며 사는가?

2. 부모님을 통하여 전달되어 온 하나님의 성품, 스피릿은 무엇인가?

3. 내 자녀에게 흘려보내고 싶은 영적인 유산은 무엇인가?

2) 약속 있는 첫 계명과 축복(엡 6 : 2-3)

Q 바울이 제시하는 약속 있는 첫 계명은 무엇인가?

A 부모를 공경하는 것은 약속이 있는 첫째 계명이라고 한다.

2네 아버지와 어머니를 공경하라 이것은 약속이 있는 첫 계명이니 3이로써 네가 잘되고 땅에서 장수하리라(엡 6 : 2-3)

약속이 있는 첫 계명

여기 이른바 '첫 계명'이란 말은 '중요한 계명'이란 뜻이다.[312] 부모를 공경하는 것이 인간 사회에서 존중되어야 할 최고의 윤리임을 아무도 부인할 수 없으며 이 또한 하나님의 명령이다.[313] 오직 하나님의 약속과 명령이 자녀들이 부모에게 순종해야 하는 이유이다. 우리가 사랑하고 복종하는 것은 이런 행동이 사려 깊고 유익하기 때문이 아니라, 하나님께서 이와 같은 행동을 사랑하시기 때문이며 또 우리가 이렇게 할 때 하나님께서 복을 주시겠다고 말씀하시기 때문이다.[314)]

'순종'이 보다 정신적인 의미를 강조하는 단어라면 '공경'은 보다 실제적이고 물질적인 의미를 강조하는 단어이다. 즉, 공경한다는 것은 말로만 하는 것이 아니라 눈에 보이는 무엇인가를 해드리는 것이다. 공경이 없는 순종은 위선에 불과하다. 또한 순종이 없는 공경은 아첨에 불과하다. 부모에게 무엇을 잘 해드리면서 마음속으로 부모에게 순종할 생각이 없다면 공경은 피상적 아첨에 그치게 된다. 성경은 우리에게 참으로 순종하기를 원한다면 그 순종이 우리 삶에서 구체적인 공경으로 나타나야 한다고 가르친다.[315)]

- **"주 안에서" : 주님의 뜻에 합하여 – 하나님의 경륜 안에, 구속사의 완성을 향해**

가정의 질서는 하나님의 경륜 안에 있다. 따라서 가족의 질서는 육신의 혈연적 관계로만 이해할 것이 아니라, 구속사의 완성을 향하여 나아가는 과정으로서 이해해야 한다.

"주 안에서 순종하라" 함은 주님의 뜻에 합한 부모의 뜻을 순종하라는 말씀이다. 그러므로 이것은 맹목적 순종이 아니다. 그러나 자녀들이 부모의 옳지 않은 말을 따르지 못할 때라도 공손한 태도로 예의를 지켜야 한다. 그렇기에 이어지는 구절에는 "네 아버지와 어머니를 공경하라"라고 덧붙인다.[316)]

- **"너희 부모에게 순종하라" : 하나님의 형상을 배우고 양육됨**

그리스도의 몸으로서 연합을 이룬 아버지와 어머니에게서 자녀들은 하나님의 형상을 배우고 하나님께서 누구신지 깨닫게 된다. 가정은 교회로서의 사명을 가지고 있다. 부모는 자녀들에게 그리스도 안에 있는 풍성한 생명을 전달해야 할 사명이 있고 자녀는 이러한 부모에게 순종하며 주안에서 양육되어져야 한다.

- **"이것이 옳으니라" : 만물의 회복에 참여**

이런 건강한 가정이 계속적으로 뻗어나가 교회를 이루고 만물을 회복시키는 유통의 역사 가운데 참여하게 된다.

적용질문

1. 주 안에서 부모를 순종하라는 말씀의 의미가 무엇인가?

2. 부모를 공경하는 것이 우리에게 축복인 이유가 무엇이라고 생각하는가?

3. 오늘날 존속 살인 등의 심각한 문제가 우리 사회에 빈번하게 발생하는 것에 대해 어떻게 생각하는가? 오늘 가정에서 나타난 문제의 원인들이 어디에 있다고 생각하는가?

3) 자녀 양육의 원칙 (엡 6 : 4) : 균형 잡힌 훈육은 반드시 실시되어야 한다

Q 아비들(부모)이 자녀들을 양육하는 기준은 무엇인가?

A 너희 자녀를 노엽게 하지 말고 주의 교훈과 훈계로 양육하라.

또 아비들아 너희 자녀를 노엽게 하지 말고 오직 주의 교훈과 훈계로 양육하라(엡 6 : 4)

부모를 거스르는 종말적인 징조

말세에 나타나는 커다란 징조 중 하나가 자녀들이 부모를 거역하는 일이다. 우리나라의 교육은 주입식 교육이었기 때문에 엄한 교육일 수밖에 없었다. 물론 많이 바뀌고 있기는 하지만 아직도 강압적인 분위기가 많다. 이런 이유로 자녀들은 권위에 대해 반발을 갖게 되는데 이는 성경이 요구하는 방법이 아니다. 자녀를 노엽게 하지 말고 주의 교양과 훈계로 양육하는 것이 성경적 교육이다. 자녀를 양육할 때 자신의 자존심을 채우려하거나 다른 누군가를 기준으로 해서는 안 된다. 자녀를 가르친다는 것은 먼저 자기 자신과 싸우고 세상과 신앙 싸움을 하는 것이다. 우리 자녀들의 교육을 세상에 맡길 수만은 없다. 세상 교육은 돈의 힘을 가르치고 살아남는 법만을 가르치지만 우리는 누구를 가장 두려워하고 의지해야 하는지를 알려 주어야 한다. 오직 두려워해야 할 대상은 하나님이시다. 하나님을 의지하고 하나님의 방법으로 살아가는 것을 가르쳐야 한다.[317)]

- **"노엽게 하지 말라" : 욕망으로 인한 과도한 기대는 금물**

과도한 징계는 자녀의 마음에 억울함을 일으켜 분노를 촉발시킨다. 부모가 자녀에게 기대를 갖는 것은 당연하다. 그러나 과도한 기대는 욕망에서 비롯된다. 자녀를 통해 욕망을

제8강

채우려 하다 보면 기대에 부응하지 못하는 자녀에게 과도한 징계를 하게 되고, 결국 자녀의 마음을 억울하게 함으로 분노가 일어나고 자녀와의 관계가 망가진다. 자녀들이 원망하지 않도록 하라는 이야기이다. 우리가 만약 자녀들을 노엽게 한다면 유익보다는 해를 더하게 될 것이다.

• "오직 주의 교훈과 훈계로 양육하라" : 하나님 ⇨ 부모 ⇨ 자녀

4이스라엘아 들으라 우리 하나님 여호와는 오직 유일한 여호와이시니 5너는 마음을 다하고 뜻
을 다하고 힘을 다하여 네 하나님 여호와를 사랑하라 6오늘 내가 네게 명하는 이 말씀을 너는 마
음에 새기고 7네 자녀에게 부지런히 가르치며 집에 앉았을 때에든지 길을 갈 때에든지 누워 있
을 때에든지 일어날 때에든지 이 말씀을 강론할 것이며 8너는 또 그것을 네 손목에 매어 기호
를 삼으며 네 미간에 붙여 표로 삼고 9또 네 집 문설주와 바깥문에 기록할지니라(신 6 : 4–9)

부모는 하나님과의 올바른 관계 속에서 자녀를 양육해야 한다. 하나님과의 관계에 문제가 생기면 이것은 곧바로 부모와 자녀와의 관계에 영향을 미친다. 부모의 믿음이 약해지면 성화된 성품은 온데간데없이 사라지고 본성 속에 숨어 있던 혈기가 터져 나와 아이들을 폭력과 강요로 다스리는 관계로 변질된다. 자녀들을 양육하는 방식에 있어서도 우리는 주님의 양육 방식을 닮아야 한다. 자녀가 부모의 품에서 하나님의 사랑이 무엇인지를 배우게 하는 것이 부모에게 하나님께서 주신 신성한 의무이자 신앙적 특권이다.[318)]
그리스도께서 교회에 하신 것처럼 부모는 자녀의 게으름과 악한 성격까지도 인내하며 경건을 만들어 주어야 할 책임이 있고, 잘못할 때에도 주의 십자가 사랑으로 용서하고 사랑으로 품어 주어야 한다는 의미이다. 주 안에서 훈계는 주의 훈계로 신명기 6 : 4~9에서 언급하는 것처럼 하나님에 대해 부지런히 가르치는 것을 말한다. 하나님을 어떻게 섬겨야 하는지, 최고의 열심으로 하나님을 섬기도록 돕고 자녀에 대해 좋은 영향력을 미쳐야 한다. 하나님께서 우리에게 주신 첫 사명과 책임이 바로 우리 가정이라고 할 수 있다.[319)]

적용질문

1. 나의 가정을 오염시키는 것에는 무엇이 있는가?[320)] 다음의 영상[321)](미국에서 동성애를 반대하다 부모가 감옥에 간 사건)을 보고 내가 이런 경우를 당한다면 어떻게 행동했을 것 같은지 나누어 보자.

2. 우리 가정은 성경에서 제시하는 양육원칙을 따라 자녀가 양육되고 있는가? 우리 가정에서 신앙 교육은 어떻게 이루어지고 있는가?

3. 오늘날 미디어 문화가 우리 자녀들에게 끼치는 영향은 매우 크다. 나의 자녀가 하나님의 법에 반하는 내용을 담고 있는 노래나 영상(대중문화)을 즐기고 있을 때 나는 자녀에게 어떤 자세를 취할 것인가?[322]

2. 현장 3 : 노사 관계(종과 상전, 엡 6 : 5-9)-그리스도인의 윤리 2 : 사회, 현장에서의 그리스도의 몸 만들기

1) 종들의 의무 : 해야 할 일 1(엡 6 : 5)

Q 종들의 상전에 대한 의무는 무엇인가?

A 그리스도께 하듯 육체의 상전에게 순종해야 한다.

종들아 두려워하고 떨며 성실한 마음으로 육체의 상전에게 순종하기를 그리스도께 하듯 하라(엡 6 : 5)

그리스도께 하듯 하라 : 섬김과 희생

자녀들이 부모에게 순종해야 한다면, 종들은 '육체의 상전'에게 순종해야 한다. 육체의 상전 뒤에 '상전이 하늘에도 계시다'는 사실을 분별할 줄 알라는 말씀이다. 그러므로 종들은 '그리스도의 종들'처럼 '주께 하듯' 행하여서 '하나님의 뜻'과 '그리스도의 선한 기쁨'을 이루어야 한다. 그리스도인 종들이 일단 그들의 일차적 책임은 주 그리스도를 섬기는 것임을 분명히 마음에 깨달으면 그들은 육체의 주인도 모범적으로 섬길 것이다. 그들이 이렇게 하는 이유는 그들의 주님이 또한 심판자가 되신다는 것과 어떤 선행도 누가 그 일을 하던(종이나 자유인이나) 주님이 반드시 보상해 주신다는 것을 알기 때문이다(엡 6 : 8).[323]

바울은 종들이 현재의 사회 구조를 갱신하거나 그들의 신분 해방을 위해 지배층에 대립하여 투쟁하라고 외치지 않는다. 이에 대한 관심보다는 종들이 어떤 세상 환경 속에 있든지 그리스도인으로 올바른 삶을 살기를 권고하고 있다. 그들이 비록 억압받고 홀대받는 위치에 있어도 그들의 모든 목적과 동기가 그리스도인으로 주께 향하는 봉사가 되도록 하라는 교훈인 것이다.[324] 우리가 문제 있는 세상을 변화시키는 방법은 달라야 한다. 투쟁이나 싸움이 아닌 섬김과 희생이 하나님 나라를 건설하는 방법이기 때문이다.

적용질문

1. 직장 상사나 선후배들을 섬기는 일과 하나님 나라의 일은 어떤 관계가 있는가?

2. 나의 마음을 상하게 하고 나에게 손해를 입히는 직장 상사에 대해 나는 어떤 태도를 취해야 하는가?

3. 직장 생활을 할 때 그곳을 하나님께서 나에게 허락하신 축복의 자리로 여기며 즐겁게 감당하고 있는가?

2) 주인에 대한 태도 : 해야 할 일 2(엡 6 : 6–8)

Q 종들이 상전을 섬기는 마음의 태도를 어떻게 하라고 하는가?

A 기쁜 마음으로 섬기기를 주께 하듯 하고 사람에게 하듯 하지 말라고 말한다.

6눈가림만 하여 사람을 기쁘게 하는 자처럼 하지 말고 그리스도의 종들처럼 마음으로 하나님의
뜻을 행하고 7기쁜 마음으로 섬기기를 주께 하듯 하고 사람들에게 하듯 하지 말라 8이는 각 사
람이 무슨 선을 행하든지 종이나 자유인이나 주께로부터 그대로 받을 줄을 앎이라(엡 6 : 6–8)

하나님 앞에서의 삶 : 직장–부르심의 자리, 하나님의 통치 영역

바울이 이런 자세를 요구하는 것은 비록 육체의 상전은 속일 수 있을지 모르지만 모든 것을 아시고 꿰뚫어 보시는 그리스도는 속일 수 없기 때문이다. 성도는 늘 그리스도의 주권을 인정하고 복종하듯이 육체의 상전을 섬겨야 한다.[325]

우리는 하나님의 나라를 새롭게 인식해야만 한다. 만약 그렇지 못한다면 교회와 직장은 무관하게 보이거나 때로 대립하는 관계처럼 보일 수도 있다. 하지만 하나님 나라는 일차적으로 교회 공동체에서 볼 수 있지만 궁극적으로 우주 전체에 미치기 때문에 교회의 영역도 우주 전체, 곧 사회 전반에 걸쳐서 이해되어야 한다. 그 첫 번째 예가 가정과 교회이고 이 교회의 영역은 직장과 사회로 확대되어야 한다. 따라서 우리가 하나님 나라의 일이라고 할 때 예배에만 국한시켜서는 안 된다. 내가 있는 직장은 하나님께서 부르셔서 맡기신 곳이다. 그러므로 내가 직장에서 일하면서 전도나 성경공부만 생각하고 내 맡은 업무를 소홀히 한다면 하나님 나라에 지장을 주는 것과 같다. 하나님의 나라는 영토만을 의미하는 것이 아니라 새로운 공동체, 새로운 사회이기 때문이다. 그 결과 모든 곳에 하나님의 통치가 이루어져야만 한다.[326]

그리스도인에게 직장 생활이나 사회생활은 호구지책을 위한 수단이 아니고 하나님 나라를 건설하고 실현하는 사역의 현장임을 잊지 말아야 한다. "사람에게 하듯 하지 말라"라는 말씀은 그 직장의 주인은 우리 주님이심을 인정하라는 말씀이다. 그 모든 현장에 주님이 주권을 행사하실 수 있도록 우리가 자리를 마련해 드리고 우리의 직장을 주님의 것으로 올려 드려야 한다.

적용질문

1. 우리의 직장은 내가 섬겨야 할 하나님 나라의 영역 안에 있다. 지금까지 직장에서 일에 임하는 나의 자세는 어떠했는가? 주님을 섬기는 마음으로 일을 하고 있는가?
2. 나는 일주일에 몇 번 나라의 지도자나 목회자들, 영적 지도자들을 위해 기도하고 있는가?
3. 언제부터인가 우리 사회는 목회자나 스승의 이름을 폄하하여 부르는 세태가 되어 버렸다. 지도자나 어른에 대하여 홀대하는 그러한 대화, 호칭, 표현들을 어떻게 생각하는가?

3) 상전들의 의무(엡 6 : 9)

Q 상전들이 종들을 대할 때 어떻게 하라고 말씀하는가?

A 상전들도 주께 하듯 종들을 대하고 위협을 그치라고 말씀한다.

상전들아 너희도 그들에게 이와 같이 하고 위협을 그치라 이는 그들과 너희의 상전이 하늘에 계시고 그에게는 사람을 외모로 취하는 일이 없는 줄 너희가 앎이라(엡 6 : 9)

주를 기쁘시게 하도록 : 우리 모두의 주님은 오직 예수 그리스도－위협을 그치라

상전들아 의와 공평을 종들에게 베풀지니 너희에게도 하늘에 상전이 계심을 알지어다(골 4 : 1)

보라 너희 밭에서 추수한 품꾼에게 주지 아니한 삯이 소리 지르며 그 추수한 자의 우는 소리가 만군의 주의 귀에 들렸느니라(약 5 : 4)

상전들은 종들을 주님이 기뻐하시도록 대우해야 한다. 그들 역시 자신들에게 삶의 본을 보여 주신 주님을 모신 종들이기 때문이다. 그러므로 종들에 대해 공갈을 그치고 바르고 공정하게 대해야 한다. 이 땅의 모든 사람들의 주님은 오직 한 분 예수님이시기 때문이며, 주님은 계급에 관계없이 편견을 보이시지 않는 분이시기 때문이다.[327]

그러기에 주인들도 그 종들에게 공정하고 친절하며 정직해야 한다. 특별히 그들은 학대나 위협적인 언어를 통하여 그 종들이 낙심하지 않도록 조심해야 한다. 주인들 또한 언제나 하늘에 있는 그 종들의 주인이 또한 자신들의 주인이라는 사실을 기억하고, 어느 날 주인과 종이 모두 그들의 한 일에 대하여 심판을 받게 될 것임을 늘 마음에 두어야 한다.[328]

적용질문

1. 교회, 가정, 직장, 사회가 다 하나님 나라의 영역이라고 생각하는가? 나의 마음이 가장 느슨하게 풀리는 곳은 어디인가?

2. 직장에서는 하급자, 스승에게는 제자, 목회자에게는 양, 부모에게는 자녀 등 나보다 낮은 지위에 있는 사람을 대할 때도 주님 섬기듯 친절하고 정직하게 섬기는 태도를 유지하고 있는가?

3. 생명의 부양자, 복의 근원, 살리는 성령의 사람이 되도록 나를 현재의 이곳에 보내셨다고 한다면 앞으로 나의 행동이나 태도에 있어서 더 개선시켜야 할 점은 무엇이라고 생각하는가?

3. 현장 4 : 영적 전쟁(엡 6 : 10－17)

1) 주 안에서 그리스도의 힘의 능력으로 강건하라(엡 6 : 10－11).

Q 마귀를 대적하기 위해 우리가 해야 할 일이 무엇인가?

A 주 안에 거하며 그 힘의 능력으로 강건해지고 하나님의 전신 갑주로 무장해야 한다.

[10]끝으로 너희가 주 안에서와 그 힘의 능력으로 강건하여지고 [11]마귀의 간계를 능히 대적하기 위하여 하나님의 전신 갑주를 입으라(엡 6 : 10－11)

먼저 강건하게 되라 : 주 안에서 그 힘의 능력으로

교회와 가정성활과 직장 생활을 모두 이야기한 후 마지막 남은 싸움은 악한 자와의 영적 전쟁이다. 이 영적 전쟁을 위해 우리는 강건해져야 하는데 스스로 강건해지는 것이 아니라 주 안에서와 그 힘의 능력으로 강건해져야 한다. 사역하기 전에 먼저 영의 강건함을 얻어야 한다. 그리고 이 강건함은 전신 갑주를 입음과 많은 기도를 통해 이루어질 수 있다. 전쟁터에 나가 죽지 않고 살기 위해 필요한 나만의 비법은 바로 강건하게 됨이다.[329]

하나님의 전신 갑주로 무장한 군인 : 주의 능력으로 마귀의 간계를 대적하기 위함

이로써 사랑이 우리에게 온전히 이루어진 것은 우리로 심판 날에 담대함을 가지게 하려 함이니 주께서 그러하심과 같이 우리도 이 세상에서 그러하니라(요일 4 : 17)

'끝으로'라는 말은 '그러므로', '이제부터는'으로 보는 것이 더 좋을 것 같다. 우리는 왜 주 안에서와 그의 힘의 능력으로 강건해져야만 하는가? 인생은 언제나 싸움이다. 그러나 그 싸움이 어느 때보다 심각해질 때가 있다. 우리는 이 싸움을 잘 치르기 위해서 강건해져야 하고 마귀의 간계를 능히 대적하기 위해 하나님의 전신 갑주를 입어야 한다.[330] 주님이 우리를 위해 대신 싸우신다고 그분께만 맡겨 두었다가 승리의 열매를 즐기는 것이 아니라, 내가 싸워서 이겨야만 한다. 이것이 성화의 근본적인 원리이다. 손쉽게, 신속하게 성취하는 것이 이 싸움에는 없다. 주께서 싸우셨던 그 치열한 싸움 앞에 우리도 서 있기 때문에 주 안에서 그 힘의 능력으로 강건하여져야만 하고 전신 갑주를 입고 싸울 준비를 해야 한다.[331]

우리의 적 마귀[332]

• 그의 군대(엡 6 : 12)

통치자들 : 모든 나라를 감시하는 사탄의 군대 장관에 대한 언급이다(단 10장 참고).
권세들 : 인간을 포함하여 사탄의 부하들을 의미한다(막 5장, 마 17장 참고).
어둠의 세상 주관자들 : 사탄의 세속적인 임무를 맡은 귀신들
하늘에 있는 악의 영들 : 세속적 종교를 맡은 귀신들

• 그의 전략(엡 6 : 11)

마귀의 간계(엡 6 : 11) : '메도데이아'–술수, 사기, 기만, 책략
악한 자의 모든 불화살(엡 6 : 16) : 불붙은 화살을 쏘아서 불태워 버림(벧전 1 : 7, 4 : 12 참고)

우리의 전략

• "너희가 주 안에서와 그 힘의 능력으로 강건하여지고" : 우리의 무력함을 주님의 능력으로 덮음

우리 자신에게는 마귀를 이길 힘이 전혀 없을 뿐 아니라 우리를 약하게 만드는 부패성들만 가득한 것이 사실이다. 그러므로 우리는 다른 힘, 곧 성령님의 힘을 공급받아야 될 줄 알고 그리스도만 의지해야 한다. '주 안에'는 확실히 승리하게 하는 영력으로 우리는 대적 앞에서 위축될 필요는 없다. 우리의 문제는 주님의 능력을 믿지 않는 데 있다. 우리가 주님만 믿으면 언제나 승리한다(벧전 5 : 7–9 참고).[333]

• "마귀의 간계를 능히 대적하기 위하여 하나님의 전신갑주를 입으라" : 교회의 사명–마귀와 싸움

교회의 사명은 마귀와 대적하여 싸우는 군대가 되는 것이다. 교회는 발등상이 되기를 기다리시는 주님 앞에 원수들을 굴복시켜야 한다(히 10 : 13). 군대로서 훈련하고 전신 갑주를 입어 제사장 나라로써의 사명을 감당하는 것이 몸으로서의 교회의 역할이다.

전신 갑주는 싸움에 나아가는 군인이 방어와 공격을 할 수 있는 모든 장비를 가리키는 것으로, 바울은 그 앞에 '하나님의'라는 속격을 사용함으로써 전신 갑주가 하나님에게서 오는 것임을 나타낸다.

- **"우리의 씨름은 혈과 육을 상대하는 것이 아니요 악의 영들을 상대함이라" : 말씀과 기도**

에베소 교인들의 영적 싸움의 대상은 악한 영들이다. 이미 그리스도께서 마귀에 대해 승리를 거두셨으나 아직 궁극적인 승리는 성취되지 않았다. 그렇기 때문에 그리스도인들은 궁극적인 승리가 이루어질 때까지 대적자들과 영적 싸움을 해야 한다.[334)]

그리스도인은 혈과 육(방해하는 사람들)을 상대하여 싸우는 것이 아니다. 그리스도인은 '지금 불순종의 아들들 가운데서 역사하는 영'(엡 2 : 2)에 대항하여 싸우고 있다. 성령님이 성도 안에서 역사하시며 거룩하게 만드시는 것같이 불순종의 영(사탄과 그의 귀신들)은 불신자들의 생활에서 역사한다. 진짜 적이 주님의 일을 방해하려고 혈과 육을 사용하고 있을 때 진짜 적을 못 보고 혈과 육을 상대로 싸운다는 것은 참으로 어리석은 일이다. 베드로가 동산에서 검으로 마귀를 이기려고 한 것이 이런 실수였고(마 26 : 51), 모세는 애굽 사람을 죽이는 것으로 똑같은 실수를 저질렀다(출 2 : 11-15, 행 7 : 23-29). 영적인 원수들에 대항하여 싸우는 유일한 방법은 '하나님의 말씀'과 '기도'라는 영적인 무기를 가지고 싸우는 것이다.[335)] 보이는 세상의 일이 전부가 아니다. 보이지 않는 영적 전쟁에서 승리하기를 늘 기도해야 한다. 사람에게 이기려 하지 말고 악한 영들을 이기기 위해 전심전력해야 한다.

적용질문

1. 무엇이 나를 강하게 만드는가? 무엇이 나에게 힘을 공급하는가? 예수님이 나의 힘이라고 고백하면서도 물질욕이나, 지위욕 등 다른 것들을 통해 만족하려고 애쓰지는 않는가?

2. 오늘 삶의 현장에서 싸워야 할 영적 환경이나, 대상은 누구인가? 에베소서 5장과 6장에서 열거한 배우자, 자녀, 부모님, 직장 상사, 성도, 목자를 협력자, 사랑할 대상으로 여기지 않고 원수로 대하고 있지는 않는가?

3. 그리스도의 힘이 아닌 세상의 것들을 의지했을 때 실패한 경험이 있는가? 실패를 통해 깨닫게 된 경험들을 나누어 보자.

2) 싸움의 영적 대상(엡 6 : 12－13)

Q 우리의 싸움의 대상이 누구인가? 그들의 특징은 무엇인가?

A 통치자들과 권세들과 어둠의 세상 주관자들로 악령들이라는 특징이 있다.

12우리의 씨름은 혈과 육을 상대하는 것이 아니요 통치자들과 권세들과 이 어둠의 세상 주관자들과 하늘에 있는 악의 영들을 상대함이라 13그러므로 하나님의 전신 갑주를 취하라 이는 악한 날에 너희가 능히 대적하고 모든 일을 행한 후에 서기 위함이라(엡 6 : 12－13)

분명한 목표 설정이 중요 : 하나님을 오해하게 만드는 사탄을 이기는 방법

하나님께서 궁극적으로 신자들에게 무엇을 요구하시는가, 무엇을 의도하고 계시는가를 깨닫지 못하고 오해하게 하는 것, 이것이 신앙생활에서 가장 큰 시험이고 마귀가 가장 크게 공격하는 목표이다. 교회에서 우리가 무슨 일을 하려고 하는 것보다 교회 안에서 내가 변화되는 것을 우리의 목표로 생각해야 한다. 사탄은 우리가 하나님의 방법대로 살아가지 못하도록, 하나님을 경험하지 못하도록, 세상과 벗하고 살아가도록, 세상적으로 살아가도록 우리를 유혹하고 몰아간다.[336)]

혈과 육에 대해 싸우는 것이라면 사람이 스스로의 지혜와 능력으로도 이길 수 있을 것이다. 그러나 초인적인 우주의 영적 존재들과의 싸움은 사람이 자신의 능력만으로는 승리를 거둘 수 없다. 여기에 기독교의 진리가 있다. 사람들은 자신을 스스로 구원할 수 없으며 악한 존재들에 대해 싸울 능력이 없다. 마귀의 간계는 너무나 간교하고 강해서 하나님께서 간섭하지 않으신다면 우리는 모두 어두움 가운데서 멸망할 수밖에 없다. 우리는 행위로 구원을 얻는 것이 아니라 하나님의 은혜로 구원을 얻기 때문이다. 그러므로 성도들은 우리를 구원하시는 하나님의 능력을 얻어야 한다.[337)]

마귀의 공격 방법[338)]

• 마음을 혼미하게 한다. : 의심과 불신

마음은 지성이다. 정신과 생각을 공격하여 하나님을 의심하게 만들고 예수님을 불신하게 만든다.

• 공포 : 하나님의 징계에 대해

하나님께서 우리의 잘못을 징계하시는 이유는 복을 주시기 위함이지 고달프게 하시기 위함이 아니다.

• 미혹하게 한다. : 신비를 좇게 함

이단, 사이비, 귀신을 쫓아내는 것, 병을 고치는 것이 신앙의 핵심이 아니다.

• 낙심하게 한다. : '나'를 기준 삼아 낙심함

믿음은 예수님을 믿는 싸움이다. 내가 원하는 복을 기준으로 낙심하거나 외적 성공의 모양으로 믿음의 좋고 나쁨을 판단하는 것은 옳지 않다. 예수님은 신앙의 대상이며, 근거이다. 내가 믿는 것이 포인트가 아니라 예수님이 포인트이다.

적용질문

1. 마음에 하나님에 대한 혼란과 의심이 들 때가 언제인가? 내 마음에 소망하는 것을 들어주시지 않는 하나님이시라고 원망하며, 불평한 적은 없었는가?

2. 마귀는 나의 나약한 부분을 잘 알고 그 부분을 공략하여 쓰러뜨리기 위해 울부짖는 사자처럼 나의 주변을 맴돌며 기회를 노리고 있다. 마귀가 주로 공격하는 부분이 어디인지 나는 알고 있는가? 이 부분을 보완하기 위해 어떤 노력을 하고 있는가?

3. 나는 나의 적군이 누구인지 정확히 알고 있는가? 혹 아군을 공격하는 일은 없는가? 적군과 아군의 판단 기준은 무엇인가?

3) 전신 갑주(엡 6 : 14-17)

Q 우리가 입어야 할 전신 갑주는 어떤 것인가?

A 진리의 허리 띠, 의의 호심경, 평안의 복음이 준비한 신, 믿음의 방패, 구원의 투구, 성령의 검, 곧 하나님의 말씀

14그런즉 서서 진리로 너희 허리띠를 띠고 의의 호심경을 붙이고 15평안의 복음이 준비한 것으로
신을 신고 16모든 것 위에 믿음의 방패를 가지고 이로써 능히 악한 자의 모든 불화살을 소멸하고
17구원의 투구와 성령의 검 곧 하나님의 말씀을 가지라(엡 6 : 14－17)

하나님께서 준비해 주신 전신 갑주 : 하나님께서 준비해 주신 방어용 갑옷

우리가 입어야 할 갑옷은 하나님께서 우리의 안전을 위해 준비해 주신 것으로 나의 것이 아니라 모두 하나님의 것이다. 우리의 생사가 좌우되는 영적 전쟁터에서 신념 같은 형식적인 종교의 갑옷은 아무리 화려해 보인다고 해도 우리를 구하지 못한다. 우리는 적군의 정세를 파악하지도 못할 뿐 아니라 우리 자신의 능력도, 약점도 모르기 때문에 스스로 무기를 준비할 수 없다. 그러므로 우리는 우리가 받은 소명에 따라 잘 훈련하고 굳건히 서서 방어하는 것이 가장 힘 있는 공격이 될 것이다. 이 갑옷은 공격전이 아닌 방어를 위한 갑옷이다.[339]

• 진리의 허리띠 : 진리의 말씀에 응답하는 성도의 진실한 마음

67고난당하기 전에는 내가 그릇 행하였더니 이제는 주의 말씀을 지키나이다
71고난당한 것이 내게 유익이라 이로 말미암아 내가 주의 율례들을 배우게 되었나이다 72주의 입
의 법이 내게는 천천 금은보다 좋으니이다(시 119 : 67, 71－72)

로마의 갑옷은 허리띠로 전체를 조여 매게 되어 있고 또 원피스 형태의 일상복은 긴 옷이어서 중간에 허리띠로 고정을 시켰다. 이처럼 '띠'는 옷을 몸에 고정시켜 준다. 진리의 말씀은 역사의 중심이고, 우리 삶과 무장의 중심은 그 말씀 앞에 응답하는 성도의 마음의 '진실성'이다. 이 진실성은 '띠'처럼 그 자신과 하나님께서 주신 선물을 연결시키는 작용을 한다. 비록 하나님께서 주신 선물이 많을지라도 성도의 신앙이 진실하지 못하면 그 많은 선물이 자신의 것이 되지 못한다. 사람이 자기를 죄인이라고 솔직하게 고백하고 그리스도에게로 돌아오는 진실한 행동 또한 하나님께서 주신 선물이다.[340]

그러므로 주님을 놓치지 말아야 한다. 그분이 진리이시기 때문이다. 삶의 방향과 목표를 정하는 것도 다 주님을 붙잡는 것으로부터 시작하고 그와 함께하는 것이지, 주님 없이 내가 하는 모든 것은 종교적인 행위일 뿐 생명도, 진리도 아니다.[341] 상대편의 불의한 방법이 보인다면 그것이 사탄의 공격임을 직시하고 불의에 휘말려 들지 않도록 진리로 허리를 단단히 묶어야 한다.[342] 진리의 말씀을 잘 배워서 진리를 가지고 있어야 마귀에게 패배

하지 않는다.[343] 진리가 나의 삶의 중심에 오게 하려면, 삶의 모든 가치관과 원칙이 말씀으로 재정립되어야 한다.

• 의의 호심경 : 하나님의 의를 힘입고 하나님의 뜻을 따름

30너희는 하나님으로부터 나서 그리스도 예수 안에 있고 예수는 하나님으로부터 나와서 우리에게 지혜와 의로움과 거룩함과 구원함이 되셨으니 31기록된 바 자랑하는 자는 주 안에서 자랑하라 함과 같게 하려 함이라(고전 1 : 30－31)

호심경은 목에서부터 허벅다리까지 가리는 것으로 가슴과 폐를 보호하는 역할을 한다. 여기에서의 '의'는 하나님의 의(義), 곧 칭의(稱義)의 의니, 그것을 흉부로(심장으로) 신뢰하는 자는 '호심경'(가슴을 감싸는 갑옷)을 입은 것과 같다. 하나님의 의를 힘입은 자를 정죄할 자는 없다(롬 8 : 33). 그리스도의 군병 된 우리는 믿음과 사랑으로(살전 5 : 8) 그리스도를 신뢰하고 순종해야 한다. 우리의 가슴 속에 그리스도를 신뢰함과 사랑함이 없다면 그리스도의 군병이라고 할 수 없다.[344]

의는 하나님의 뜻을 말한다. 세상 전투와는 그 성격이 판이하다. 교회 안에서 분란을 일으키거나 소란을 피우는 이들이 있는데, 그들은 중상모략, 거짓, 폭행, 악담으로 도전해 온다. 그때 이에 대항하는 사람이 비슷한 방법을 동원하면 안 된다. 그러면 교회는 상처투성이가 된다. 참 교회는 더욱 진리와 의의 흉배로 완전무장하여 굳게 방어해야 하고 교권주의나 거짓 술수에 휘말리지 말아야 한다.[345] 흉배는 가슴을 지키는 역할을 한다. 심장을 꿰뚫으려고 할 때 이 가슴을 가리는 것은 의(義)이다.[346] 언제나 그리스도가 나의 의가 되어야 나의 심장이 보호를 받는다.

• 평안의 복음이 준비한 것으로 신을 신음 : 평안의 복음은 수직적으로 하나님과 화평, 수평적으로 이웃과 화평－전파

보내심을 받지 아니하였으면 어찌 전파하리요 기록된 바 아름답도다 좋은 소식을 전하는 자들의 발이여 함과 같으니라(롬 10 : 15)

구두 또는 동제(銅製) 신발은 군인이 갖출 장비 중에 중요한 부분이다(삼상 17 : 6). 그것을 사용함으로써 적의 진군을 저지하기 위해 길에 몰래 뿌려 놓고 걸리게 하는 덫이나 날

카로운 송곳으로부터 발을 보호한다.[347] '평안의 복음'은 우리의 평화이신 그리스도 안에서 구현된 것으로 수직적, 수평적 화해를 가져왔다. 이 복음을 통해서 그리스도인들은 원수 관계에 있던 하나님과의 화해를 이루었을 뿐만 아니라 유대인과 이방인 사이의 벽을 허물어 우주적 통일을 이루었다.[348] 우리가 복음을 나눌 때 평안의 복음을 가지고 가야 한다. 서로 비판하기 위한 접근이나, 전도하다가 생각과 주장이 다르다고 절대 싸워서는 안 된다. 복음 전파는 평안의 복음을 전하는 것임을 잊어서는 안 된다.

우리는 하나님의 복음을 따라서 살아야 한다. 복음의 신은 다만 전하는 것뿐 아니라 복음의 삶을 사는 것을 포함한다. 어디를 가든지 복음을 전달해 주고 복음의 빛을 비추는 사람이 되는 것이 바로 복음의 신을 신은 자의 삶이다.[349]

• 믿음의 방패 : 온 몸을 방어－사탄의 공격을 무디게 하고 하나님의 뜻을 선택하는 힘

[3]내가 두려워하는 날에는 내가 주를 의지하리이다 [4]내가 하나님을 의지하고 그 말씀을 찬송하올지라 내가 하나님을 의지하였은즉 두려워하지 아니하리니 혈육을 가진 사람이 내게 어찌하리이까(시 56 : 3－4)

그리스도인들이 마귀와 영적 전투를 할 때 사용하는 방패는 믿음이다. 우리는 믿음을 가지고 살아가면서 어려운 일을 당할 때마다 믿음으로 그 사건에 대처해야 된다.[350] 원수의 모든 공격이 있을 때마다 믿음으로 하나님의 뜻을 선택하고 하나님의 도우심을 구함으로 승리할 수 있다.

오늘날 한국 교회는 휴머니즘(인도주의 혹은 인본주의)의 강한 도전을 받으며, 자본주의의 방법론에 많이 물들어 있다. 무속 종교나 다른 종교, 이단, 사이비들은 오래 전부터 투쟁해 온 대상이지만 최근 그 공격력은 더욱 강해졌다. 하나님에 대한 신뢰 대신 인간의 신념이 크게 밀려 들어와 우리의 기도와 설교와 전도까지 적의 계략에 휘말려 들고 있다. 참 복음과 참 믿음만이 이런 공격을 막아낼 수 있다.[351] 사탄의 공격은 날카롭고 관통력이 있을 뿐 아니라 보다 치명적이고 맹렬한 위력이 있다. 믿음은 그들의 예리함을 무디게 만들 뿐 아니라 그들의 열을 식혀 준다. 그래서 사도 요한은 "세상을 이기는 승리는 이것이니 우리의 믿음이니라"(요일 5 : 4)라고 말하였다.[352] 방패는 온 몸을 방어할 수 있다. 그것이 믿음이며 그리스도인에게 가장 중요한 것이기도 하다. 사탄이 우리를 공격할 때 주로 하는 일은 우리 믿음을 약화시키는 것이다. 누군가 우리를 비평하거나 비난하면 우리의 믿음이

약화된다. 그러므로 믿음이 약화되는 말을 듣지 말고 믿음을 지켜야 한다.[353)]

예수 그리스도의 십자가의 공로로 하나님께 나아와 하나님을 나의 주, 나의 보호자로 신뢰하면 사탄의 어떤 정죄, 어떤 공격에도 흔들리지 않고 나를 지탱할 수 있다.

• 구원의 투구 : 구원의 확신

우리는 낮에 속하였으니 정신을 차리고 믿음과 사랑의 호심경을 붙이고 구원의 소망의 투구를 쓰자(살전 5 : 8)

투구는 다른 곳에서 구원의 소망으로 나타나지만(살전 5 : 8) 여기서의 투구는 이미 실현된 구원을 가리킨다. 왜냐하면 에베소 교인들이 이미 구원을 얻은 것으로 나타나기 때문이다(엡 2 : 5). 투구는 우리의 머리를 보호하는 장비로 구원의 확신이 없으면 우리의 생각이, 우리의 마음이 항상 불안하고 흔들리며 위협을 받는다. 구원의 확신이 우리를 보호한다.

데살로니가에서 '구원의 소망의 투구'라는 표현을 사용하는데 이는 에베소서의 '구원의 투구'와 같은 맥락에서 볼 수 있다. 우리가 머리를 치켜들고 우리에게 약속된 구원을 향해 하늘을 바라볼 대 머리는 가장 좋은 투구로 보호를 받게 된다. 그러므로 구원이 투구가 되는 것은 오직 소망이라는 길뿐이다.[354)]

여호와는 나의 빛이요 나의 구원이시니 내가 누구를 두려워하리요 여호와는 내 생명의 능력이시니 내가 누구를 무서워하리요(시 27 : 1)

• 성령의 검, 곧 하나님의 말씀 : 선제공격 무기

'하나님의 말씀'을 '성령의 검'이라고 하는 이유는,

(1) 그것이 사람의 심령 골수를 쪼개기까지 하며 마음의 생각과 뜻을 판단하는 까닭이고 (히 4 : 12－13),

(2) 그것으로써 마귀를 전멸시키는 까닭이다(계 19 : 21).

[12]하나님의 말씀은 살아 있고 활력이 있어 좌우에 날선 어떤 검보다도 예리하여 혼과 영과 및 관절과 골수를 찔러 쪼개기까지 하며 또 마음의 생각과 뜻을 판단하나니 [13]지으신 것이 하나도 그

앞에 나타나지 않음이 없고 우리의 결산을 받으실 이의 눈앞에 만물이 벌거벗은 것같이 드러나느니라(히 4 : 12-13)

이 세상에서 성도들이 가지는 영적 전쟁은 하나님의 말씀의 검으로 모든 일을 바로 분석하면서 전진하는 운동이요, 하나님의 영광을 위하여 싸워 나가는 운동이다.[355] 말씀과 성령은 항상 동전의 양면처럼 같이 있어야 한다. 모든 무장이 다 방어용이지만 말씀과 성령은 공격용이다. 말씀을 전하고 성령의 능력을 나타내는 일은 언제나 선제공격의 선취를 얻게 해 준다. 말씀과 성령은 어쩔 수 없이 해야 하는 수동적인 것이 아닌, 적극적이고 공격적인 무기임을 잊지 말아야 한다.

사탄은 간교해서 그 작전에 말리기 쉽기 때문에 적의 정체와 그 전법을 빨리 파악해야 한다. 그러나 우리는 무지하고 연약하기에 이를 파악하는 일은 거의 불가능하다. 그러므로 해결책은, 사탄이 영악해도 하나님을 속일 만큼의 지혜는 없기 때문에, 사령관이신 하나님의 판단과 작전 지시를 잘 따르는 것이다. 말씀은 사령관의 작전 지시이다. 그러므로 말씀을 떠나서는 전투에서 승리할 길이 없다. 이 칼은 남에게도 적용할 수 있지만, 제일 먼저 자신에게 적용하여 자신의 생각과 뜻을 샅샅이 파헤쳐서 암적 요소를 제거하는 것이 중요한 전법이다.[356] 말씀 공부, 성령의 기름 부음, 성령의 충만함을 위한 기도 생활은 사후 처리로 미루지 말고 선제적으로 준비하고 예치해 놓아야 싸움의 날에 능히 설 수 있다.

성공의 요소들[357] : 굳게 섬, 간구, 깨어 있음-세상, 육체, 마귀를 이김

(1) 우리는 서야 한다.
바울은 여러 차례 우리에게 이것을 행하도록 권고한다(엡 6 : 11, 13, 14). 신자는 마귀를 공격하는 것이 아니라 그에게 버티며 저항해야 한다(벧전 5 : 8-9 참고).
(2) 우리는 간구해야 한다(마 17 : 21, 유 1 : 20, 딤후 2 : 8, 살전 5 : 17 참고).
(3) 우리는 깨어 있어야 한다(고전 16 : 13, 고후 6 : 5, 11 : 27, 마 24 : 43, 눅 12 : 37-40, 행 20 : 31, 살전 5 : 6, 벧전 4 : 7, 딤후 4 : 5, 계 3 : 2, 16 : 15 참고).
(4) 우리의 깨어 있음과 기도는 세상, 육체, 마귀를 이기게 해 준다(막 13 : 33, 14 : 38, 엡 6 : 18).

적용질문

1. 나는 하나님의 전신 갑주로 무장되어 있는가? 더 강화시켜야 할 부분은 어느 부분인가?

2. 영적 전쟁의 승리를 위하여 내가 가지고 있는 특별한 전략은 무엇인가?

3. 일반 교인들이 이단들을 분별하지 못하고 쉽게 빠져드는 이유가 무엇이라고 생각하는가?

4. 현장 5 : 기도의 뒷받침(엡 6 : 18–20)

1) 영적 전투와 기도의 중요성(엡 6 : 18)

Q 바울은 영적 전투에 대해 권면하면서 기도에 대해 매우 강조한다. 그 이유가 무엇인가?

A 우리의 힘은 기도로부터 오기 때문이다. 우리는 성령의 검을 사용하며 성령 안에서 기도한다. 성령은 우리가 전투에서 이기도록 능력을 주신다.[358)]

모든 기도와 간구를 하되 항상 성령 안에서 기도하고 이를 위하여 깨어 구하기를 항상 힘쓰며 여러 성도를 위하여 구하라(엡 6 : 18)

깨어 기도하라 : 경계를 늦추지 말고 무장을 감당할 수 있는 내적인 힘을 기르라

무거운 갑옷을 입고 서서 싸우기 위해서는 이 무장을 감당하기 위한 내적인 힘이 필요하다. 이 내적인 힘은 바로 기도이다. 기도 없이는 이 싸움을 승리로 이끌 수 없다.[359)] 전쟁용 무기들은 모두 기도에 뿌리를 두고 있으므로 기도는 영적인 무기이며 그리스도인의 가장 강력한 자원이다. 기도는 이 구절에서 드러나듯 보편적인 습관으로 성도의 삶 속에 스며들어야 한다. '모든 기도'와 '항상 성령 안에서', '항상 힘쓰며', '여러 성도를 위하여', '성령 안에서' 하는 기도는 영으로 인해 가능해지는 일종의 예배이며(요 4 : 23–24) 성령은 기도하는 그 사람을 위해 간구한다(롬 8 : 26–27).[360)] 또한 중요한 것은 깨어 있어야 한다. 예수님은 자신이 예기치 않게 다시 오시리라는 것(막 13 : 33–37)과 예상하지 못한 때에 시험에 들 것(막 14 : 34–

38)에 대비해서 깨어 있어야 한다는 것을 강조하셨다. 사도들도 그분의 훈계를 반복하고 확대했다. '깨어 있으라'는 그리스도인이 경계를 늦추어서는 안 된다는 그들의 일반적인 명령이다. 사도들은 바로 이 명령에 순종하지 못했기 때문에 비참한 불충에 빠지기도 했다. 주님을 기다리고 우리의 힘을 새롭게 하는 것은 기도로써 이루어지며, 기도가 없으면 우리는 악의 강한 힘에 맞서기에 너무나 약하고 무기력하다.[361)]

우리의 싸움은 개인의 싸움이 아니다. 혼자서는 싸워 이길 수 없다. 성도가 함께 싸워야 하고 전신 갑주도 단체로 입어야 하며 그리스도의 몸에 대한 책임도 함께 져야 한다.[362)] 영적으로 깨어 있기 위해서는 자기 자신, 자기의 욕망으로부터 벗어남이 필요하다. 조지 뮬러의 고백이다. "나는 내 자신에게 완전히 죽었던 날이 있다. 즉, 나는 내 자신의 존재와 나의 모든 소유와 모든 희망에 대해서 죽었다. 나는 나 자신에 대해서 전적으로 죽었다." 자아의 종말, 죽음이 곧 승리의 비결이다.[363)]

에베소서는 로마서와 쌍벽을 이룬다고 할 수 있는 훌륭한 교리서임에도 바울이 기도로 마치는 것은 매우 중요한 의미를 갖다. 우리는 늘 아는 교리와 지식으로 기도를 대신하곤 한다. 내가 무엇을 안다는 것은 모든 생명과 복과 의로움과 거룩함이 주께 있다는 것을 배우는 것으로, 성도의 궁극적인 삶의 표현은 기도로 나타나야 한다.[364)] 아무리 막강한 군대라 할지라도 보초가 실수하여 기습을 당하면 전멸하고 만다. 영적 싸움에서도 기도가 소홀해지면 치명타를 입을 수 있다.[365)]

적용질문

1. 나는 시간을 정해 놓고 기도를 하고 있는가? 나의 기도 시간은 언제인가? 나는 하루에 몇 분(시간)을 기도하는가?

2. 기도로 깨어 시험을 이긴 체험이 있는가?

3. 나의 기도는 성령의 인도하심을 따라 하는 기도인가, 아니면 나의 필요와 상황만을 구하는 기도인가? 성령 안에서 기도한다는 말의 의미를 자신의 경험을 들어 설명해 보자.

2) 영적 전투와 기도의 내용(엡 6 : 19)

Q 옥에 갇혀 있는 바울 사도가 자신을 위해 기도해 달라는 기도의 제목은 무엇인가?

A 복음을 전하다 옥에 갇힌 바울은 오히려 입을 열어 복음의 비밀을 담대히 전할 수 있도록 기도해 달라고 요청하고 있다.

또 나를 위하여 구할 것은 내게 말씀을 주사 나로 입을 열어 복음의 비밀을 담대히 알리게 하옵소서 할 것이니(엡 6 : 19)

나를 위하여 기도하라 : 두려움 없이 복음의 비밀을 전하기 위하여

또한 우리를 위하여 기도하되 하나님이 전도할 문을 우리에게 열어 주사 그리스도의 비밀을 말하게 하시기를 구하라 내가 이 일 때문에 매임을 당하였노라(골 4 : 3)

그러면 어떻게 할까 내가 영으로 기도하고 또 마음으로 기도하며 내가 영으로 찬송하고 또 마음으로 찬송하리라(고전 14 : 15)

골로새서 4 : 3에서 사도는 전도할 문이 열리게 해 달라고 기도를 요청했는데 이는 말할 기회를 얻는 것을 의미한다. 말씀이 하나님께로부터 주어지게 해 달라는 내용이다. 에베소서 6 : 19의 "나로 입을 열어"라는 표현은 위엄과 무게가 실린 공적인 연설을 암시하고 '담대히'는 두려움이 없을 뿐 아니라 자유롭고 확신 있는 상태를 가리킨다.[366]

우리의 영적인 대적에게서 우리를 보호하는 것은 성령께서 우리를 감화하사 하게 하시는 기도이며 진정한 기도를 하려면 그분의 도우심 아래 해야 한다. 성령 안에서 우리는 하나님 앞에 나아갈 수 있고(엡 2 : 18), 성령 안에서 하나님께서 교회에 오시고 거하시기 때문이다(엡 2 : 22). 그러나 기도가 결코 쉬운 일이 아님을 바울은 너무나 잘 알고 있었기에 "깨어 기도하기를 항상 힘쓰라"라고 권면한다. '항상'이란 기회의 의미를 가진 카이로스이다. 따라서 바울은 기회 있을 때마다 기도할 것을 말한다. 하나님의 사람은 식사 기도와 같은 관습적인 기도 외에 삶의 순간순간을 자기의 주님과 대화하는 데 쓰는 방법을 계발해 간다. 그리고 기도는 이기적이어서는 안 된다. 바울은 '여러 성도를 위하여' 그리고 '나를 위하여' 구하라고 말한다.[367]

적용질문

1. 우리는 어떻게, 누구를 위하여 기도해야 하는가? 나의 목자(양)를 위해 해야 할 기도 제목은 무엇인가?

2. 나의 기도의 내용은 무엇인가? 영적 전투에서 승리하기 위한 구체적인 기도 제목이 있는가? 기도의 능력을 경험하고 있는가?

3. 나는 다른 사람에게 나 자신을 위한 중보기도를 요청할 때 무슨 제목을 내놓는가?(축복, 치유, 형통함, 또는 구속사, 사명 감당, 복음 전파 등)

3) 바울이 묶인 이유(엡 6 : 20)

Q 바울은 자신이 사슬에 매인 사신이 된 이유가 무엇이라고 말하고 있는가?

A 당연히 할 말을 담대히 전파하기 위함이라고 말한다.

이 일을 위하여 내가 쇠사슬에 매인 사신이 된 것은 나로 이 일에 당연히 할 말을 담대히 하게 하려 하심이라(엡 6 : 20)

쇠사슬에 매인 사신 : 담대히 말해야 할 것을 위해 매인 자

사신은 그를 보낸 사람이 받기에 합당한 모든 존경을 받아야 한다. 그들은 전령이기 때문에 적국 나라의 사신이라 해도 치외법권을 갖고 있으며 적대시되어서는 안 된다. 그런데 가장 위대한 왕, 가장 위대한 하나님 나라의 사신인 바울은 평안의 사역으로 인해 로마에서 '쇠사슬에 매인 사신'이 되었다. 그러나 '밧줄' 혹은 '사슬'이 단수로 표현되어 그의 투옥이 보호 차원이었음을 의미한다. 즉, 복음의 비밀 안에서 바울은 자신이 담대히 말해야 할 것을 위해 투옥된 것으로 인식하고 있다.[368]

적용질문

1. 나는 하나님 나라의 대사답게 일상을 살아가고 있는가? 하나님을 예배하고 복음을 전하는 일이 내 삶의 최우선이라고 생각하고 살고 있는가?

2. 복음을 전파하기 위해 내가 포기해야 했던 것은 무엇인가? 복음을 전하는 일을 부끄러워하거나, 그리스도인이라는 사실을 적극적으로 드러내지 않고 숨어 버린 적은 없는가?

3. 나는 교회를 위한, 구속사를 위한 주님의 대행자로 이 땅에 부르심을 받았다. 내게 있어서 가장 힘든 영적 전쟁의 현장은 어디인가? 어떤 어려운 문제가 있는가?(부부 관계, 자녀와의 관계, 직장에서의 문제, 성도와의 관계, 목자와의 관계 등)

5. 결언(엡 6 : 21－24)

1) 진실한 일꾼 두기고(엡 6 : 21)

Q 바울은 에베소 교인들에게 누구를 소개하고 있는가?

A 사랑을 받은 형제요, 주 안에서 진실한 일꾼인 두기고

나의 사정 곧 내가 무엇을 하는지 너희에게도 알리려 하노니 사랑을 받은 형제요 주 안에서 진실한 일꾼인 두기고가 모든 일을 너희에게 알리리라(엡 6 : 21)

바울의 동역자 두기고 : 주 안에서 진실한 일꾼 －바울을 수행하고 그의 서신을 전달한 자

바울은 결론에 앞서 성도들로부터 진실한 일꾼으로 인정받고 사랑받는 두기고를 소개한다. 그는 아시아 교회의 대표자들 중의 한 사람으로(행 20 : 4) 본 서신과 골로새서, 빌레몬서를 각 교회에 전달하는 역할을 맡았던 자이다(골 4 : 7－10, 몬 1 : 23).[369]

두기고는 아시아 출신 사역자로 바울의 가장 믿을 만한 동역자 가운데 한 사람이었다(행 20 : 4). 그는 바울과 함께 3차 전도여행을 했으며, 기부금을 가지고 예루살렘까지 그를 수행

한 사람이다. 이런 그가 이제는 바울과 함께 로마에 있었고 도망한 노예 오네시모를 골로새에 살고 있는 그의 주인에게 무사히 인도하는 일을 수행하였으며, 또 이 중요한 서신을 그 행선지까지 전달하는 막중한 임무를 부여받게 되었다.[370]

적용질문

1. 나는 그리스도 안에서 칭찬받을 만한 일꾼인가? 어떤 점에서 그렇다고 생각하는지 나를 가장 잘 아는 사람(배우자, 지인, 동료)에게 피드백을 받아 보자.

2. 나는 나의 목자에게 이런 동역자의 위치에 서 있는가?(교인의 경우) 나는 나를 대신해서 보낼 수 있는 복음의 동역자가 있는가?(목자의 경우)

3. 오늘날 성도들 중에는 심방을 원하지 않기도 하고, 교회 안에서 떠도는 소문 등으로 인해 사람을 믿지 못해 자신을 감추고 상담조차도 편안하게 하지 못하는 경우도 있다. 나에게는 신뢰하며 기도를 부탁하고 마음을 터놓을 수 있는 목자(혹은 양)가 있는가?

2) 두기고를 보내는 이유(엡 6 : 22)

Q 에베소 교인들에게 두기고를 보내는 이유가 무엇인가?

A 두기고는 교회를 방문하면서 바울의 상황을 알려 주기도 하고 바울이 전해 주는 개인적인 격려의 말도 전달하였다. 두기고는 바울이 어려움에 처해 있을 때 충성되게 그를 섬기고 있다.[371]

우리 사정을 알리고 또 너희 마음을 위로하기 위하여 내가 특별히 그를 너희에게 보내었노라 (엡 6 : 22)

신실한 동역자 두기고 : 어려움을 당한 목자를 위해 충성을 다한 자

두기고는 바울이 어려움을 당할 때 충성을 아끼지 않았다. 그는 사랑받을 만하고 그 인격이 진실했기 때문에 바울은 두기고를 높이 평가하여 교회 앞에 소개하고 있다(딤후 4 : 12, 딛 3 :

12). 우리의 교회 안에는 몇 명의 두기고가 있는가?[372] 에베소서는 성도들이 서로 돌아보고 하나가 되는 것을 가르쳤다. 바울이 두기고를 보낸 것은 이와 같은 가르침에 부합하는 일이다.[373]

적용질문

1. 두기고는 바울의 편지를 성도들에게 전달하기 위해 최선을 다했다. 나는 그리스도의 편지를 전달하는 역할에 최선을 다하고 있는가? 내가 전한 복음으로 인해 기뻐했던 이들은 누구인지 나누어 보자.

2. 나는 사역함에 있어서 바울 역할을 하고 있는가, 섬기고 거들어 주는 두기고 역할을 하고 있는가? 진실하고 충성된 일꾼이라고 교회 앞에 소개하기에 부끄럽지 않은 모습인가?

3. 주의 종, 일꾼에게 있어서 가장 필요한 성품은 신실함, 충성스러움이다. 이런 평가의 기준에서 나는 몇 점이나 받을 수 있겠는가? 또 그 이유를 설명해 보자.

3) 마지막 인사(엡 6 : 23-24)

Q 바울이 그리스도인 형제들에게 바라는 사랑의 특징은 무엇인가? 이 사랑의 기원은 누구인가?

A 바울은 주 예수 그리스도를 변함없이 사랑하는 모든 자에게 은혜를 빌고 있으며 이 사랑의 기원은 아버지 하나님과 주 예수 그리스도이시다.

23아버지 하나님과 주 예수 그리스도께로부터 평안과 믿음을 겸한 사랑이 형제들에게 있을지어
다 24우리 주 예수 그리스도를 변함없이 사랑하는 모든 자에게 은혜가 있을지어다(엡 6 : 23-24)

변함없는 사랑 : 죽지 않고 썩지 않는 사랑, 영원한 사랑

여기에서 말하는 변함없는 사랑이란 죽지 않는 사랑, 혹은 썩지 않는 사랑이란 뜻을 담고 있다. 하나님의 사랑은 영원한 사랑이다. 이에 답하는 인간의 사랑은 변함없이 보존되어야 하며 세상 끝 날까지 지속되어야 한다(고전 13 : 8).[374]

예수님은 말씀하시기를 "네 마음을 다하고 목숨을 다하고 뜻을 다하여 주 너의 하나님을 사랑하라"라고 하셨다(마 22 : 37). 여기서 "하나님을 사랑하라"라고 하셨는데, '나'란 존재는 하나님보다 '나 자신'을 더 사랑하게 되고, 내 '가족'을 더 사랑하게 되는데 이 문제는 쉽게 해결할 수 있다. 우리 자신을 사랑해도 좋다. 그 사랑이 참 사랑(내 영혼 구원을 위한 사랑)이라면 그것이 하나님을 사랑하는데 방해만 되지 않으면 된다. 내가 죽도록 기도하는 것이 나를 참으로 사랑함이고(욥 27 : 10), 하나님의 계명을 순종함이 역시 나를 참 사랑함이다(요 14 : 21). 이런 사랑은 결국 하나님에 대한 사랑을 내포하고 있다.[375]

- **항상 힘써서 모든 기도와 간구를 다 동원하라 : 성령의 인도를 받으며 따라가는 기도**

바울은 에베소서 6 : 10~17에서 성도의 영적 전쟁에 대하여 상세히 설명하고, 에베소서 6 : 18에서 그 전쟁의 승리가 기도에 의해 좌우된다는 사실을 강조한다. 영적 전쟁에 있어서 기도는 매우 중요함을 보여 준다. 영적 전쟁을 위해 교회는 집중적으로 기도해야 한다. 모든 기도와 간구로 해야 하고, 무시로 성령 안에서 기도하고, 깨어서 기도해야 하고, 가능한 모든 기도의 방법을 다 동원하여 늘 깨어 있기를 힘써야 한다(작정기도, 정시기도, 무시기도, 금식기도, 철야기도 등). 특별히 성령 안에서의 기도, 즉 성령의 인도를 받으며 따라가는 기도가 강조된다.

- **여러 성도를 위하여 기도하라 : 한 몸의 지체**

여러 성도(모든 성도)를 위해 기도해야 한다. 한 몸의 지체이기 때문이다. 영적 전쟁을 위한 기도는 자신의 유익만을 위한 기도가 아니라 하나님 나라와 의를 구하는 중보기도이다.

- **목자를 위하여 기도하라 : 복음의 비밀을 담대히 전파하기 위해 사슬에 매인 목자를 중보**

……내게 말씀을 주사 나로 입을 열어 복음의 비밀을 담대히 알리게 하옵소서 할 것이니(엡 6 : 19)

바울은 복음의 비밀을 전하기 위하여 택함받은 사도였고(엡 3 : 7-9) 많은 능력들이 있었지만 무엇보다 기도의 중요성을 너무나 잘 알고 강조했다. 에베소 교인들에게 복음의 비밀을 담대히 전할 수 있도록 기도를 부탁한다. 복음을 전하는 일은 영적인 일이기에 반드시 기도의 지원이 필요하다.

……쇠사슬에 매인 사신이 된 것은 나로 이 일에 당연히 할 말을 담대히 하게 하려 하심이다 (엡 6 : 20)

바울은 이방인들에게 평화와 복음을 전하다가 감옥에 갇힌 하나님의 사신이 되었다. 바울은 자신이 투옥된 이유가 복음을 당연히 그리고 담대히 전파하기 위함이라고 밝히고 있다. 이는 이방인의 중심지라고 할 수 있는 로마 법정에서 자신의 사명인 복음 전파를 공고히 할 수 있게 된 것을 최대의 관심사로 생각하고 있으며 이 일을 위해 에베소 교인들에게 기도해 주기를 부탁하고 있다.[376]

- **두기고가 모든 일을 너희에게 알릴 것이다 : 신뢰 관계, 스피릿을 공유한 자**

바울은 에베소 교인들에게 자신을 대신해서 두기고를 보낸다. 나를 대신해서 보낼 수 있는 신실한 지체, 제자가 있다면 그는 사역에 성공한 사람이다. 바울은 그를 소개할 때 '자신의 사정을 잘 알릴 수 있는 사람', '바울의 사랑받는 형제', '주 안에서 진실한 일꾼', '남을 위로할 수 있는 사람'이라고 천거한다.

- **결언 : 바울의 축복기도**

(1) "아버지 하나님과 주 예수 그리스도께로부터" : 축복의 근원, 출발점이다.
(2) "평안과 믿음을 겸한 사랑이" : 축복의 내용이다.
(3) "형제들에게, 우리 주 예수 그리스도를 변함없이 사랑하는 모든 자에게" : 우리가 축복하고 격려해야 할 사역의 대상들이다.
(4) "은혜가 있을지어다" : 은혜가 흘러갈 때에 비로소 사람이 살아난다. 은혜를 주는 자, 은혜가 흘러갈 수 있도록 통로가 되어 주는 자가 되어야 한다.

적용질문

1. 내가 사랑하고, 은혜를 빌어 주고, 사람을 보내서라도 말씀으로 격려하고 위로해 줄 자가 있는가? 있다면 누구인가? 그에 관하여 나누어 보자.

2. 나는 두기고처럼 목자와 주의 몸 된 교회를 섬기기 위해 어떤 사역을 감당하고 있는가? 그 일에 최선을 다하고 있다고 고백할 수 있겠는가?

3. 나에게는 몇 명의 두기고가 있는가? 이름을 적어 보고 이들을 위해 기도하자. 혹은 나는 누구의 두기고인가?

에베소서 6장의 정리

궁극적인 싸움(무장한 군인) : 영적 전쟁에 승리하는 사람들

우리의 씨름은 혈과 육을 상대하는 것이 아니요……하늘에 있는 악의 영들을 상대함이라(엡 6 : 12)

교회는 세상과 마귀에 대하여 하나님의 전신 갑주로 무장한 군인과 같다. 성도의 싸움은 세상의 혈과 육에 대한 싸움이 아니요(엡 6 : 12), 악한 영들, 곧 하나님을 대적하여 인간을 타락시키고 이 땅을 황폐하게 했던 공중 권세 잡은 자를 향한 영적 전쟁이다.

1) 현장 2 : 자녀와 부모의 관계(엡 6 : 1－4)

2) 현장 3 : 노사 관계(종과 상전)(엡 6 : 5－9)

3) 현장 4 : 영적 전쟁(엡 6 : 10－17)

군인으로 서라 : 진리의 허리띠, 의의 호심경, 평안의 복음이 준비한 신, 믿음의 방패, 구

원의 투구, 성령의 검, 곧 하나님의 말씀으로 무장하라.

4) 현장 5 : 기도의 뒷받침(엡 6 : 18-20)

모든 기도, 간구, 항상 성령 안에서의 기도 : 목자를 위한 기도, "내게 말씀을 주사 나로 입을 열어 복음의 비밀을 담대히 알리게 하옵소서"라고 기도하라.

5) 결언(엡 6 : 21-24)

적용질문

1. 싸움의 대상과 섬김, 협력의 대상을 잘 구별해야 한다. 어떤 기준으로 구별할 수 있는가?

2. 나는 다른 성도, 목자들과 어떤 관계로 맺어져 있는가?

3. 요즈음 그리스도의 몸을 이루기 위해 내가 섬기는 나의 수고의 대상은 누구인가? 나의 부부 관계, 자녀나 부모님과의 관계, 직장 생활을 나의 구속사의 현장이라고 말할 수 있는가?

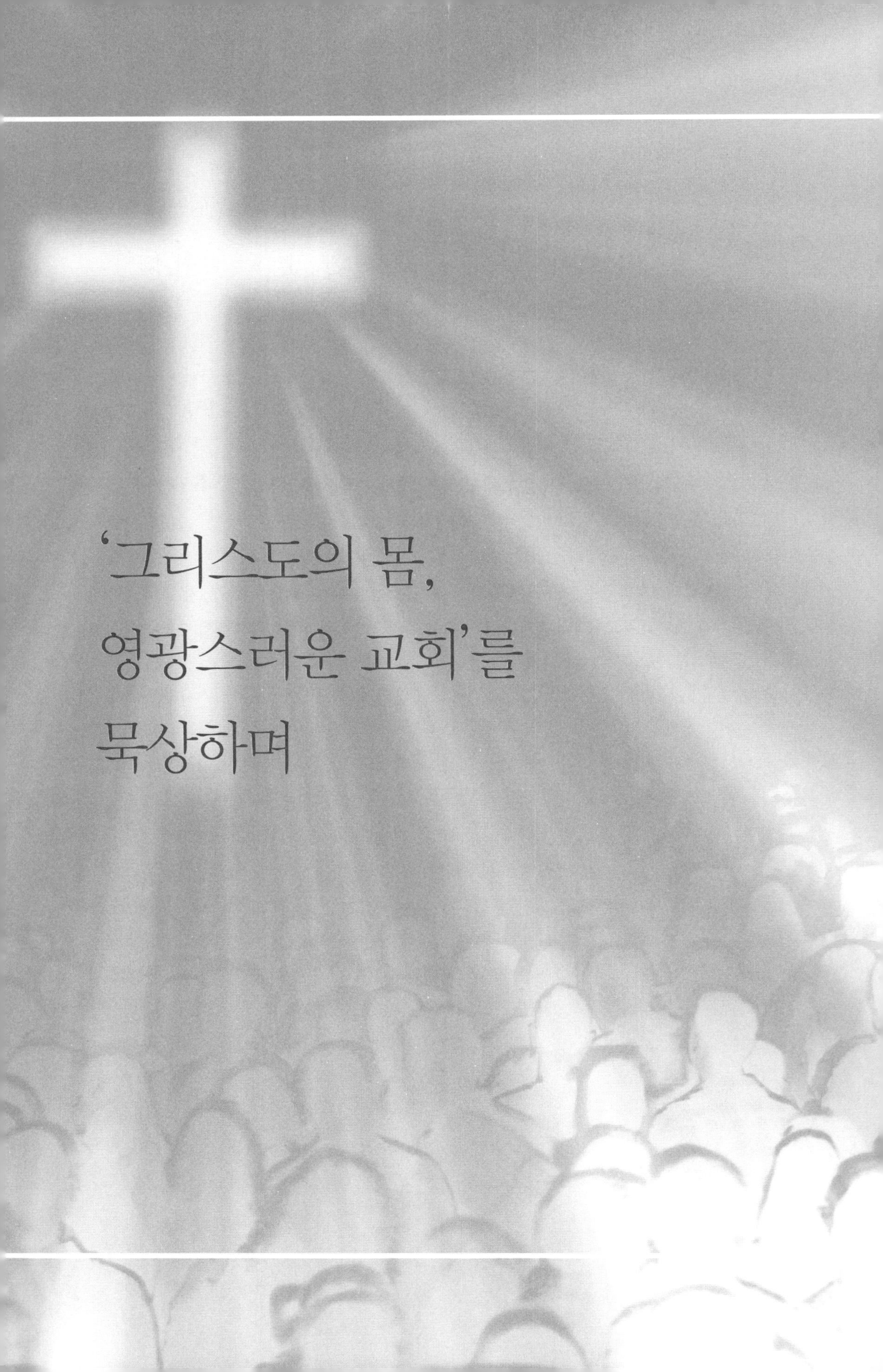

'그리스도의 몸, 영광스러운 교회'를 묵상하며

주님!
에베소서 말씀을 통하여 교회가 '그리스도의 몸'임을 보여 주셔서 감사합니다.
우리가 함께할 한 몸, 한 지체이기에
머리와도 연결되고
지체와도 서로 분리될 수 없고, 서로 외면해서는 안 될
교통하는 한 생명, 스피릿을 나누어야 하는 한 몸임을
이해하게 해 주셔서 감사합니다.

그렇기 때문에
복음의 역사는 내 안에서, 교회 안에서, 내가 살고 있는 삶의 현장에서
계속 이어져야 함을 깨닫습니다.
부부 관계, 부모와 자녀의 관계, 성도와의 관계, 목자와의 관계가 더 건강해져야 되겠습니다.

그 모든 삶의 현장이 다 우리의 영적 싸움이 진행되는 전쟁터이고
하나님의 통치가 실현되어야 할 하나님 나라의 영역이기에
모든 관계가 건강하기 위하여
서 있는 삶의 모든 현장마다
지켜야 할 행위 원칙을 가져야 합니다.

그것은 하나님 나라 운동이고,
그리스도의 몸인 교회를 세워 가는 일이고,
결국 시대와 역사와 만물에게까지
이 풍성한 생명을 흘러가게 해야 하는 구속사의 흐름이기 때문입니다.

삶의 현장에 보이지 않는 배후가 있음을 인정하고
하나님의 전신 갑주로 무장하여 마귀와의 일전을 준비하고 싸우겠습니다.
진리의 허리띠, 의의 호심경, 평안의 복음으로 준비한 신, 믿음의 방패, 구원의 투구, 성령의 검, 곧 말씀의 검으로 무장하게 하옵소서.

이 모든 무장 위에 더욱 기도가 중요함을 인정하고
기도의 모든 방법을 다 동원하되
성령의 인도하심을 따라 기도하게 하시고
늘 깨어 살피며, 기도로 항상 깨어 있게 하옵소서.

하나님 나라의 실현을 도모하는 성도들을 위해 기도하고,
나의 목자를 위하여 기도하게 하옵소서.

나를 통하여, 우리 가정과 교회를 통하여
이 시대를 향한 구속사의 물결이 도도히 흘러가기를 기도합니다.

나의 살아 있음과 사역함이,
우리가 함께 복음을 위하여 동역함이
우리 교회와 우리 시대의 희망이 되기를 원합니다.
우리를 통하여 살리는 생명의 성령의 역사가
역사와 민족, 땅 끝, 만물에게까지 흘러가기를 기도합니다.

우리 시대에도
창고를 짓고, 양식을 저장하는 요셉 같은 생명의 부양자가 나오게 하소서.
패역한 세대, 타락한 문화에서 주의 백성들을 탈출시킬 모세가 나오기를 기도합니다.
모세를 좌우에서 보좌했던 아론과 훌이 나오기를 기도합니다.
시대와 구속사를 가슴에 품고 선교의 열정에 생애를 드린 바울이 나오기를 기도합니다.
곁에서 물질로 바울을 도왔던 브리스길라와 아굴라 부부
신실한 동역자로 바울을 대신했던 두기고가, 다른 사람이 아닌 바로 '나'이기를 기도합니다.
주님, 우리의 작은 헌신, 충성스러움을 통하여
자연 세계에까지 그리스도의 충만하심이 흘러가

이 땅, 피조물의 작은 미물까지도
우리 하나님의 은혜와 영광을 찬양하는 날이 어서 속히 오기를 기도합니다.

주님!
우리가 주님의 몸 된 교회이기를 원합니다.
연합된 한 새사람, 거룩한 성전, 하나님의 가족, 아버지의 거처로 세워지고
삼위 하나님의 충만함으로 채워져,
만물에게까지 흘러갈 생명의 풍성함이 되어
이 땅에 살아 그 역사를 대행하는 작은 예수들이 되기를 기도합니다.

그리스도의 십자가와 부활과 승천에 함께 참여하는 동일시의 존재로
함께된 상속자, 함께 교통하고 있는 지체,
함께 거룩한 약속에까지 참여하는 공동체가 될 것입니다.

나와 나의 가정을, 우리 교회를, 이 민족을
구속사의 도구로 사용하여 주옵소서.

주님, 우리가 주님의 정결한 신부입니다.
원수와 싸우는 전신 갑주로 무장한 군인입니다.
모든 통치와 권세와 능력과 주권과 모든 이름 위에 뛰어 나신 우리 주님이시여!
한 몸으로 세워진 교회를 통하여
만물에게까지도 하나님의 모든 충만하심을 흘려보내게 하옵소서.
교회를 통하여 하늘과 땅을 통일시키시옵소서.
교회를 통하여 영광을 받으시옵소서. 아멘!

미주(Endnotes)

1) 대한성서공회 편집부, 「독일해설관주성경전서해설」(서울 : 대한성서공회, 2008), p. 453
2) http : //blog.cgntv.net/blog/blog_main.asp?id=hjchung&no=336839
'아르바 미님'이라 불리는 네 식물은 에트로그(아름다운 나무 실과 : 레몬과 비슷함), 룰라브(종려나무가지), 하다스(무성한 가지 : 도금향), 아라바(버들나무가지)로 각 식물은 아브라함, 이삭, 야곱, 요셉을 의미하기도 하고, 또는 향기를 갖고 열매를 맺는 자, 열매는 있으나 향기는 없는 자, 향기는 있으나 열매는 없는 자, 향기도 없고 열매도 없는 자의 네 종류의 사람들로 해석하기도 한다.
3) 기독지혜사 편집부, "여호와의 총회에 들어오지 못하리라," 「호크마 주석」(서울 : 기독지혜사, 2013)
'여호와의 총회'(The Assembly of Jehovah)란 일반적으로 하나님께 대한 제사 의식이나 큰 행사로서의 공식적인 예배 의식을 가리킨다(9 : 10). 이스라엘이 하나님께 드리는 거국적인 공식 집회나 예배에 참여할 수 없는 뜻으로 보는 견해이다(Calvin, Wycliffe). 이처럼 신정(神政) 국가 이스라엘의 여호와 총회는 스스로 비제사장적인 성격의 자격 미달자들을 제외시킴으로써 그 제사장적 거룩성을 보존해야 했다.
기독지혜사 편집부, 「톰슨 2 주석성경」(서울 : 기독지혜사, 2011), p. 297
이 규례는 이스라엘의 거룩한 제사장적 성격(출 19 : 6)과 관련하여 주어진 규례로서 하나님의 거룩성에 위배되는 모든 흠결(欠缺)을 거룩한 여호와의 총회로부터 제외시키라는 규례이다. 이것은 하나님께 예배 드리는 자의 공동체가 어떠한 모습을 갖추어야 할 것인지를 교훈하고 있다. 하나님께 드리는 공식적인 예배 의식에 참여할 수 없다는 뜻으로 본다.
4) 나침반 편집부, 「윌밍턴 본문중심 성경연구」(서울 : 나침반, 2008). p. 457
5) 기독지혜사 편집부, 「호크마 주석」
6) 박영선, 「거룩과 영광에의 초대」(서울 : 새순출판사 1994), p. 27-29
7) 목회와 신학 편집부, 「두란노 HOW주석 신약시리즈 10, 에베소서, 빌립보서, 골로새서 어떻게 설교 할 것인가」(서울 : 두란노, 2003), p. 1113
8) 에베소서 1 : 4의 '거룩'(하기오스), 바이블 렉스 9.0(서울 : 브니엘 성경 연구소)
9) 로이드 존스, 「에베소서 강해 1, 영적선택」(서울 : CLC, 2012), p.105-106, 118
10) 워어스비, 성경핵심 연구, p. 173
11) 로이드 존스, 「에베소서 강해 1. 영적선택」, p. 71
12) 도날드 캠벨 외 3인 「BKC 주석 25」(서울 : 두란노, 1987), p. 87
13) 윤종하, 「에베소서에 나타난 하나님의 교회」(서울 : 성서유니온, 2003), p. 15-16
14) 목회와 신학 편집부, 「두란노 HOW주석 신약시리즈 10, 에베소서, 빌립보서, 골로새서 어떻게 설교할 것인가」, p. 118
15) 로이드 존스, 「에베소서 강해 1, 영적선택」, p. 215
16) 도날드 캠벨 외 3인, 「BKC 주석 25」, p. 87
17) 목회와 신학 편집부, 「두란노 HOW주석 신약시리즈 10, 에베소서, 빌립보서, 골로새서 어떻게 설교할 것인가」, p. 115
18) 바이블 렉스, 9.0
19) 존 맥아더, 이춘이 역, 「그리스도의 몸 된 교회」(서울 : 생명의 말씀사, 1986), p. 31
20) 도날드 캠벨 외 3인, 「BKC 주석 25」, p. 88
21) 박영선, 「거룩과 영광에의 초대」, p. 177
22) 도날드 캠벨 외 3인, 「BKC 주석 25」, p. 88

23) 윤종하, 「에베소서에 나타난 하나님의 교회」, p. 11
24) 유동근, 「그리스도의 몸을 세우려 하심이라」(서울 : 빌라델비아, 2001), p. 20-21
25) 메튜 헨리, 김귀탁 역, 「메튜헨리주석, 로마서-데살로니가후서」(서울 : 크리스천다이제스트, 2007)
26) 워렌 위어스비, p. 174
27) 목회와 신학 편집부, 「두란노 HOW주석 신약시리즈 10, 에베소서, 빌립보서, 골로새서 어떻게 설교할 것인가」, p. 121
28) 로이드 존스, 「에베소서 강해 1, 영적선택」, p. 236-238, 240, 246
29) 워렌 위어스비, p. 174
30) 유동근, 「그리스도의 몸을 세우려 하심이라」, p. 22
31) 박영선, 「거룩과 영광에의 초대」, p. 231-232, 239
32) 목회와 신학 편집부, 「두란노 HOW주석 신약시리즈 10, 에베소서, 빌립보서, 골로새서 어떻게 설교할 것인가」, p. 121
33) 로이드 존스, 「에베소서강해 1, 영적선택」, p. 172-173
34) 기독지혜사 편집부, 「카리스 종합주석 19」(서울 : 기독지혜사, 2002), p. 487
35) 유동근, 「그리스도의 몸을 세우려 하심이라」, p. 23
36) 윤종하, 「에베소서에 나타난 하나님의 교회」, p. 40-41
37) 성서원 편집부, 「그랜드 종합주석 15」(서울 : 성서원)
38) 위의 책.
39) 크로스웨이 ESV 스터디바이블 편찬팀, 「ESV 스터디 바이블 개역개정」(서울 : 부흥과 개혁사, 2014), p. 2316
40) 존 월튼 외 3인, 「IVP 성경배경주석」(서울 : IVP, 2008), p. 1833
41) 유동근, 「그리스도의 몸을 세우려 하심이라」, p. 23
42) 기독지혜사 편집부, 「호크마 주석」
43) 워렌 위어스비
44) 박승호, 「하나님의 구원경영」(서울 : 한국장로교 출판사, 2014), p. 69-71
45) 크로스웨이 ESV 스터디바이블 편찬팀, 「ESV 스터디 바이블 개역개정」, p. 2316
46) 디럭스 바이블
47) 유동근, 「그리스도의 몸을 세우려 하심이라」, p. 25-27
48) 기독지혜사 편집부, 「호크마 주석」
49) 나용화, 「개신논집」, 한국교회가 꼭 바로 알아야 하는 교리 열 가지, p. 114, 재인용, 박형룡, 「교의신학」, 제5권 "교회론," p. 384
50) 박영선, 「거룩과 영광에의 초대」, p. 284-286
51) 로이드 존스, 「에베소서 강해 1, 영적선택」, p. 435-445
52) 위의 책.
53) 박윤선, 「박윤선 주석」
54) 존 스토트, 「하나님의 새로운 사회」(서울 : 아가페출판사, 1986), p. 69-70
55) 기독지혜사 편집부, 「호크마 주석」
56) 로이드 존스, 「에베소서 강해 1, 영적선택」, p. 450
57) 유동근, 「그리스도의 몸을 세우려 하심이라」, p. 35
58) 기독지혜사 편집부, 「호크마 주석」

59) 크로스웨이 ESV 스터디바이블 편찬팀, 「ESV 스터디 바이블 개역개정」, p. 2317
60) 윤종하, 「에베소서에 나타난 하나님의 교회」, p. 23
61) 옥한흠, 「다락방 성경공부 교재」(서울 : 국제제자훈련원), p. 23
62) 유동근, 「그리스도의 몸을 세우려 하심이라」, p. 36
63) 김효성, 「에베소서」(서울 : 옛신앙출판사, 2014), p. 16
64) 유동근, 「그리스도의 몸을 세우려 하심이라」, p. 79
65) 로이드 존스, 「에베소서 강해 1, 영적선택」, p. 529
66) 존 스토트, 정옥배 역, 「에베소서 강해」(서울 : IVP, 2007), p. 74-75
67) 유동근, 「그리스도의 몸을 세우려 하심이라」, p. 79
68) 도날드 캠벨 외 3인, 「BKC 주석 25」, p. 94
69) 로이드 존스, 「에베소서 강해 1, 영적선택」, p. 527
70) 김효성, 「에베소서」, p. 17
71) 대한성서공회 편집부, 「독일해설관주성경전서해설」, p. 455-456
72) 도날드 캠벨 외 3인, 「BKC 주석 25」, p. 94
73) 김효성, 「에베소서」, p. 18
74) 아이안 컨디, 「성경본문의 맥을 밝혀주는 에베소서-데살로니가후서」(서울 : 성서유니온, 2000), p. 12
75) 윤종하, 「에베소서에 나타난 하나님의 교회」, p. 82
76) 유동근, 「그리스도의 몸을 세우려 하심이라」, p. 80
77) 잭 헌터, 알버트 렉키, 「횃불주석 시리즈 갈라디아서 에베소서」(경기 : 전도출판사, 1994), p. 238
78) 로이드 존스, 「에베소서 강해 1, 영적선택」, p. 565-566
79) 존 맥아더, 이춘이 역, 「그리스도의 몸 된 교회」, p. 65-67
80) 목회와 신학 편집부, 「두란노 HOW주석 신약시리즈 10, 에베소서, 빌립보서, 골로새서 어떻게 설교할 것인가」, p. 145
81) 이동원, 「이렇게 풍성하라」(서울 : 나침반출판사, 1992), p. 69-70
82) 성서원 편집부, 「그랜드 종합주석」
83) 크로스웨이 ESV 스터디바이블 편찬팀, 「ESV 스터디 바이블 개역개정」, p. 2317
84) 강병도, 「Q&A 시스템 성경연구」(서울 : 기독지혜사, 1987), p. 352
85) 기독지혜사 편집부, 「호크마 주석」
86) 이동원,「이렇게 풍성하라」, p. 76-77
87) 박윤선 주석
88) 진느 반 노트, 「에베소서 선한 삶으로의 길」(서울 : 보이스출판사, 1981), p. 38
89) 로이드 존스, 「에베소서 강해 2, 영적화해」(서울 : CLC, 2013), p. 34
90) Oxford University Press, *The New Scofield Bible*(New York : Oxford Press, 1984), p. 1236, 거듭나지 못한 자연인의 상태(엡 2 : 1), 하나님의 생명으로부터 떨어져 있는 상태(엡 4 : 18-19), 성령이 없는 상태(롬 8 : 9), 둘째 사망의 해를 받을 자들의 모습(계 2 : 11, 20 : 6, 14)
91) 로이드 존스, 「에베소서 강해 2, 영적화해」, p. 19
92) 성서원 편집부, 「그랜드 종합주석」
93) 윤종하, 「에베소서에 나타난 하나님의 교회」, p. 44-48
94) 강병도, 「Q&A시스템 성경연구 시리즈 14」, p. 353
95) 옥한흠, 「다락방 성경공부 교재」, p. 34

96) 존 스토트, 「에베소서 강해」, p. 91
97) 이동원, 「이렇게 풍성하라」, p. 79
98) 옥한흠, 「다락방 성경공부 교재」, p. 34
99) 김의환, 「닥터바울 구원 클리닉」(서울 : 한국강해설교학교, 2001), p. 75
100) Bruce, p. 49 재인용, 존 스토트, 「에베소서 강해」, p. 92
101) 로이드 존스, 「에베소서 강해 2, 영적화해」, p. 49−50
102) 박영선, 「거룩과 영광에의 초대」, p. 29−38
103) 위의 책.
104) 위의 책, p. 14
105) 박윤선, 「박윤선 주석」
106) 위의 책.
107) John Stott, *Ephesians−Building a Community in Christ*(IVP, 2008), p. 21
108) 워렌 위어스비, p. 178
109) 워렌 위어스비, p. 177
110) John Stott, *Ephesians−Building a Community in Christ*, p. 21
111) 아이안 컨디, 「성경본문의 맥을 밝혀주는 에베소서−데살로니가후서」, p. 15
112) 옥한흠, 「다락방 성경공부 교재」, p. 39
113) 메튜 헨리, 김귀탁 역, 「메튜헨리주석, 로마서−데살로니가후서」(서울 : 크리스천다이제스트, 2007)
114) 존 맥아더, 「그리스도의 몸 된 교회」, p. 86−87
115) 로이드 존스, 「에베소서 강해 2, 영적화해」, p. 170−176
116) Lyman Coleman, Richard V Peace, *Serendipity Bible*(Zondervan Publishing House). p. 1626
117) 존 맥아더, 「그리스도의 몸 된 교회」, p. 89
118) 루이스 도넬슨, 「웨스트민스터 신약강해」(서울 : 에스라서원, 1995), p. 138
119) 찰스 스탠리, 「우리의 삶을 다르게 바라보는 법」(서울 : 목회와 신학, 2004), p. 252
120) 기독지혜사 편집부, 「호크마 주석」
121) John Stott, *Ephesians−Building a Community in Christ*, 위의 책, p. 21
122) 위의 책, p. 22
123) 강병도, 「Q&A시스템 성경연구 시리즈 14」, p. 355
124) 도날드 캠벨 외 3인, 「BKC 주석 25」, p. 103−104
125) 위어스비 강해, p. 179
126) 기독지혜사 편집부, 「호크마 주석」
127) 위의 책.
128) 박영선, 「거룩과 영광에의 초대」, p. 215−226
129) 기독지혜사 편집부, 「호크마 주석」
130) Oxforld University Press, *The New Scofield Bible*, p. 1237
131) 위의 책.
132) 루이스 도넬슨, 「웨스트민스터 신약강해」, p. 144
133) John Stott, Ephesians−*Building a Community in Christ*, p. 22
134) 이동원, 「이렇게 풍성하라」, p. 107
135) 로이드 존스, 「에베소서 강해 2, 영적화해」, p. 534

136) 박윤선, 「박윤선 주석」
137) 위의 책.
138) 워렌 위어스비, p. 180
139) Oxforld University Press. *The New Scofield Bible*, p. 1286-1287
140) 아이안 컨디, 「성경 본문의 맥을 밝혀 주는 에베소서 - 데살로니가후서」, p. 23
141) 기독지혜사 편집부, 「호크마 주석」
142) 박영선, 「거룩과 영광에의 초대」, p. 18-21
143) 해롤드 윌밍턴, 「윌밍턴 성경연구, 신약 편」, p. 459
144) 기독지혜사 편집부, 「호크마 주석」
145) 루이스 도넬슨, 「웨스트민스터 신약강해」, p. 127, 152
146) 위의 책.
147) 잭 헌터, 알버트 렉키, 「횃불주석 시리즈 갈라디아서 에베소서」, p. 258
148) 성서원 편집부, 「그랜드 종합주석」
149) 기독지혜사, 「호크마 주석」-바울이 이미 기록한 것에 대해서 혹자는 바울의 다른 서신을 가리키는 것으로 보아 갈 1 : 12, 16이라고 주장한다(Houlden). 그러나 '간단히'라는 표현으로 바울의 다른 서신을 가리키는 것으로 보기는 어렵다(Lincoln). 따라서 그것은 다른 서신이 아닌 본서의 내용으로 엡 1 : 9-10과 2 : 11-22을 암시한다(Bruce, Wood, Meyer).
150) 로이드 존스, 「에베소서 강해 3, 영적충만」(서울 : CLC, 2007), p. 36-38
151) 기독지혜사, 「호크마 주석」
152) 위어스비 강해, p. 181
153) 강병도, 「Q&A 시스템 성경연구 시리즈 14」, p. 359
154) 윌리암 멕도날드, 「신자성경주석-에베소서」(경기 : 전도출판사), p. 176
155) 도날드 캠벨 외 3인, 「BKC 주석 25」, p. 113
156) 해롤드 윌밍턴, 「윌밍턴 성경연구, 신약 편」, p. 463
157) 기독지혜사 편집부, 「호크마 주석」
158) 로이드 존스, 「에베소서강해 3, 영적충만」, p. 67-68
159) 유동근, 「그리스도의 몸을 세우려 하심이라」, p. 172-173
160) 기독지혜사 편집부, 「호크마 주석」
161) 위의 책.
162) 김효성, 「에베소서」, p. 43
163) 박윤선 「박윤선 주석」
164) 기독지혜사, 「호크마 주석」
165) 박영선, 「거룩과 영광에의 초대」, p. 143
166) 윤종하, 「에베소서에 나타난 하나님의 교회」, p. 63
167) 기독지혜사, 「호크마 주석」
168) 박윤선.
169) 박영선, 「거룩과 영광에의 초대 에베소서」, p. 127
170) 이동원, 「이렇게 풍성하라」, p. 126
171) 강병도, 「Q&A 시스템 성경연구 시리즈 14」, p. 360
172) 기독지혜사 편집부, 「호크마 주석」

173) 미전풍 강해
174) 윌리암 맥도날드, 「신자성경주석」, p. 185
175) 미전풍 강해
176) 강병도, 「Q&A 시스템 성경연구」, p. 361
177) 김남준, 「존 오웬의 신학」(서울 : 부흥과 개혁사, 2008). p. 89
178) 미전풍 강해
179) 유동근, 「그리스도의 몸을 세우려 하심이라」, p. 186-187
180) 윤종하, 「에베소서에 나타난 하나님의 교회」, p. 65
181) 위의 책, p. 64
182) 존 스토트, 「에베소서 강해」, p. 173-174
183) 도날드 캠벨 외 3인, 「BKC 주석 25」, p. 118-119
184) 로이드 존스, 「에베소서 강해 3, 영적충만」, p. 388-389
185) 위의 책, p. 393-396
186) 유동근, 「그리스도의 몸을 세우려 하심이라」, p. 188
187) 도날드 캠벨 외 3인, 「BKC 주석 25」, p. 116
188) 메튜 헨리, 「메튜헨리주석, 로마서-데살로니가후서」
189) 박영선, 「거룩과 영광에의 초대」, p. 27, 39
190) 유동근, 「그리스도의 몸을 세우려 하심이라」, p. 193-194
191) 옥한흠, 「다락방 성경공부 교재, 에베소서」 p. 56
192) 진느 반 노트, 「에베소서 선한 삶으로의 길」, p. 71
193) 이동원, 「이렇게 풍성하라」, p. 141
194) 진느 반 노트, 「에베소서 선한 삶으로의 길」, p. 71
195) 이동원, 「이렇게 풍성하라」, p. 144
196) 위의 책, p. 146
197) 진느 반 노트, 「에베소서 선한 삶으로의 길」, p. 71
198) 이동원, 「이렇게 풍성하라」, p. 146-147
199) 존 맥아더, 「그리스도의 몸 된 교회」, p. 123
200) 유동근, 「그리스도의 몸을 세우려 하심이라」, p. 247
201) 목회와 신학 편집부, 「두란노 HOW 주석 신약시리즈 10, 에베소서, 빌립보서, 골로새서 어떻게 설교할 것인가」, p. 187
202) 랄프 P. 마틴, 「현대성서주석-목회자와 설교자를 위한 주석 에베소서, 골로새서, 빌레몬서」(서울 : 한국장로교출판사, 2002), p. 84
203) 성서원 편집부, 「그랜드 종합주석」
204) 크로스웨이 ESV 스터디 바이블 편찬팀, 「ESV 스터디 성경 개역개정」, p. 2317
205) 분노의 심리학적 이해는 자기 의(義)이다.
206) 유동근, 「그리스도의 몸을 세우려 하심이라」, p. 251-252
207) 윤종하, 「에베소서에 나타난 하나님의 교회」, p. 68
208) 기독지혜사 편집부, 「호크마 주석」
209) J. A. 모티어. 외 3인, 「IVP 성경주석」, p. 1700
210) 존 월튼 외 3인, 「IVP 성경배경주석」, p. 1839

211) 유동근, 「그리스도의 몸을 세우려 하심이라」, p. 253
212) 이동원, 「이렇게 풍성하라」, p. 172
213) 윌리암 맥도날드, 「신자성경주석」, p. 200
214) 강병도, 「Q&A 시스템 성경연구 시리즈 14」, p. 366
215) 박영선, 「거룩과 영광에의 초대」, p. 200-202
216) 존 스토트, 「에베소서 강해」, p. 200
217) 목회와 신학 편집부, 「두란노 HOW주석 신약시리즈 10, 에베소서, 빌립보서, 골로새서 어떻게 설교할 것인가」, p. 193
218) 존 스토트, 「살아 있는 교회」(서울 : 한국기독학생회 출판부, 2009), p. 81-85
219) 말씀 사역이다. 말씀은 건축으로 말하면 법에 근거한 잘 만들어진 설계도와 같다. 법이나 원칙을 무시한 집은 멋지게 지어졌다 해도 사용할 수가 없게 된다(참고 엡 2 : 20).
220) 도날드 캠벨 외 3인, 「BKC 주석 25」, p. 126
221) 메튜 헨리, 「메튜헨리주석, 로마서-데살로니가후서」
222) 박윤선, 「박윤선 주석」
223) 진느 반 노트, 「에베소서 선한 삶으로의 길」, p. 75
224) 옥한흠, 「다락방 성경공부 교재, 에베소서」, p. 65
225) 박영선, 「거룩과 영광에의 초대」, p. 265
226) 크로스웨이 ESV 스터디 바이블 편찬팀, 「ESV 스터디 바이블 개역개정」, p. 2322
227) 위의 책, p. 2323
228) 메튜 헨리, 「메튜헨리주석, 로마서-데살로니가후서」
229) 디럭스 바이블
230) 진느 반 노트, 「에베소서 선한 삶으로의 길」, p. 83
231) 강병도, 「Q&A 시스템 성경연구 시리즈 14」, p. 367-368
232) 이동원, 「이렇게 풍성하라」, p. 165-170
233) 기독지혜사, 「호크마 주석」
234) 이동원, 「이렇게 풍성하라」, p. 165-170
235) 존 스토트, 「에베소서 강해」, p. 217-218
236) 잭 헌터, 알버트 렉키, 「횃불주석 시리즈 갈라디아서 에베소서」, p. 288
237) 이동원, 「이렇게 풍성하라」, p. 175
238) 로이드 존스, 「에베소서 강해 3, 영적 충만」, p. 280-283
239) 기독지혜사, 「호크마 주석」
240) 존 스토트, 「에베소서 강해」, p. 215
241) 김효성, 「에베소서」, p. 69
242) 연합, 교통, 공급이라는 단어로 설명할 수 있겠다. 우리의 어린 자녀가 가출하지 않고 부모의 보호 아래 있으면 모든 것을 보장받는 것과 같은 삶의 원리이다.
243) 내적치유, 감성 테라피, 공감소통대화법, 성경적 인지치유, 변화 테라피 같은 프로그램들이 있다.
244) 디럭스 바이블
245) 윤종하, 「에베소서에 나타난 하나님의 교회」, p. 105
246) 메튜 헨리, 「메튜헨리주석, 로마서-데살로니가후서」
247) 존 월튼 외 3인, 「IVP 성경배경주석」, p. 1841

248) 크로스웨이 ESV 스터디 바이블 편찬팀, 「ESV 스터디 바이블 개역개정」, p. 2323
249) 유동근, 「그리스도의 몸을 세우려 하심이라」, p. 231-232
250) 크로스웨이 ESV 스터디 바이블 편찬팀, 「ESV 스터디 바이블 개역개정」, p. 2323
251) 위의 책, p. 2323
252) 윤종하, 「에베소서에 나타난 하나님의 교회」, p. 108
253) 아이안 컨디, 「성경본문의 맥을 밝혀 주는 에베소서-데살로니가후서」, p. 30
254) 이동원, 「이렇게 풍성하라」, p. 182-184
255) 윤종하, 「에베소서에 나타난 하나님의 교회」, p. 111
256) 기독지혜사 편집부, 「카리스 종합주석 19」, p. 791
257) 윤종하, 「에베소서에 나타난 하나님의 교회」, p. 112
258) 기독지혜사 편집부, 「카리스 종합주석 19」, p. 791
259) 김효성, 「에베소서」, p. 77
260) 먼저 하나님께서 우리를 사랑해 주셨기 때문에 그 사랑을 따라 충분하게 성숙하다보면 내게도 사랑할 힘이 생긴다. 우리가 성장하면 자연스럽게 사랑할 수 있게 된다.
261) 하루 5가지 감사 노트 만들기(결혼 예비학교 과제·배우자 장점 3가지 쓰기, 3년간 실시 약속)
캘리포니아 데이비스대학 로버트 에먼스 교수는 '감사'라는 말은 만병통치약이라고 한다. "16년간 지켜본 결과 감사를 습관화한 학생의 연평균 수입이 그렇지 않은 학생보다 2만 5천 달러가 많았다. 그뿐 아니라 감사를 습관화한 사람의 평균 수명이 그렇지 않은 사람보다 9년이나 더 길었다." 머피의 법칙으로 유명한 죠셉 머피 박사-"하루 한번 자신이 받은 모든 은혜에 감사하라. 그러면 은혜가 끊이지 않을 것이다" 매사에 감사하는 것만으로도 행복은 저절로 따라온다.
262) 기독지혜사 편집부, 「호크마 주석」
263) 로이드 존스, 「에베소서 강해 5, 영적광명」, p. 462-478
264) 윌리암 맥도날드, 「신자주석성경」, p. 222
265) 인간의 모든 행동은 생각에 좌우된다. 인류 역사에서 가장 큰 사건은 바로 그런 생각에서 탄생했다(레프 톨스토이의 「살아갈 날들을 위한 공부」 중에서). * 히틀러의 생각이 수천만을 희생시킨 대전을 일으켰다. 링컨의 생각이 노예 해방의 길을 열었다. 생각은 곧 뜻이다. 뜻이 있는 곳에 길이 있다. 어떤 뜻을 품느냐에 따라 길이 갈린다. 지혜롭고 현명한 길을 가는 사람은 늘 좋은 뜻을 생각한다.
266) 김효성, 「에베소서」, p. 78
267) 기독지혜사 편집부, 「카리스 종합주석 19」, p. 792
268) 우리의 구원을 위해 거치신 구속사의 모든 과정들이다.-십자가, 부활, 승천, 성령으로 오심, 자신이 머리 되시고 교회를 몸으로 세우심, 원수를 발등상 되게 하심
269) 유동근, 「그리스도의 몸을 세우려 하심이라」, p. 277-279
270) http : //cnubf.co.kr/bible66/bible66_view.asp?bible66_idx=251&db=B_10
271) 성서원 편집부, 「그랜드 종합주석」
272) 마이어 강해.
273) 루이스 도넬슨, 「웨스트민스터 신약강해」, p. 191-192
274) 위어스비 강해.
275) 도날드 캠벨 외 3인, 「BKC 주석 25」, p. 135
276) 아이안 컨디, 「성경본문의 맥을 밝혀주는 에베소서-데살로니가후서」, p. 33
277) 김효성, 「에베소서」, p. 81

278) 박영선, 「거룩과 영광에의 초대」, p. 133
279) 기독지혜사, 「호크마 주석」
280) 아이안 컨디, 「성경본문의 맥을 밝혀 주는 에베소서-데살로니가후서」, p. 41
281) 국제사회의 부패현황을 감시하는 국제민간기구인 국제투명성기구(TI)의 한국본부로 활동하고 있는 반부패국민연대의 발표
282) 박윤선, 「박윤선 주석」
283) 랍비성경.
284) 진느 반 노트, 「에베소서 선한 삶으로의 길」, p. 103
285) 강병도, 「Q&A 시스템 성경연구 시리즈 14」, p. 375
286) '카도쉬'(히), '하기오스'(헬)-하나님께로 구별시킨, '분리'나 '구별'이라는 개념이 강조되어 있다. 카도쉬는 본질적으로 거룩한 것, 또는 신적 의식이나 제의 행위에 의해 거룩한 영역에 속하게 된 것을 가리킨다. 구약에서 거룩한 것들은 도덕적 순결보다 범속한 것으로부터 분리, 곧 하나님을 섬기기 위해 보통 사용으로부터 분리하여 놓거나 따로 떼어 놓은 것들을 의미한다(바이블렉스 9.0).
287) 세월을 아껴 사는 지혜에 있다. 계획을 세우고, 목표를 정하고, 목표 달성까지의 시한을 정하여 사는 삶이 악을 이기는 방법이라고 바울 사도는 가르쳐 준다.
288) 어리석은 자의 삶은 자신의 욕망대로, 충동대로 사는 자의 삶이요, 지혜 있는 자의 삶은 주의 뜻이 무엇인지 이해하고 시간을 아껴서 그 뜻을 이루려 애쓰는 삶이라고 말한다.
289) 로이드 존스, 「에베소서 강해 6, 영적생활」(서울 : CLC, 2008), p. 55, 62
290) 박윤선, 「박윤선 주석」
291) 크로스웨이 ESV 스터디 바이블 편찬팀, 「ESV 스터디 바이블 개역개정」, p. 2325
292) 유동근, 「그리스도의 몸을 세우려 하심이라」, p. 295-296
293) 강병도, 「Q&A시스템 성경연구 시리즈 14」, p. 375-376
294) 김정훈, "에베소서 5 : 22-33에 내포된 그리스도의 몸의 의미," 「기독신학저널 제4호」, p. 106-129
295) 크로스웨이 ESV 스터디 바이블 편찬팀, 「ESV 스터디 바이블 개역개정」, p. 2325
296) 김남준, 「가정, 또 하나의 천국」(서울 : 생명의말씀사, 2006), p. 23
297) 박혜원, 「새 창조에서의 부부 관계」(서울 : 목회와 신학, 2005), p. 182-184
298) 그리스도와 교회의 관계를 먼저 생각해야 한다. 주께 하듯 배우자를 대하는 태도이다.
299) 유동근, 「그리스도의 몸을 세우려 하심이라」, p. 305-306
300) 사람의 내면에 대한 치유 공부를 하고, 특별히 공감하며 대화하는 방법을 공부한다면 좋다.
301) 박영선, 「거룩과 영광에의 초대」, p. 332-336
302) 도날드 캠벨 외 3인, 「BKC 주석 25」, p. 139-140
303) 이동관, 「본 훼퍼의 교회론을 통해 본 미래교회의 방향성」(서울 : 장로회신학대학교 신학대학원 신학과, 1998), p. 61
304) 해롤드 윌밍턴, 「윌밍턴 성경연구, 신약 편」, p. 467-468
305) 위의 책, p. 468
306) 위의 책, 유동근, 「그리스도의 몸을 세우려 하심이라」
307) 위어스비 강해, p. 191
308) 기독지혜사 편집부, 「호크마 종합주석」
309) "성격이 안 맞다. 개성이 다르다. 대화가 안 된다"는 내용이 이혼 사유의 주를 이룬다. 결국 대화가 통하지 않고 서로의 감성을 만지지 못하기 때문으로 분석할 수 있다.

310) 워렌 위어스비, p. 193
311) 성서원 편집부, 「그랜드 종합주석 15」
312) 박윤선, 「박윤선 주석」
313) 옥한흠, 「다락방 성경공부 교재, 에베소서」, p. 103
314) 루이스 도넬슨, 「웨스트민스터 신약강해」, p. 204
315) 이동원, 「이렇게 풍성하라」, p. 213
316) 박윤선, 「박윤선 주석」
317) 박영선, 「거룩과 영광에의 초대」, p. 33-42
318) 김남준, 「가정, 또 하나의 천국」, p. 123-125
319) 박영선, 「거룩과 영광에의 초대」, p. 57-64
320) 아이안 컨디, 「성경본문의 맥을 밝혀 주는 에베소서-데살로니가후서」, p. 41
321) http : //www.youtube.com/watch?v=zUM0l8a1brY (유튜브에서 제목 : '내 자녀, 동성애 교육을 거절했다가 감옥에 간 부모')
322) http : //www.youtube.com/watch?v=hB2W2UqvqAY(유튜브에서 제목 : '천관웅 목사 크리스천에게 대중음악이란')
323) 존 스토트, 「에베소서 강해」, p. 309-310
324) 강병도, 「Q&A 시스템 성경연구 시리즈 14」, p. 381
325) 기독지혜사 편집부, 「호크마 종합주석」
326) 윤종하, 「에베소서에 나타난 하나님의 교회」, p. 130-132
327) 도날드 캠벨 외 3인, 「BKC 주석 25」, p. 143
328) 윌리암 맥도날드, 「신자성경주석」, p. 249
329) 유동근, 「그리스도의 몸을 세우려 하심이라」, p. 335-337
330) 로이드 존스,「에베소서 강해 7, 영적투쟁」(서울 : CLC, 2012) p. 16
331) 위의 책, p. 24
332) 해롤드 윌밍턴, 「윌밍턴 성경연구, 신약 편」, p. 469
333) 박윤선, 「박윤선 주석」
334) 기독지혜사, 「호크마 주석」
335) 워렌 위어스비, p. 193-194
336) 박영선, 「거룩과 영광에의 초대」, p. 407-417
337) 루이스 도넬슨, 「웨스트민스터 신약강해」, p. 211
338) 박영선, 「거룩과 영광에의 초대」, p. 215-223
339) 헨리에타 미어즈, 「성경의 파노라마」(서울 : 생명의 말씀사, 1998), p. 451
340) 박윤선, 「박윤선 주석」
341) 박영선, 「거룩과 영광에의 초대」, p. 583
342) 윤종하, 「에베소서에 나타난 하나님의 교회」, p. 146
343) 유동근, 「그리스도의 몸을 세우려 하심이라」, p. 342
344) 박윤선, 「박윤선 주석」
345) 윤종하, 「에베소서에 나타난 하나님의 교회」, p. 146-147
346) 유동근, 「그리스도의 몸을 세우려 하심이라」, p. 342
347) 메튜 헨리, 「메튜헨리주석, 로마서-데살로니가후서」

348) 기독지혜사 편집부, 「호크마 주석」
349) 유동근, 「그리스도의 몸을 세우려 하심이라」, p. 342
350) 박윤선, 「박윤선 주석」
351) 윤종하, 「에베소서에 나타난 하나님의 교회」, p. 147
352) 칼빈 주석.
353) 유동근, 「그리스도의 몸을 세우려 하심이라」, p. 343-344
354) 칼빈 주석.
355) 박윤선, 「박윤선 주석」
356) 윤종하, 「에베소서에 나타난 하나님의 교회」, p. 148-149
357) 해롤드 윌밍턴, 「윌밍턴 성경연구, 신약 편」, p. 470-471
358) 워렌 위어스비, p. 195
359) 이동원, 「이렇게 풍성하라」, p. 234
360) 크로스웨이 ESV 스터디 바이블 편찬팀, 「ESV 스터디 바이블 개역개정」, p. 2328
361) 존 스토트, 「에베소서 강해」, p. 348
362) 유동근, 「그리스도의 몸을 세우려 하심이라」, p. 366
363) 로이드 존스, 「에베소서 강해 7, 영적투쟁」(서울 : CLC, 2012), p. 430
364) 박영선, 「거룩과 영광에의 초대」, p. 744
365) 옥한흠, 「다락방 성경공부 교재, 에베소서」, p. 115
366) 잭 헌터, 알버트 렉키, 「횃불주석 시리즈 갈라디아서 에베소서」, p. 327-328
367) 아이안 컨디, 「성경본문의 맥을 밝혀주님은 에베소서-데살로니가후서」, p. 39
368) 잭 헌터, 알버트 렉키, 「횃불주석 시리즈 갈라디아서 에베소서」, p. 327-328
369) 「에베소서 교회를 위한 복음」(서울 : 한국성서학연구소), p. 70
370) 해롤드 윌밍턴, 「윌밍턴 성경연구, 신약 편」
371) 강병도, 「Q&A 시스템 성경연구 시리즈 14」, p. 383
372) 위의 책, p. 384
373) 루이스 도넬슨, 「웨스트민스터 신약강해」, p. 218
374) 강병도, 「Q&A 시스템 성경연구 시리즈 14」, p. 384
375) 박윤선, 「박윤선 주석」
376) 기독지혜사 편집부, 「호크마 주석」

구속사를 열어가는 성경연구 시리즈

그리스도의 몸, 영광스러운 교회 에베소서

초판발행 2017년 3월 17일
5쇄발행 2025년 10월 8일

지 은 이 박승호
펴 낸 이 강성훈
펴 낸 곳 한국장로교출판사
주 소 03129 / 서울특별시 종로구 대학로3길 29, 신관 4층(총회창립100주년기념관)
전 화 (02) 741－4381 / 팩스 (02) 741－7886
영 업 국 (031) 944－4340 / 팩스 (02) 944－2623
등 록 No. 1－84(1951. 8. 3.)

ISBN 978－89－398－4169－7 / Printed in Korea
값 18,000원